U0098440

一個人就一個人

劉同——著

一個人就一個人

一個人就一個人——不是傷感，也不是執拗。

我們的人生原本就是一個人。

我習慣睡覺前躺在床上，在腦子裡放電影，放生活中的種種片段，如果是更為久遠的事，那感覺就像是放一部有關人生的電影，並非大段劇情，而是細碎片段，雜但有共性。它們會讓我突然停下來，思考「我這麼做合適嗎」。

這樣的片段多了，就會發現原來我還蠻喜歡問自己問題的。

好在，這些問題中的絕大多數都已經有了答案。

「這件事要告訴對方嗎？」我擔心對方知道實情後的反應。

「自己能和他成為朋友嗎？」我擔心自己付出了真心卻得不到平等的對待。

「既然對方已經說了不再聯繫，那是否還需要鼓起勇氣發一次短信呢？」兩個人走不下去，總需要一個人放下點尊嚴，試試能不能挽回些什麼。

「如果把這筆積蓄借給別人，等自己有需要時能及時要回來嗎？借錢的人可信嗎？」我想做一個能幫助別人的人，但首先要保證自己不受侵犯。

面對問題有三種解決方式，一種是不去管它，一種是找別人要答案，還有一種是自己給自己答案。

不去管它，似乎久而久之問題就會消失，可它並非真的消失，而是轉變為其他更棘手的問題一直存在下去。

找別人要答案，這聽起來簡單，實際卻很難。教科書上的問題，老師能給你一個準確答案，但世間百態，人人各有心思，誰能幫你認真考慮？能幫你認真考慮的人又能否說到你心裡？這還不夠，誰又能保證那些答案就是正確的呢？

人生路上，我們會遇見很多人，其中一些會邀請你進入他們的連續劇，給你一個不錯的角色，有臺詞，有特寫，如果你覺得還不錯，甚至比自己的角色還好，就很有可能一頭紮進對方的世界。

可慢慢地，你就會發現：

也許這個故事裡還有別的主角，你頂多是三四號人物；

也許這個連續劇收視率並不高，播到半路便被腰斬，你費盡辛苦，什麼也沒得到；

也許你突然就被通知領了盒飯，任務只是在前三集推進劇情，沒辦法陪主角見到真正的 boss。

當然，故事也可能有好結果，皆大歡喜，叫好又叫座，甚至還有製作人來找你，跟你說：「你的性格不錯，做事果敢，很多觀眾從你身上看到了很多可能性，也很想從你的角度去看你的世界，所以我們打算給你做一個番外……」

在別人的故事裡，你演得再好也不過是個番外。

去年同學聚會，有個老朋友問我：「中學時你天天跟著我跑，感覺什麼事情都不懂都不想，讓你跟著去哪裡都行，怎麼後來就突然變得那麼有主見？」

大家都停下來聽我的答案。

我確實有原因，也因此意識到應該學會獨自面對更多問題。我笑著說：「其實這一切都和你有關。你肯定不會記得，有一天放學，我們一起走到校門口，你突然說要回家不玩了，我問你那我怎麼辦，你很疑惑地看著我——大概也是因為我總問一些讓你無法回答的問題——突然很嚴肅地回了一句：『我是你爸嗎？你該去哪兒就去哪兒，問我幹嘛？我又不是你，真的太可笑了。』我當然會覺得被你傷害到，就是那種『我明明把你當最好的朋友，你卻急著和我劃清界限』的感受。但也因為你突然地爆發，那天我在學校花壇上坐了好久，意識到自己太想和別人建立某種關係，就像什麼都不懂的小孩子總喜歡說『我和你是一邊的』『我是你的人』之類的話，因為太沒有安全感，所以希望能和他人抱團取暖。」

老朋友有點尷尬。

我笑著說：「你不用尷尬，其實我非常感謝你，如果不是你表達出這種情緒，我不知道何時才能明白獨立這件事。也許獨立有很多種呈現方式，但我覺得最重要的就是學會向自己提問，自己思考，自己解決，自己承擔。能與另一個人情投意合，無論是何種關係，都是為人生錦上添花；學會不依賴任何關係，獨自面對一切問題，才是為人生雪中送炭。」

有了這種意識，你便真的成了可以獨立面對全世界的人，活出自己的連續劇。即便一開始拿到的劇本是配角，也會演繹出更多的可能性。

你有底氣去探尋和面對世界，才有資格收穫世界早已藏好的獎賞。

每個人都有過這樣的經歷，覺得世界殘酷、道路艱辛，想方設法去找到能結伴同行的人。交朋友，遇見幾個死黨；去一家有發展前途的公司，遇見志同道合的夥伴；談高品質的戀愛，走向結婚，建立家庭，有自己的孩子；從父母身邊脫離，偶爾探望或交心，發現他們慢慢老去，終有一天送他們遠行。

三十九歲的我回看這些階段，朋友換了很多，甚至有很長一段時間身邊沒有朋友，現在的死黨也並非相互依附支持那麼簡單。我能吸引獨立的他們，是因為我也足夠獨立。每個人都有自己的小宇宙，完整且善良，不給人添麻煩，也能在獨善其身的同時向別人伸出援手。工作夥伴換了不少，做一個專案時，大家極其投緣，做完又各自出發，能繼續同行最好，不能同行也成就過彼此。以前寫過一段話：能找到同行一段路的夥伴，謝謝自己；真有人能從頭到尾一直在你身邊，謝謝老天。

至於愛情。

戀愛是短暫的陪伴，婚姻是長久的同行。

和很多成家的朋友聊天，婚後不那麼快樂的朋友說：「嗯，有點麻木，感覺失去了自己，幸好有小孩來分散我的注意力。」而一直幸福的朋友則說：「挺好的，我們都有各自的事，每天分享各自的世界，體驗兩種人生。」

以前覺得自己的任務是要在世界上找到幾個人，建立幾段穩固的社會關係，獲得友情、事業或愛情，才算完成了來到人間的任務。

現在了解了，一個人只有不再依賴任何關係，能夠獨立面對世界，才能與外面的世界平等對談，不然與世界相比，你永遠是渺小的。

孤獨也好，寂寞也罷，都是我們成為獨立個體的掙扎過程，不要因為痛苦、害怕就一頭鑽進別人的世界。你站在這裡，就代表著自己，是一道風景。風大雨急，你卻可以很自然地抖一抖身上的雨滴，像任何事都沒發生過。我們來到世上，每個人都拿到了獨一無二的劇本，就看我們如何演繹。

在你的世界裡，我願意扮演配角，讓你閃光。

在我的世界裡，我也希望你願意扮演配角，幫我成長。

我們各有自己的世界，不依附對方。

因為，在我們的人生裡，原本就是一個人。

一個人時，連哭都不用看人臉色。

一個人時，摔倒了只有你才有資格嘲笑自己。

一個人時，放肆大笑也不會有人罵你神經病。

一個人是所有生活，也是全世界。

你回頭看看那麼長的路、那麼久的時間，人來人去只有你在陪自己。

一個人那就一個人吧，也挺好的。

目錄

Contents

第二章、一個人可以一個人

第三章、一個人就一個人

附錄、一個人的心情

寫給你的一封信

第一章

一個人應該一個人

北京更像是一個不停旋轉的圓盤，

而我是上面的一顆珠子，

稍不留意就會被甩出去。

我到底是要靠別人才能擁有好的人生，

還是靠自己的才能？

問出這個問題的人往往都是不自信的。

夢想是不需要分享的，

只能自己埋頭去做。

雖然我從不承認自己寂寞，

但手機總會知道我點擊消息的速度有多快。

你看煙火，我看你

煙火是美景，而你不知道。
當煙火的光影映在你期待的臉頰上時，
你有多好看。
比煙火還好看。

一、在一個陌生的城市把自己當種子埋下去

我們都被煙火映照過，如果那時有人給我們拍張照，你就能看到自己臉上寫滿的期待，對美好的嚮往。未來是支撐我們活在一座陌生城市裡的最大動力。

二〇〇四年，我拖著一個小箱子來到北京。北京西站的熱鬧至今依然記得很清楚，那是全國人民剛到首都時的無措與新奇，也是短暫的愉悅，或伴著長期的擔憂。

還來不及感受，出站口站著一群陌生的大姐大叔，問我要不要車，要不要住宿，車票是不是能給他們。

那種熱絡讓人心慌。

我一直搖頭，把車票緊緊攥在手裡。

這張票我不可能給你，這是我人生裡最重要的一張單程票，就像我收到過的第一張稿費單。我告訴自己，來了就不想那麼快回去。

Z2，二〇〇四年四月二十九日，約330塊[1]的硬臥，清晨八點到達首都北京。我拖著一個小箱子，箱子裡並沒有多少行李，幾件換洗衣物，一個小CD包，一台二手電腦——裝著我過去所有的文章，沒啥價值，只是循著文字，就能回到過往

的日子。

那時想不到如今的生活，只敢想：「下次回去，我能有錢換一個大箱子嗎？」「今年過年，我能回老家嗎？」「我能在北京待幾年呢？」「嗯，我不是為了來掙錢的，我是來學習的，學好了我就再回湖南。」

我盡力讓自己不要太慌張，也不想給自己太多壓力。

我給湖南的好朋友發了一條短信：「我到了，希望下次你來的時候，我能像樣地迎接你。」

走出西站，像第一次見到大海。

我應該是嘴微張著，以助於消化眼前的一切。

我想像中的北京應該到處是胡同，有許多悠閒地坐在巷口的老人，有騎著自行車按鈴鐺互相問候趕去上班的鄰居，是《陽光燦爛的日子》裡那種光會灑在自己身上，而我一定會被你看見的景象。

可眼前卻是望不到邊的城市，巨寬的馬路，行進匆匆的各色車輛，走到路邊看到的是絕大多數不認識的車標，只差一個好萊塢科幻電影的特效鏡頭，從我身上拉開，是整個北京城，是中國，是亞洲，是地球，是太陽系，是銀河系，然後配一句很有哲理的臺詞：「我算個什麼東西？」

清醒過來，我已經被排山倒海的大浪所吞沒，我是誰？在哪裡？

朋友早晨要去公司打卡，沒來接我。他們說我可以先坐公車再轉地鐵。我從未坐過地鐵，怕拖著箱子麻煩，又怕自己出錯，就問是否可以直接坐公車到紫竹橋。

「哈哈哈，地鐵不可怕！」朋友在電話裡說。

編註1：約台幣1650元。

「哎呀，其實就是想看看北京的樣子。」

上了公車，眼前的一切和電視裡看到的樣子開始重合，售票員拖著長長的兒化音，催乘客上下車，分不出他們似笑非笑的語氣是真的諷刺還是玩笑，加上從西站出來的那些大叔大姐熱絡的招呼，都增加著我對這座城市的恐懼。

「這個城市有很多種人，每種人都是一層濾鏡，你必須練就清除所有濾鏡的本事，到那時你和這個城市的對話就會有一種真正的坦然。」

「你，把箱子放到我這兒來，別擋住別人。」售票員大叔的語氣像是批評，也像關照。

我臉漲得通紅，但並沒有人在意這個。

車站有很多提著大包小包的人，有人去大興，有人去郊區，我和一群人擠上一輛運通 102，開往三環。無論我們去往北京哪裡，希望我和其他人都能在這裡完成自己的夢想吧。我們從祖國的四面八方來到北京西站，又從西站公車站被分流到四面八方。

有多少人能留下來？留多久？有多少人會回到西站，多長時間？

也許售票員看一眼就知道了吧，只是他不願意透露這個秘密。他打開窗，看著漸漸甦醒的大北京，對司機說：「嘿，今兒個乘客怎麼那麼多！」

不好意思，今兒個我來了，給您添麻煩了啊。

朋友早早在公車站等我，都是從湖南台先行離職北漂的同齡人。

他們告訴我，租的地方離公車站不遠，言語間滿是驕傲，這樣的語氣哪怕過了很多年依然出現在我們的對話裡。最初是住的地方有公車站就很得意，然後再比誰住得離地鐵站近，直到後來我們在電影裡看到人家在比誰家離機場更近時，大家相視一眼。哈哈哈，沒關係，總有一天，我們也會比誰家離機場更近吧？

二、夢想無處安放的日子，也要時常拿出來晾曬

朋友在昌運宮一棟樓的二層租了個兩居室，裡面已經住了四個人，加上我是五個。

我喜歡這個位址，昌運宮，運氣很好。

他們在舊貨市場買了張席夢思放在地板上靠窗的位置，窗外有一棵很大的槐樹，陽光透過槐樹照進房間，光是這一點，這個房間就值一個月兩千塊。

朋友問我是睡床還是睡地上。以我對他們的了解，不過是客套，我直接往地上一躺，一動不動。二手的席夢思很舒服，看著斑駁的天花板，上面寫滿未知。

我伸了一個懶腰說：「這個挺好的，比我在湖南住的好多了，超美的。」

我想，如果能在北京留夠一年，就把天花板和牆壁刷成別的顏色，或者在上面寫上「加油」兩個字。

這是我來北京的第一個落腳點，三環邊舊民居二層，沒有獨立私人空間，一張不算床的床，窗簾看起來厚實，但輕而易舉就能被北京清晨的陽光穿透，似乎在大聲宣佈：「我根本沒用，只能專門蒙蔽無知天真的北漂青年。」

過了一年，朋友們陸續搬出這套房子，我開始獨立擁有這間靠近槐樹的臥室，動手粉了牆，鋪了地毯，換了窗簾，去宜家買了不少讓自己看起來很幸福的小玩意兒，養了兩盆綠植，擁有了獨立空間。我覺得當自己能承受一間房的房租，就算終於活下來了。

那晚，我喝了一瓶啤酒，更新了一篇博客，洗了一週的髒衣服，晾好，睡前便乾透了，還給我媽打了電話：「我終於有自己的房間了。」

我媽回我什麼我忘記了。

我還跟她分享了一件我認為最幸福的事：「媽，你知道嗎？在北京無論我洗什麼衣服，第二天一定全乾了！」

我媽頗為羨慕。

是啊，在湖南曬一週，可能愈曬愈濕，還會起黴。

光是這一點，北京真的很好啊！

剛到北京那一周，朋友白天都要上班，我在家等著第一份工作。我用音響大聲聽著蔡依林的《愛情三十六計》，強節奏的鼓點，過於白話的歌詞，被朋友聽見一定會笑話我怎麼會喜歡聽這種少女系的歌。我想大概是那句「我要自己掌握遙控器」讓我莫名覺得自己很適合從事電視行業而已。

晚上朋友回家，我們會圍在一起看臺灣綜藝，看臺灣藝人表演軟骨功和吞拳頭，大家笑個不停。朋友正色對我說：「劉同，反正你白天在家裡也沒事，可以練習一下哦。」我也沒讓他們失望，練習一整天後，第二天晚上就表演給大家看，掌聲不斷。我覺得在北京真的有一群好朋友，以至於後來進了光線，領導每次覺得場子有點冷，就說：「劉同特別會軟骨功，讓他表演給大家看看。」氣氛一下就好了起來。可惜，幾年前我開始健身，雖然沒有刻意增肌，但隨著身體健壯起來，發現手臂已經壯實到失去了做那個動作的可能性，不得不說，心裡還是有些失落的，那是我區別自己和別人，最讓人立刻刮目相看的一種特長，但還好失去它的時候，我也不再靠這些來獲取別人的喜歡了。

人總是要和一些過去告別的。

那一週，我在租的房子附近走了好幾圈。

無論我選哪條路，都沒什麼人，冷冷清清的，街邊各種門店也是冷冷清清的，沒有湖南那種空氣中飄浮著的煙火氣，密度一大，易燃易爆炸。這種感覺一直存在，後來我很不喜歡在北京逛街。直到待了很多年，再說起這種感覺，朋友笑話我：「北京哪有什麼街可逛，都是逛商場。」

還真是，人全在商場裡。

因為北京太大，路太長，建築太多，太乾燥，熱鬧都是聚在一起的。

這樣也好，就像我們一群北漂的朋友總會在下班後一起做飯、聊天，待在一起就覺得能對抗北京廣袤的寂寞。

這種廣袤的寂寞有多寂寞呢？大概是這裡可以看到全中國最好的東西，覺得很興奮，如果有一天你不明白自己待在北京的意義，未來是否已經來了，未來是否正帶著一份大禮在路上，當有了這個念頭，你就明白了，這個世界縱使精采絕倫，但都與自己無關。就像小時候因為爸爸在外地學習，過年時沒人給我買煙火，一旦別人放煙火，我就去旁邊看，感覺也挺好的。突然有一天，有個小孩擋住了我，說：「我不准你看我家的煙火。」

能看見就很滿足，從未想過自己能擁有，直到被人提醒你連看的資格都沒有。於是很想努力，真的很想努力！不僅是想努力給家裡人看、給周圍的人看，也想給自己看——我到底是要靠別人才能擁有好的人生，還是靠自己呢？問出這個問題的時候，人往往都是不自信的。

我哪有什麼才華，還用「才能」形容自己，真是太可笑了吧？就應該聽領導的話，像他們一樣，被他們提拔，才有可能漲一些工資，升個職，之後……其實也想不到更遠的未來了。現在想起來，如果一早就想依附著別人過活，而找不到自己的不可替代性，連做白日夢都有局限性。

會想和領導成為朋友，會因為下班後領導叫了別的同事一起聚餐不叫自己而變得一整晚都毫無生機，也會因為領導對自己多說了幾句話而覺得信心倍增。那時的自己，究竟是太沒有安全感，還是太以為人生的價值只是領導對自己多說的幾句話？

當然，後來見了更多的領導，開始明白領導也只是公司的一個職位，很多領導的能力並不如自己，在公司也熬不過一年，我們要做的就是配合他完成工作，然後歡送他們，再換另一位領導。在這個過程裡盡快地成長，變得有責任感，有解決問題的能力，當從外界挖來的人一個又一個水土不服時，公司總會把目光放在自己人身上。而我，就是這麼被公司發現的。

剛進入光線那會兒，公司出了一個通知：所有人都要出節目策劃案，寫清楚內容，競爭提案，方案通過的人能獲得兩萬塊製作樣片的稿費，不限工種。

我偷偷了解了一下，想參加提案的人都是各個節目的製片人和主編，他們在公司都待了好幾年，我才進公司不到一年，會被他們嘲笑嗎？問了一起進來的同事，他們要麼沒想法，要麼覺得會被人嘲笑。我想了想，進入公司之前，我在湖南台實習了好幾年，我來北京也不是為了讓這些同事對我有好感，而是嘗試自己是否可以靠能力在北京活下去，於是熬了幾夜寫了一個脫口秀方案，交給公司。

兩萬塊對當時的我來說畢竟是一筆鉅款，我都能預料到公司領導的反應——就算案子還不錯，但他真的能做出樣片嗎？所以，我在方案裡不僅寫了方向和策劃思路，還寫完了一整期的臺本，一萬六千字。

總之，我用各種方法告訴公司領導——只要案子不錯，我就能完成。

領導拿著方案對我說：「有點意思，臺本稍微改改，通過了。」

我是所有提交樣片方案的人裡資歷最淺的，那一刻我明白了，年紀不是別人瞧不起你的理由，幼稚才是。

三、我拚盡一切獲取你的信任，後來才發現那不叫安全感

到北京的第一年，我想融入北京，卻發現這不是大海，我也不是水滴，它更像是一個不停旋轉的圓盤，我是上面的一顆珠子，稍不留意就會被甩出去。想融入同事，但聊著聊著發現大家未來的規劃不一樣，再聊下去就會起爭執。

夢想是不需要分享的，只能自己埋頭去做。真正能把頭埋起來，融入同事這件事似乎也沒那麼重要了。這句話似乎到了今天這個年紀才敢說，三十一歲出版《誰的青春不迷茫》時，寫過一篇關於《娛樂任我行》同事的文章。我是節目主編，在離開節目組時寫了那篇文章，作為工作一年的紀念。我想用它告訴所有同事，雖然我們不在同一個地方，但我們會一直支持著彼此。一晃十多年過去，正在寫這篇文章的我尷尬地笑了一下，這些年我們不再有聯繫，我也不知道大家現在都在哪兒。

可惜嗎？我問自己。

其實並不可惜，因為所有的好我都用文字記錄了下來，並沒有忘記。

浪費感情嗎？也不。因為每個人在各自的成長過程中能遇見一群讓自己工作起來開心的人，就是幸運。但沒有人能陪另外一個人走那麼久，每個人都要習慣，無論你走了多久，你必須是一個人。

有趣的是，《娛樂任我行》後，我又組建了一個新團隊製作《最佳現場》，每年過年我在火車上都要給所有同事發很長的短信，感謝他們，說說心裡話，邊寫邊哭。我寫了一本欄目手冊，第一句話是：我們不是因為工作才走在一起，我們是為了要走在一起才做這份工作。我為這句話自豪，大北京，一家競爭激烈的傳媒公司，一群彼此交心互相信任的同事，敞開心扉談任何事，一起解決各種矛盾。那時我也不過二十七八歲，覺得最好的工作莫過於此。這檔節目好幾年都是北京地區收視率第一，大家都很開心。後來地方電視臺份額被擠壓，收視率降低，公司研究之後決定停掉這檔節目，讓團隊轉型。但這時才會發現原來這些很好很好的人，面對新事物的挑戰反應那麼不同，跳槽的，離職的，放棄的，順境中大家隨波逐流都是風景，逆境中抱團取暖也只是杯水車薪。

後來就真懂了，在生存這條路上，沒有人能一直陪著你，你也不用強求，但一個人要做到的是在自己的每一段人生都要遇到合拍的人，然後告別，再去遇見另一條道路上的人。

剛到北京時，並不是很多事都能想得很清楚。

但有一件事讓我一直記得，似乎那一刻，我的心算是真正在北京紮了根。

為了證明自己能做好一檔娛樂新聞，長達一年時間，我都是中午十二點上班，第二天早上六點下班。我是一個極度缺乏安全感的人，所以哪怕睏得不行，也常常會從睡夢中驚醒，因為我總能夢到公司領導要開除我。

滿頭大汗，氣喘吁吁。

直到有一天，我告訴自己：你那麼努力，你比所有人都努力，你花了那麼長的時間在工作上，不浪費一分鐘，如果你真的被領導開除了，不是你的損失，是他的損失。而你，那麼努力，怎麼可能找不到一份更好的工作？

我重新躺了下去，那一晚睡得很好，有趣的是，後面再也沒有做這種被老闆開除的噩夢。

我想，那一刻我終於明白了自己的努力，明白了自己比周圍絕大多數人要拚，明白了自己的價值，原來我心心念念想要獲取北京的信任、領導的信任、同事的信任，這些信任並不能讓我真正產生活在北京的安全感，我的安全感來自自己。我挺棒的，你不信任我是你瞎。

像一棵外地飄來的蒲公英，被各種現實吹得四分五裂，懷揣著一顆活種子不隨意停歇，決定紮根落地的那一刻，一定是看準了。看準了自己一定能發芽，看準了這一片大地能讓我長出新的蒲公英，然後等一陣風，一定會飛起來。

一個人的絮語

每次回看這篇文章，都能很清晰地想起自己剛到北京的每個細節，剛進公司每個人對自己的態度，好的就一直感激，壞的就提醒自己以後不能這麼對別人。我很感謝那時的自己，雖然從未有人告訴過那時的我：「你一定要堅持學到專業技能，無論你到哪裡都能養活自己。」也沒有人告訴那時的我：「繼續寫作吧，無論有沒有回應，寫作能讓你表達自己，讓你有存在感，總有一天你會因此有所收穫。」在沒有任何人的提醒下，就憑著一腔熱血，那時的我跑到了現在，與現在的我相會、交接棒。那個我從十八歲跑到了三十八歲，整整跑了二十年。前幾天三十九歲生日，我照了照鏡子，新的我似乎也沒什麼變化，生活也並未將過去的那個我壓垮。

睏了就跟同事說：「對不起，我睏了，我要睡午覺。」這個習慣堅持了十年。

到了運動時間，就跟大家說：「對不起，我要去運動了，明天繼續開會吧。」

累了，就什麼都不做。

不爽了，就看部催淚電影，好好哭一場。

也會為了慶祝某件事，自己開一瓶酒，對自己說：「你真厲害啊！」

不讓此刻的自己失望，不讓未來的自己抱憾。

盛進碗裡的鄉愁，是熬一勺魚粉湯的佐料

1

從高鐵站出來是晚上八點，阿博問我想吃什麼。

我說去火車站吧。

他嘆了口氣：「你真的就這點出息。」

我哈哈大笑：「每個從外地回來的郴州人也就這點出息。」

阿博是我髮小[1]，我們小學、初中、高中都是同校，每次我回家鄉都是他來接我。

郴州人一旦說去火車站無非就兩件事，要麼坐火車，要麼吃魚粉。晚上九點到火車站旁邊的魚粉巷子，嚇了一跳，每家魚粉店都坐滿了人，還有乘客拖著行李箱站在店門口，也許他和我一樣是想用一碗魚粉解開長久的鄉愁，又也許他和我不同，吃碗魚粉蓄一身力量，就要乘火車去外地打拚。

時值國慶日，回家的人也多，看著人頭攢動的魚粉店，我心裡又興奮又自豪。

巷子裡這幾家魚粉店門面都小，沒有裝修，幾張簡易的餐桌，一排塑膠凳，熟悉的、不熟悉的食客擠在一起，每人一碗紅彤彤、熱騰騰的魚粉，彷彿連人生也鼎沸起來。

兩位食客吃完起身，我和阿博立刻走過去坐下。阿博直接把他們吃完的碗端到後廚，順便點單。老劉魚粉已經開了三十七年，老闆、老闆娘認識絕

大多數食客，算帳有時都是食客自己來，省了老闆很多事。沒一會兒，阿博就端著兩碗紅得鮮豔欲滴的魚粉出來了，剛把碗放到桌上，就發現熟人，輕輕地「咦」了一聲，徑直走到另外一桌打起招呼。

我也見怪不怪，老牌魚粉店是最容易遇見熟人的。郴州不是大城市，所以在這裡可以聽見很多相遇的故事，見到很多失聯的人。

我都快吃完了，阿博才回來，我好奇地問了一句：「誰能讓你連魚粉都懶得嗍了？」

他興奮地問我：「你記得鳳姐嗎？」

鳳姐？真是一個好多年都沒提起過的名字，但我很快就把名字與記憶對上了號。鳳姐！剛剛是鳳姐？我立刻扭頭去看，人已經走了。我埋怨阿博：「你怎麼不早告訴我，起碼可以去打個招呼啊，看看她還認不認識我。」

阿博連忙擺手：「不是，不是，那不是鳳姐，那是鳳姐的兒子阿才，有印象嗎？那個體育生，高中時不是還一起聊過天打過籃球嗎？後來鳳姐一直想把他搞到我們高中讀書，但是沒搞成。阿才去了廣東打工，鳳姐的魚粉店也關了。」

「那你有沒有問為什麼當年鳳姐的魚粉店突然說關就關了？」

雖然離鳳姐的魚粉店關門已經過去了二十三年，這期間也沒有人再提起過這件事，但高三那一整年每次經過鳳姐的魚粉店門面，我們都會猜想：那天早上到底是誰把鳳姐店裡所有的碗都給砸了？鳳姐那麼兇悍，天不怕地不怕的女人又會因為誰把生意那麼好的店給關了？

傳說倒是很多，但沒有一個是確鑿的。

很多人你不提，也許就會忘記。

但鳳姐，無論你何時提起，一定會有很多人坐下來，好奇當年那個傳奇的女人去哪兒了。

「你別急嘛，我慢慢跟你說。我留了阿才的電話，約了下次一起吃夜宵。」

2

凌晨三點半起床，鳳姐就開始忙碌。

她一邊洗蔥切蒜，一邊燒一大鍋水。

把磨好的四斤辣椒粉從櫃子裡拿出來，用拇指和食指揉了揉細度，又湊近鼻子聞了聞，一股辛辣勁讓鳳姐突然想打噴嚏，忍住後整個人便清醒了過來。

鐵鍋裡放入茶油，燒至滾燙，鳳姐將鐵鍋移至另一個沒開火的爐灶上，等著溫度稍微降下，然後習慣性地走到旁邊揭開大鍋的蓋子，看水溫是否有變化。蓋上蓋子，順手拎起四斤辣椒粉走回鐵鍋旁，覺得茶油降到了七八分熱，便把辣椒粉一股腦兒地倒進去，開始爆炒，放鹽，放一丁點胡椒，還有一些鳳姐自己想加入的佐料。

油太熱了，怕糊；太冷了，怕香味出不來。

一會兒工夫，鳳姐的臉就通紅冒汗，不知道是熱的還是被空氣中的辣味給辣的。那邊大鍋的水已經咕嚕嚕作響，鳳姐有條不紊地把早已切塊的一共十八斤的鯴魚倒了進去，然後放老薑片、十幾瓣被拍碎的大蒜瓣、一大把乾的五指朝天椒，再蓋上鍋蓋。

鳳姐有二十分鐘時間可以用來調製蔥花蛋的蛋液。

待到二十分鐘左右，鯴魚的香氣從大鍋裡散發出來，便把炒好的辣椒油一股腦兒地倒進大鍋裡，加上幾勺醬油、一點提味的豆油，繼續煮到沸鍋。

鳳姐開始在鐵鍋裡煎蔥花蛋餅。猛火煎炸，三十秒一張，層層疊起，煎到一百多張，六點十五分左右會迎來早晨的第一位客人，鳳姐便打開大排檔雨棚的燈開始接客。

我總是七點十分左右到鳳姐的魚粉店。

棚子裡十張圓桌幾乎坐滿了學生，我很流程式地走到爐灶邊跟鳳姐要一碗大份切粉，從洗碗阿姨洗好的筷子裡抽出兩根，放到煮粉的大鍋裡燙十幾秒，看見哪個座位空了，就走過去把書包放在凳子上，把上一位客人吃完的碗放到洗碗阿姨身邊。

阿姨和鳳姐看見都會很大聲地說句「謝謝咯」，一方面是感謝，另一方面是提醒其他客人吃完也可以送過來，不然收碗都忙不過來了。

學校附近有很多魚粉店，但鳳姐的魚粉最好吃。魚湯入味，又辣又鮮，榨菜、酸豆角、酸蘿蔔丁都是無限量供應，尤其在冬天，因為太冷了，學生們不僅會吃完粉，連辣湯都咕嚕咕嚕喝完了。我也是其中之一，喝完全身冒汗，能扛一整天凍。

關鍵是鳳姐家的魚湯喝完不口渴，小時候我不懂這個，長大了和同學聊起來才知道，鳳姐家從來不用味精提味。

鳳姐的魚粉店就在我高中校門口的早餐一條街上。我讀初中時，鳳姐就在這裡開店，和大家都很熟。

猶記第一天去高中報到，我一個人吃著粉，聽見鳳姐跟很多和我一樣的同齡人打招呼：「你們又考到這個高中了啊？真好，真好，那以後鳳姐又可以看到你們了。」

鳳姐人好，如果有男同學因為錢不夠只能點小碗，鳳姐雖然也只會給小碗盛湯，但粉會放大份的。我以前還納悶，反正都這樣，為啥不給個大碗盛湯，大大方方，然後被阿博敲了一下頭：「早上那麼忙，人家鳳姐和夥計都是看碗的大小收錢，記得還好，萬一記錯了，收了大碗的錢多尷尬。」

也是哦。

「所以你這個人吧，凡事不能只看表面，行動到了就足夠了。」

後來我以鳳姐為主人公寫了一篇好人好事的文章，用了這句話，還被語文老師表揚。阿博說：「這句話不是我告訴你的嗎？」

我說：「我就光記得這句話很厲害了。對不起啊，不過你自己說的，凡事不能只看表面，你的行為已經幫助到我了就夠了，不是嗎？」

別的魚粉店的生意都是普普通通的，唯獨鳳姐家生意愈來愈好，甚至有學生沒有座位，寧願站著端碗吃。鳳姐怕他們燙手，又買了很多塑膠凳和小板凳，讓他們坐在小板凳上吃。無聊的高中生們如我和阿博，就會竊竊私語：「你看，短短五分鐘，就收了十多碗的錢。這樣算下來，早上營業兩個小時，起碼能賣三百碗，中午和晚上各賣一百碗，五十碗也行，一天總共可以賣四百碗，平均一塊二一碗，去掉亂七八糟的房租和水電人工配料，一碗起碼可以掙三毛錢，那一天就能掙一百二十塊，一個月就能掙三千多呢！」

一九九六年，我父母每月工資才一千多塊，鳳姐能掙那麼多，令人羡慕。以至於有一天班會課上，主題是「我的夢想」，阿博就說他的夢想是像鳳姐一樣開一家魚粉店，賣好吃的魚粉，看著一批又一批學生長大畢業。

班主任問：「你開魚粉店到底是為了賣好吃的魚粉，還是為了掙錢？」

阿博不太會撒謊，條件反射式地回答：「主要是為了掙錢。」

班主任說：「你下去吧。今天在你之前發言的同學的夢想都不難實現，因為他們的夢想只是某個職業，而你的夢想是掙錢，這個是最難實現的。」

阿博：「啊不，是魚粉。」

班主任：「是賺錢的魚粉？」

阿博：「對，賺錢的魚粉。」

班主任：「你還是下去吧。」

從此，賣魚粉很掙錢就成了我心裡的一個真相。我甚至跟我爸說：「爸，你看你每天和鳳姐一樣起早貪黑，你給病人看病、做手術，也沒什麼休息時間。她週六、週日都比較輕鬆，你還要加班，但工資比鳳姐少很多啊，還不如學學她賣魚粉。」

我忘記我爸什麼反應了，但如果我是醫生，我的兒子這麼跟我說，我肯定想揍他（當然，也有可能我爸當時揍了我，把我揍到失憶了）。

一個週六，我爸媽加班，給我留了幾塊錢買午飯，我想了想，拿著飯盒去了鳳姐那兒，打算買碗魚粉回家吃。她不在，我就讓看店的阿姨做了一碗。剛打包好，鳳姐就回來了。我從來沒見過鳳姐那樣，穿著一身大紅呢子衣，頭髮也吹了個造型，一看就是隔壁胖姐髮廊的作品，還化了淡妝，塗了口紅。我一下愣住。

鳳姐說：「怎麼了，見到鬼了嗎？」

「沒沒沒，你原來那麼好看啊！」

鳳姐大笑：「行了，行了，下個星期鳳姐給你的粉多加蔥花蛋。」

阿姨問鳳姐：「怎麼樣，今天很爭臉吧？」

鳳姐很得意地點點頭。我從她倆的對話中才知道，鳳姐去參加了前夫的婚禮。她本來不想去，但怕兒子會被後媽欺負，所以也就不避嫌，大大方方地參加了，還送上祝福，包了個大的紅包。

「你還包了兩千塊給那個人渣？」阿姨一臉的不可思議。

「只是希望那個後媽對我兒子好一點。」

「你自己一年到頭攢不下一分錢，全用來還債了，你真是……你說你的錢都是被自己敗光的啊。」阿姨很氣憤。

「掙錢就是為了爭口氣，不然掙錢有什麼意義。再說了，這些年你也陪著我，債也還了一半多，快了，快了。」

到這時，我才把大家對鳳姐各種各樣議論的事情給拼湊了起來。鳳姐的前公公是我們縣城大市場的老闆，為了擴張市場就讓鳳姐和他的兒子，也就是鳳姐的前夫借十萬塊給他。鳳姐前夫的人脈都是他爸的，所以這十萬塊都是鳳姐一個人打著借條從親戚朋友那邊借的。沒想到借了錢之後不到一個月，前公公突然跑了，留下所有債務，連前夫和前婆婆都不知道他去哪兒了。

那是二十世紀八〇年代，人均月工資一百來塊，十萬塊是可以壓死人的。

更要命的是，除了鳳姐出面借的十萬塊，前公公還欠了很多錢，債主找不到他，便每天派人蹲在鳳姐家門口，讓他們還錢。鳳姐跟前夫商量，是不是兩人重新努把力，把錢還了，不然日子就完了。前夫說：「這一個月掙幾百塊的，猴年馬月能還完，就讓他們報案吧，都什麼年代了，還有父債子還的道理？」

鳳姐一聽就哭了：「難道你不打算還了嗎？那十萬塊都是我挨家挨戶借的。」

鳳姐的孩子一天一天長大，卻不知道為什麼連續幾年過年爸爸媽媽都垂頭喪氣的，為什麼見不到爺爺，奶奶每次過年就哭，還有為什麼家門口那麼多兇神惡煞的陌生叔叔。

終於，鳳姐想清楚了，跟前夫商量：「我們離婚吧，你帶孩子，我背十萬的債。」

前夫立刻同意了。

鳳姐和前夫離婚後，一個人到了郴州市區，在湘南十五中旁邊租了家小門面，做起了魚粉生意。鳳姐是郴州棲鳳渡鎮人，做魚粉是家傳手藝，本以為嫁給了前夫可以享福，沒想到人生如此多舛。很多單身漢看鳳姐好看，都來打主意。

我親眼見過。一天放學，鳳姐的門面前來了救護車，一個喝醉酒的人被抬上擔架。問了才知道，是一個一直追求鳳姐的鰥夫，被拒絕了多次還來騷擾，借著酒勁光天化日之下去摸鳳姐，被鳳姐直接從鍋裡舀了勺滾燙的辣魚湯潑在臉上，又燙又辣，當場酒醒喊起了救命。

員警來了，問清事情原委，也有街坊做證，就讓鳳姐賠了醫藥費，沒有追究刑事責任。但那一次之後，再沒人敢打鳳姐的主意。那段時間，我再吃鳳姐的魚粉時，總是有點害怕。

我見過鳳姐的兒子幾次，比我們低一年，在縣城讀初三，一般是週五下午來待兩天，週日回去。她兒子長得高高帥帥的，五官隨鳳姐，清澈又分明。

每次有人誇他帥，鳳姐就很開心地回應：「他啊，打籃球特別厲害，是體育特長生。我希望他高中能以體育特長生的身分來十五中讀書呢。」兒子怕生，來鳳姐這兒總是躲在廚房幫忙做事。有時遇到十五中的老師來吃粉，鳳姐趕緊叫兒子出來見老師，如果是其他老師就出來問個好，遇見體育老師，還會讓他表演一段運球。

兒子很尷尬，氣場和鳳姐簡直是電池的兩極。

其實，有時體育老師也尷尬，我們看的人也尷尬，但對鳳姐來說，似乎也沒有更多合適的機會和場合來表達，只能硬著頭皮推薦自己的兒子。兒子沉著臉做了幾個姿勢，體育老師說還不錯。鳳姐說再來一個，再來一個，兒子就會把球往地上一砸走人。

如果你看鳳姐對哪個體育老師特別熱情，又是大份魚粉，又是加蛋，又說不要錢不要客氣，准是兒子又讓大家尷尬了。

高二的一天早上，我照常去鳳姐的粉店，發現卷閘門關著沒營業，門口砸了一大堆碗。

那幾天，關於鳳姐的事傳得沸沸揚揚，什麼其他債主也找上門了逼她還錢，什麼當時被她潑魚湯的鰥夫把店面砸了。我們都覺得鳳姐可憐，那麼好的人，那麼勤勞的人，命運偏偏將她從正軌上推擠下來。

那一週，鳳姐的店都沒開門，我在旁邊店吃魚粉，總覺得不夠辣、不夠鮮，魚肉不夠入味，刺太多，喝完湯會口渴。

不知道鳳姐的魚粉是真好吃，還是我習慣了那個味道。那之後，我每天都期盼鳳姐的店開門，可惜一直關著。直到有一天換了招牌，變成了小賣部。大家都去問鳳姐去哪兒了，新老闆說不知道，他不認識鳳姐。

關於鳳姐和魚粉的記憶，就停在了高二。

再後來，魚粉店多了起來，也鮮有人再提起鳳姐，我有時會突然想到，但也只是在想：她的債還完了嗎？她的兒子後來去哪兒了？

3

郴州人從生下來到吃第一碗魚粉，都是命運的安排。

我關於魚粉的記憶是鳳姐給的。所以，每當有人問起我最喜歡吃的魚粉是哪一家，我都會說是鳳姐的，但她早就不開了，我也不知道她在哪兒，只能跟著朋友一家一家去吃。這家更辣，那家更鹹，遇到口味很像的，我就會跑到後廚看一眼，沒準是她呢？

讀中學時，我並不覺得魚粉能在郴州人的生活中佔據多厲害的位置，想吃就能吃，街邊到處都是棲鳳渡魚粉店，口味都不會太差。鮮魚湯，辣得爽，要區別本地人還是外地人，就看你吃完粉之後是否把那碗紅彤彤的湯灌進肚子裡，外地人是斷斷不敢的，他們會覺得這麼做的郴州人瘋了。

再之後，我去外地讀大學，每次回郴州，和朋友約的第一個地方一定是魚粉店。大家心照不宣——只有立刻吃上一碗正宗帶勁的熱辣魚粉，才能瞬間接上郴州的地氣。而魚粉的名聲也愈來愈大，陸續上了很多電視節目，拍了很多紀錄片，成了郴州的驕傲。在外地打拚的郴州人如果相遇，聊天一定是從魚粉開始的。

「你吃過金國的魚粉嗎？湯巨鮮，油色紅潤不厚。」

「老鄧的也好，口味偏辣一點，配菜絕了。」

「大樹下去過嗎？就是老三中後面的巷子裡，一棵很大的樹底下。對，那條路的路名很好聽叫桔井路。」

「南街的老楊，我每年大年三十都會去吃，三百六十五天二十四小時都不關門……」

聊著聊著，你會發現一定有人眼裡開始透著晶瑩，如果眼裡沒有淚光，那一定是變成唾沫咽了下去。

以前郴州人要向外地人介紹郴州，一定是先從中國女排訓練基地說起，從五連冠說起。現在大多數都會說：「你一定要先去吃一碗魚粉啊！」小時候不懂，並不覺得魚粉有什麼講究，就像一些外地人看到魚粉的照片是一樣的感覺——不就是辣椒粉兌湯，湯裡放幾塊魚完事。

長大了，懂了，真正的棲鳳渡魚粉是有講究的。

棲鳳渡鎮種的早稻，脫了殼之後，用石磨磨成米漿，又黏又厚，然後放在特製鐵板上攤皮，將水氣蒸乾，變成一張張米漿皮，再放到竹竿上曬至兩分乾，疊上幾層，用刀切成絲，繼續曬乾，就是正宗棲鳳渡幹切粉。

還有一種是不曬乾的漿皮，現切現做，叫濕切粉。如果吃的人沒什麼講究，還有一種榨粉，是機器做出來的圓粉，很多湖南米粉都是圓粉。

做魚粉的魚最好是選用棲鳳渡鎮的西河鰱魚，辣椒粉是當地產的五指辣，豆油、茶油缺一不可。各家有各家微妙的做法，那便是令人魂牽夢繞的口感，表面都是一層紅辣的魚湯，底下包裹的則是各自看不見的巧思。

帝國大酒店的羅記魚粉帶著一點胡椒味。

火車站的金國魚粉和老劉魚粉緊挨著，前者開了二十五年，後者開了三十七年，他們看著郴州火車站來來往往的旅客，小店面回蕩著幾十年來的火車汽笛聲。

金國魚粉偏鮮，甜。

老劉魚粉，各種味道都重，辣椒辣，豆油濃郁，油重，吃完的人滿頭是汗，是老郴州人的心頭好。

老鄧魚粉也是主打鮮甜，近期重新裝修後感覺很新，乾淨許多。對有些人來說，乾淨重要；對有些人來說，還是以前熱鬧。

大樹下魚粉，配菜比其他家都豐富，酸豆角、酸蘿蔔、辣椒、大蒜絲、海帶排骨湯……雖然都是免費配菜，但每一樣拿出來都很入味、很能打，配上魚粉能加很多分。

佳興魚粉和其他當地魚粉不同，沒有紅油，是真正的鮮魚湯魚粉，也能滿足很多不能吃辣的食客。

楊婆魚粉也有很多人喜歡，具體好在哪裡我說不上來，大家支支吾吾地爭了半天，結論是各方面都不錯，沒什麼令人討厭的。

南街老楊魚粉，是郴州街上最早開啟二十四小時營業的魚粉店，任何時候，只要有人想吃魚粉，選他家準能吃到，即便是大年三十都通宵營業，一群人擠在兩個狹長門店裡，街邊也是長桌，來人往那兒一坐，配上一瓶解辣的豆奶，其樂無窮。雖然現在魚粉店開得愈來愈多，口味也愈來愈豐富，對南街老楊有一定衝擊，但因為它是第一家讓郴州本地人、外地回來的郴州人有歸宿感的店，所以淩晨依然有很多人。

好吃的魚粉店很多，打開美食點評網站，眼花繚亂的榜單，無論你選哪一家都不會失誤。

我對阿博說：「如果當年鳳姐不關店，一直經營，現在她該有多好啊，債早就能還清了，而且作為她最早的顧客，我們也會很有面子啊。」

4

阿博和阿才見面，我也在。

他和以前沒什麼變化，看見我第一眼就說：「哎呀，我就說我認識你，我以前在一個相親節目上看到你，我就跟我老婆說這個人我認識。」

「那個，不是相親節目，是一個求職節目……都是一個台的，你可能搞錯了。」我很尷尬。

「啊，對對對，一個求職節目。你看我，搞錯了，讀書不好的人，腦子也不好使。」

「鳳姐還好嗎？」

「我媽？幾年前就不在了。」

「啊？」我和阿博突然驚呆了，一想到鳳姐那麼利索、那麼潑辣的樣子，就沒有辦法接受她已經離去的事實。

「我挺對不起她，這些年一直讓她失望。」阿才倒了一杯酒，「謝謝你們還記得她。」

阿才說起了高三那年我們所不知道的故事。

阿才在縣城一直跟他爸和後媽住，後媽生了一個小孩，所以也沒什麼人管他。鳳姐這才一直想把阿才弄到我們高中讀書，一是我們學校好，阿才或許真的能成才；二是可以讓阿才不用再看後媽臉色，鳳姐很心疼阿才每次見陌生人都習慣性低頭的樣子。

她逢人就問學校特招生的資格，有一天學校一個體育老師說自己有門路，覺得阿才體育很好，可以弄成特招生，但找人運作大概需要八千塊。雖然八千塊在當時是很大的數字，鳳姐還有一身債，但她覺得自己人生唯一的希望就是能給阿才一個好的成長環境，因為自己和他爸離婚，已經讓阿才的童年失去了太多。

鳳姐找中間人聊了好幾次，請了很多次客，也帶著阿才跟中間人見過面。沒想到見完之後，阿才對鳳姐說自己並不想讀高中，他想跟著表哥去廣東打工，賣 BP 機，一個月也能掙好幾千塊。

鳳姐和阿才吵了起來，鳳姐哭了，阿才走了。

也就是那個週末，中間人說要帶朋友來店裡吃晚飯喝酒，鳳姐炒了一桌菜。等人都走了，中間人死活不走，拉著鳳姐上店面的二層閣樓，兩個人正在推搡，阿才從暗處沖了出來，一啤酒瓶敲在中間人的腦袋上。

阿才這時才對鳳姐說了實話，他上次就看出中間人對媽媽有意思，也知道媽媽不想得罪對方，所以才不想讀高中，但媽媽似乎為了他什麼都不管不顧了。

這下，他就算想讀也不行了。

「我讓我媽和我一起逃走，她不願意，要去自首，說是她敲的啤酒瓶。她不怕，還打算繼續把魚粉店開下去。我一氣之下就把所有東西砸了。那時我很自私，以為她和我爸離婚是因為不愛我，我不知道她是為了還那十萬塊的債。我以為她離開我，在那麼遠的地方開店是因為不愛我，我只想讓她在我身邊生活，讓我有一個真正的媽媽。我每次來看她，她也沒時間陪我。我不想讓她那麼辛苦，後來知道為了讓我轉校，她也在存錢，可我不喜歡讀書，也不想考大學，更不希望她被那樣的人渣佔便宜。當我把所有的事情跟我媽說完之後，我倆都哭了。那是我第一次和媽媽說那麼多話。我媽把那個中間人送到醫院，然後把我送上火車，自己去了派出所。」

「所以鳳姐是為了幫你……」

「嗯。派出所調查了事情的前因後果，也查出了那個中間人其實是個地痞騙子，所以也沒有為難媽媽。但魚粉店是開不下去了，媽媽把後續事情處理完也去了廣東，和我一起生活。

「我媽有幾個遺憾，走之前一直說。一個是沒有看到你們畢業，不知道你們後來都去哪兒了。我媽常會提起你，那個小矮個兒，總是會幫她收碗的那個。哦，對，我媽也在電視上看到你了，說這個人很像小時候吃她魚粉的那個小孩。

「她也很遺憾，沒能讓我讀上高中。如果我也能讀十五中，也許我的人生會變得不太一樣。」

「如果鳳姐還在開魚粉店，那一定是郴州街上最厲害的吧。」

我、阿博、阿才眼裡都有淚光。

「要不，阿才，你再開一個粉店，就叫鳳姐魚粉吧？」阿博提議。

阿才抓了抓後腦勺：「那手藝我學不來，年輕時沒耐心學，後來媽媽身體不好，有了高血壓，也折騰不了了。」他突然笑了笑，又說：「不過我現在在十五中旁邊開了個洗車行。你們沒事可以來洗車，像照顧我媽生意那樣。」

「那要優惠一點，以前我們沒錢時鳳姐可是都會送的。」

「沒問題，打折免費都可以，你們看著辦。」阿才說這些話的時候，突然讓我想起了鳳姐。

鳳姐問那個只能買小碗魚粉的男同學：「你是因為沒錢吃，還是因為不想吃那麼多？如果錢不夠，你就自己下粉，這個碗你別換就行，能吃多少就吃多少。」

男同學很尷尬又很害羞地說謝謝。

鳳姐說：「別謝啦，我兒子和你一樣大，都是大高個兒，現在不長身體，錯過了就沒機會咯。」

一個人的絮語

我和阿博去了阿才的洗車行，說是在十五中附近，其實蠻偏僻的，但生意很好。阿才從老家招了幾個勤快的小兄弟，都不需要司機把車開進洗車間，到了直接把鑰匙給小兄弟就行。等候區雖然簡陋，但飲料隨便喝，還能給手機充電，旁邊貨櫃裡放了很多新奇玩意兒，車上的玩偶、好看的鑰匙扣、車載紙巾盒、折疊塑膠箱，甚至還有男女通用的應急小便器……雖然怪，但都是自己可能真的缺的玩意兒。我坐了十幾分鐘，阿才便賣出四、五件東西，然後來招呼我：「你去看看，有什麼喜歡的自己拿，不要錢，我保證肯定有你缺的。」

我哈哈大笑，順便問了一直想問的問題：「行了，家裡那麼多債呢，我還拿，心裡過不去。」阿才大手一揮：「啊，我在廣東賣BP機[2]和大哥大時就還完了，不然我媽哪能放心走掉，她性格你又不是不知道。這個洗車行樓上，我買了兩套房。來，那我給你拿一個香薰吧，特別好，德國來的，不是香精兑的……」

編註2：呼叫器，俗稱BP機、Call機。

那麼美的時刻也許再也沒有了

1

經過音像店[1]的時候，看見上面寫著「孫燕姿最新專輯到貨」，直接闖進去問店員：「還有嗎？」

店員說：「你放心，你喜歡的那幾個人都會給你留著。」

「其實我要兩張，你懂的。」我朝她眨了眨眼。

「有喜歡的人了？」小女孩特別興奮。

「再賣給我一張，我就告訴你。」

「行，我還給別人留了三張，先給你，我下午再去進貨。」

在家清理舊物時，看見這張孫燕姿的 CD，想起當時還送了一張給喜歡的人，就給對方發了一條短信：「你還記得我送給過你一張孫燕姿的 CD 嗎？」

對方回：「記得啊，那張 CD 後來被我同學拿走了。」

喜歡一個人，經過音像店給這個人買一張新的專輯，那麼好的時光現在不會再有了。

歌手已經不出實體 CD 了，音像店也倒閉了。

大家不再通過音像店知道誰出了新歌，現在想送專輯都是電子的，背後似乎也藏不了那麼多小心思和含義。

2

互聯網[2]剛興起的時候，整日泡在網吧的有三類人：真的想了解互聯網技術的、很愛玩互聯網遊戲的、想談戀愛的。

那時的愛情小說從穿越、霸道總裁、豪門絕戀直接硬切到了網戀。

QQ上線的咳嗽聲，路由器聯網[3]前的嘯叫聲，和網友聊天聊到一半突然斷線，立刻就對屋外的父母大喊「我在上網，把電話掛回去」，這些場景再也不會有了。

那時的週末，去大學城商場，麥當勞或肯德基的大門口有很多年輕人在等人，不似現在都在看手機，那時門口的年輕人都帶著好奇的眼神端詳著每一個迎面走來的人——每個人都可能是自己要見的網友，白色的帽子或紅色的T恤，白球鞋或是右耳戴著耳環。有人躲在暗處觀察，若是覺得不稱心就立刻閃掉，當過去的網戀是場水漂；有人硬著頭皮和對方吃了一頓肯德基，花一百來塊錢，說句再見就刪除了對方；更多人則帶著對新世界的新奇，把網戀談成了現實。

照片無法修圖，也沒有電子版，靠郵箱上傳發送前還要把照片掃描存在3.5英寸的磁片裡。掃描多貴啊，一張照片兩塊錢，一個月的生活費才五百塊。關鍵是這樣掃描出來的紙片也看不清臉，只能看清照相的姿勢、衣服的色彩，但就算這樣，對方也很感激，說一句：「謝謝謝謝，我覺得特別好。」

當你拿著磁片走進網吧問老闆：「可以插磁片嗎？」很多人便抬頭看著你，眼神裡寫著「小夥子，你要交換照片了嗎？勸你三思」。你只能尷尬地補一句：「下載一些資料而已。」

編註1：唱片行。
編註2：網路。
編註3：電訊網路裝置。

3

那時網戀的準備都挺複雜的，誰和誰都很珍惜，成功率比現在高得多。

我收到過一個 iPod，那是蘋果早年出的專門用來聽音樂的播放機，裡面存著對方想讓我聽的所有的歌。現在這樣也行不通了吧，如果想下載新的歌曲，就要登錄自己的帳號，然後立刻清空對方所有的細膩心思。

唱歌不錯的，會帶著喜歡的人去有大廳點歌的卡拉 OK，每個台輪著唱，有很多想聽歌的顧客，也有很多敢唱歌且唱得好的顧客。唱得好，大家一起鼓掌；唱得不好，所有人很默契地沉默，會把人逼到心理崩潰。

4

去年回老家，欣喜地發現有一家叫「麗都」的老卡拉 OK 廳依然在營業，就很好奇地和一群朋友去了。沒想到裡面全部翻了新，有很多包廂，但也保留了大廳模式。我們坐在大廳，一群人占了兩個台，把想唱的歌寫在紙上給服務員，等著就行。

時間恍惚間回到好多年前，陌生人坐在一起，熱熱鬧鬧又默契十足。

每桌客人都拚了命把歌唱好，若是覺得比不上上一桌，乾脆直接放棄，省得丟臉。那晚我喝了一點酒，就對老闆說：「你真棒，希望麗都一直都會在。雖然掙錢有點難，但我們都會來捧場的。」

老闆也喝了點酒說：「沒關係，兄弟，這幾層樓都是我的，我不掙錢沒關係，你們來就很開心了。」

哈哈哈哈，我真是白操心了。

後來每次回去，我都會和一群朋友去報到，九〇後、〇〇後的朋友覺得這種方式古怪又新奇，但唱過一次之後比誰都狂熱。我知道時間會淘汰很多過時的東西，但還有一些不會被淘汰，靠著自己頑強的生命力和一些人不願意改變的情懷。

5

和喜歡的人約去溜冰場，去之前特別努力地練習，這樣到時才能自然而然地牽住對方的手說「來，我帶你滑」，絲毫不唐突。

存錢給對方買一個 BP 機，想對方時就通過人工服務給對方發一個 520，所以那時範曉萱的《數字戀愛》才那麼紅。

「3155530，都是都是我想你。520 是我愛你，000 是要 kissing。」

晚自習也好，上課上班也罷，收到一串數字，便能臉紅心跳。周圍人問：「要找個電話回話嗎？」很害羞地搖搖頭，不必……對方只是在告訴你，她在想你。

節制，又不放縱。

點睛，又不添足。

每個舉動都在尊重愛情，尊重自己和你。

6

其實都是麻煩。

但愛情是否要像麵團那樣經過發酵才更有口感？

沒人能下一個定論。

一見鍾情有一見鍾情的快感，細水長流有細水長流的妥當。

說到底，無論時代如何發展，人與人之間怎麼發展，需要的都是儀式感。

回憶裡的種種都是能在多年後想起的細節，這些細節就是感情中的儀式感。

我想起今年去廈門做了一場新年讀者見面會，到廈門已是晚上，十點書店的同事來接我。去場地的路上，我和出版社同事聊到儀式感這個話題，書店同事突然從前座回過頭用很抱歉的語氣說：

「同哥，我聽你們在聊這個話題，很有感觸，我不知道自己是否能插播一下自己的感受。」

「當然，當然，我很想知道你是怎麼看待儀式感的。」

她說：「我大學畢業三年，和男朋友異地戀好些年了，每年元旦跨年我們輪流去對方的城市，這就是我們之間的儀式感。去年他來廈門看我，今年輪到我去看他了，但因為書店新開業，特別忙，所以我很抱歉地告訴他今年我可能沒有假，去不了了。他說好的，沒關係，等忙完再見就好。跨年那天，我一直在書店加班，突然收到短信，他說：『加班快樂，別難過，我就在商場門口，等你下班，然後一起跨年。』那天我特別感動，其實無論誰去誰那兒，能一直在一起跨年，就是儀式感。」

我願意為你做很多事，多年後也想得起來，就是我們的美好。

一個人的絮語

起來喝一杯咖啡，是想讓自己的心情變好一些，變得有精神一點。寫東西前一定要找一位自己喜歡的歌手，重複播放他的專輯，很輕易就能集中精力。

每年過生日都要寫一篇總結，給過去的自己，給未來的自己，也想看清自己。這些年，每次準備了很久的作品要跟大家見面，都會約同事們一起吃個飯，喝個酒，然後錄個視頻告訴自己：「沒關係，放寬心，已經盡力了，結果一定不會太差的。」

前兩天看到手機裡就有這麼一段，是二〇一七年《我在未來等你》出版之前和出版社同事聚餐時錄的。當時誰都不知道結果會怎樣，我就拍了一段給自己，希望有結果之後再看，應該很不一樣，也會讓自己更相信自己吧。

二〇一九年年底，我看到這段覺得很有趣，然後就告訴視頻裡的自己：「哇，《我在未來等你》拿了好幾個獎，很多讀者很喜歡，也順利改編成了電視劇，電視劇是二〇一九年豆瓣年度十大電視劇，你的預感真的超靈的！」

生活裡多一些儀式感，日子也會過得更加有滋有味。

《我在未來等你》出版前夜短片

從危機裡找到轉機的人生，就是積極的人生

1

突然意識到自己已經很久很久沒有和朋友聊過天了，那種打屁喝酒的閒聊不算數，我指的是真的很想知道對方的情況，很想對方知道自己處境的聊天。

「你在幹嘛？」

「我在幹嘛。」

「你遇見了什麼問題，我遇見了什麼問題。」

「我能幫你想想嗎？你能幫我想想嗎？」

這種趨向為正向的聊天實在太少了，大部分時候我們要尋求幫助，都已經想好了自己要怎麼做，只差東風，於是就會問朋友：「嘿，你有那陣東風嗎？」對結果的需求大於對思考的幫助，聊天便僅限於對方回復「我有呢」或「不好意思哦」。

正因為如此，因疫情而在家自我隔離的這段日子裡，我想起了周圍那些算是很要好的朋友，發現自己並不是很了解他們，他們似乎也並沒有意願跟我分享他們的現狀。

比如文子和浩森，他們搭檔開了兩家民宿、一個攝影工作室、一個視頻工作室、一個攝影學院，還有幾十位同事，我想他倆應該面臨著很大困難……可他們卻沒有跟我提過任何一點問題。

換作以前，我就會覺得：「嗯，可能是因為我們關係不夠好，算不上朋友，我也不必再問。」但或許是年紀漸長，以及我很清楚他倆並沒有什麼別的朋友（哈哈哈），我就直接發消息問文子：「你的民宿和工作室怎樣了？」

文子沒有理我。

我不依不饒，發微信給浩森：「我給文子發了微信問你們的情況，他不理我。」

浩森說：「他在看電影，我立刻讓他看手機。」

什麼？文子還有心情看電影？

果然微信立刻回過來了，特別長一段，感覺他都憋壞了。

文子說：「我都要賣房子了，民宿早就停業了，工作室暫時也沒有接到新工作，但我不能裁員，必須扛下去。我也在頭痛，不好意思煩你，我覺得你可能更慘。」

看來要讓一個人心情好就是讓他知道別人比他更差，哈哈哈。

緊接著他又發來一條：「我算了一下，所有的房租、人工加在一起，一個月四五十萬，如果情況再多持續兩三個月，可能就有點扛不下去了。關鍵是現在我掛出去的房子都沒人買（一個哭泣的表情）。」

然後，我們就進入了深聊階段，該如何面對這件事，如何把危機變成轉機，除了死扛是否還有別的方法。那一刻，我覺得這就是朋友的意義，而我們也有了一個很不錯的想法。在說這個想法之前，我想先分享另一個感受。

2

和朋友進行「深入人生體會」的聊天，相當於一個人過了好幾種人生。

但要遇見這樣的朋友，願意和你聊，願意傾聽，你能理解，也有興趣，也是可遇不可求的。所以，我的另一個選擇是看各種紀錄片和真人秀，可以在某個自己不了解的領域，詳細了解一個人如何做完一件事，在看的過程中能對照自己所以為的，然後糾正和提醒自己。

前段時間在網上翻出了一個真人秀《富豪谷底求翻身》。簡而言之，就是一個五十五歲的億萬富翁，為了證明創業不分年齡、不看出身，也不靠第一桶金，被節目組送到一個陌生城市，只有一部沒有任何連絡人的手機、一輛二手車、一百美元，他要在這個陌生城市生活九十天。九十天之後，他必須創辦一家市值估價一百萬美元的企業。

這個節目之前好像有香港版，但主人公中途放棄了，他覺得太難了。

雖然立意聽起來特別狗血，但看完第一集，我就決定追下去。因為第一集解決了我一個最大的困惑——一台攝像機和一根收音桿天天跟著你，你怎麼解釋？誰也不是傻子啊。主人公在見任何人之前，都會在電話裡把該聊的事情聊好，再很抱歉地說因為自己是剛來這個城市創業的，所以想記錄一下這個過程，希望不會嚇到對方。基本上大家都會愣一下，然後說：「只要不影響我們工作就好。」

第一集主人公說了一段關於創業的也是我聽過無數次的看法：「沒錢還想創業？」「沒有背景和人脈怎麼創業？」「白手起家？做夢吧。」

他想通過自己的行動去證明這些都是錯的，於是告別了自己的別墅、遊艇、直升機、家人，來到零下幾攝氏度的已經衰敗的重工業城市——伊利。

節目一共八集，我熬夜看完了。

看的過程中每一次被感染到，我就停下來給周圍創業的朋友分享，逼他們都看，推薦詞很簡單：

「啊啊啊啊啊啊，你快看快看！」

朋友也會給我回饋，說啟發很大。

於是，我決定寫這篇文章和大家分享這個真人秀給我的幾個感受。

主人公用了一個假名創業。他做的第一個決定是上網搜索這座城市，是什麼環境，消費水準怎樣，房租大概多少，大家的習慣是什麼，是否有他可以立刻找到的兼職工作。他設定了兩個目標：一是掙取每日的生活開銷，二是快速掙取未來三個月的房租。前者是生存問題，但不能因為生存問題而佔用所有時間，必須在其餘時間去看是否還有其他機會。

他在超市買了一些泡面，要了一些免費熱水，便花掉了十幾美元。為了節省住宿費用，他前幾晚都睡在車裡，沒地方洗澡，整個人都很疲憊。他做了一個很大膽的決定，去住一晚旅館，嘗試給旅館打工，但是被拒絕了。於是他掏了五十一美元住了一晚，洗了一個熱水澡，舒舒服服地睡了一覺，再加了八美元的油，然後，他身上幾乎沒錢了。

第一天他通過網路找工作，發佈了一些個人資訊，幾天內找到幾份簡短的兼職工作。一個是給流浪者分配食物，沒有工資，但可以免費吃一餐飯；一個是去幫別人打掃房間，掙到八十美元；一個是去幫一個小服裝品牌的老闆印刷服裝圖案，掙到了六十美元，錢雖然非常少，但這個服裝品牌的老闆是進行自主創業的，所以他們聊得很愉快，這一點很重要，主人公認為自己如果要創業就得需要人，這就是他第一個看中的合夥人。

主人公偶爾得知，過幾天當地有一個以綠色為主題的節日，於是決定去批發很多綠色的小玩意兒，說服服裝品牌老闆也拿出一些以綠色為主題的服裝，開著車擺攤一起售賣。他說：「我不了解當地，如果有一個本地人願意和我一起就容易多了。」他做了第二個決定，讓服裝老闆帶自己去酒吧。他認為喝了酒的人容易購買自己批發的這些會發光的綠色小玩意兒。最後，他們把自己身上的綠色衣服都脫下來賣了，掙到了四百一十美元。

在謀生的同時，他在網路上找到了一些供求資訊，有人願意花幾百美元找一些二手工業輪胎。因為伊利是一座衰落的工業城市，到處都是廢棄工廠和廢棄工業設施，於是他前後花了幾天時間開著車沿著鐵路到處找輪胎，第九天，終於找到了四個不同尺寸的工業輪胎。兩個被賣家否決了，經過一番討價還價，另外兩個輪胎賣出了一千五百美元。

他押一付一花了八百七十美元租下了一間公寓，用七百美元買了一輛不錯的二手車，然後把車打理乾淨，把它停在一個車來車往的路口，放上售賣的牌子。其間看病花了二百五十美元，最後身上只剩不到九十美元。過了幾天，他把二手車用三千九百美元的價格賣了出去，再花一千五百美元買了輛更貴的休旅車，打理乾淨後，以七千六百美元賣了出去。看到這兒，我也有點疑惑，就查了一下，在美國很多人喜歡換車，新車過季之後價格會降很多。很多在美國短期旅遊的人，比起租車一天一兩百美元的花費，覺得不如花三千美元買輛二手車，玩一周，還能以兩千多美元賣出去或者返還原車主，十分方便。

無論是賣輪胎，還是去酒吧賣紀念品，又或者是買賣二手車，他都遵循了一點——盡量去了解更多供需資訊，他很清楚什麼樣的人可能要什麼，主動出擊，而不是束手就擒，等天吃飯。

當他開始有了一定積蓄之後，他找到免費的商業培訓中心，這個中心免費提供創業分析及培訓，提供開會面試的場地，包括辦公用品之類，這是政府免費提供的。

看到這兒，我也給湖南郴州老家的朋友打了電話，剛好朋友也是負責創業培訓的工作，他說這個就是創業孵化基地，免費提供給創業者，無論是培訓還是場所，我們也都有（這一點我之前並不清楚，看來還是那個觀點——你要創業之前，必須了解更多的有利於自己的條件才能行動，包括各種扶持政策）。

經過各種調查，他本來想開自釀啤酒吧，但由於很多手續無法在九十天內辦下來，於是便轉向「曲線救國」，開一家燒烤啤酒屋，同時售賣別人釀的啤酒。開餐廳費用巨大，他的解決辦法是利用他在老本行——房地產方面的經驗。大概就是看中了一套不錯的房子，然後以不到兩成的首付買下來，再拿著合同[1]去跟銀行貸款一萬美元做裝修，然後加倍賣出去（他對政策的了解又起到了作用）。

其中最打動我的地方是他利用孵化基地進行的面試。

他發出了招聘資訊後，有很多人來面試，他跟對方說構想，說步驟，說未來，然後說暫時無法發工資，他所有的錢只能用來租門店和裝修。在這個過程中，自然有人退出，也有人因為他說得非常熱血，就說：「反正我現在的生活也沒有什麼壓力，閑著也是閑著，我就跟著你試一試。」

一個、兩個、三個，他看中的那些人，也真的都願意來幫他。

看到這裡真的很感慨，其實我身邊很多朋友也是如此，有一些很善良、很有才華的人，偏偏遇不到一個很有頭腦的老闆帶著他們一起幹，或者就是不願意相信夢想，覺得對方總是想占他們便宜，在空手套白狼[2]，自己也不願意邁出那一步。說白了，很多人的時間都不值錢了，有的是時間，你還怕被人騙時間嗎？更何況作為一個成年人，一個人說的創業是否有邏輯性，是否符合情理，是否有市場，都是能判斷出來的。當你覺得一個人有想法，表達清晰，也有衝勁，那就應該毫不猶豫地加入，一起幹。

這位主人公說了一句很重要的話：「如果我要創業，就必須找到一群志同道合的人，找不到人，什麼事都幹不了。」這句話不僅針對要做老闆的人，也是針對想打工養活自己的人。

編註1：合約。

編註2：比喻那些不做任何投資到處行騙的騙子所用的欺騙手段。

有趣的是，當他真的組建了一個團隊準備開燒烤啤酒屋時，他又得知這個城市要辦一個燒烤節，於是他決定租一個攤位大幹一場，目的很簡單——如果能夠獲獎並掙錢的話，他就有錢裝修，開業也能有的放矢一炮打響。在這個過程中，他也在觀察誰適合做領導，誰適合做某些業務，當然他也看錯了人，也遇見了特別能扛事的人。這些大家如果感興趣的話自己去看。

最後一集，我幾乎哭得大腦缺氧。

因為在評估師對他們的餐廳開業進行評估前，主人公召集團隊把自己是誰，原本是什麼身分，為什麼要做這件事，原原本本地說了出來。說完之後，大家很努力地把開業日做得十分漂亮。最後評估師給出的評價是餐廳估價五十萬到一百萬美元，包括各種品牌的啤酒、可複製開店的模式、當日營業額等等，最終折中為七十五萬美元。

主人公輸了，按規則他要投入一百萬美元繼續做這件事。

但他特別開心，在錄製過程中說了一句話：「我一直覺得我周圍的人都是因為我有錢才靠近我，很難分辨。但現在這些人不知道我是誰，他們真的是因為想跟我做才跟著我，我很感動。」他好幾次都哭了起來。然後他就帶著支票開始去感謝每一位團隊成員，把股份分給大家。每個人得到自己的報酬後，都流淚了。雖然我知道這只是一個節目，但依然覺得——真好啊，聰明、善良、有才華又願意付出努力的人都得到了回報。

這是整個節目給我印象特別深刻的幾句話：

「我必須住好，睡好，不能拖著疲憊的狀態，這樣做什麼都不行。」

「要創業就必須找到志同道合的人，如果對方看中利益而不能走到一起，我也沒有辦法，但一定要遇見這樣的人。」

「很多人都是把東西造出來然後賣，這也是不對的，應該知道誰要什麼，先知道買家在哪裡，更容易成功。」

「你一定要了解這個城市，看看大家需要什麼，缺少什麼，去做調查，再去學習你要了解的行業是什麼，自己不懂那就去找懂的人。」

「我很喜歡他，我覺得他也很喜歡我，我覺得這事能成。」

「無論我們發生任何事，我們可以坐下來聊，而不是突然發脾氣走掉，這樣解決不了問題，只能讓團隊所有人都尷尬，我們只想一起把事情解決，對嗎？」

這個節目邏輯上沒有問題，所有思考都基於現實，甚至出現了突發狀況也能用別的方式解決和替代。只要你準備好了做成一件事，任何絆腳石都是墊腳石。

還有一句話，在某一集的結尾特別快地閃過了，我覺得那是這個節目的精髓。那一集是講主人公和當地啤酒廠第一次談判失敗了，他總結自己的失敗經驗，第二次談判，成功了。

成功之後，他笑著問啤酒廠老闆：「你覺得我對這件事情有多認真？」

老闆笑著說：「我不知道。」

他也笑了。

但我能體會到他的意思——我真的足夠努力了，也十分認真，我希望你能看到我的全心全意，也許現在我什麼都沒有，但是我的認真才是我真正的優勢。

3

我和文子討論的正是這個感受——先不用管結果，只要我們想清楚了，也能做到，那就放手去做，讓大家看到我們的全心全意就好。

我們的想法是——趁著現在大家都在家，用網路幹各種事情，不如我們開一個針對這些年輕人的網課，很便宜的那種。我們平時都是幾千塊的線下攝影課程，現在就開很便宜的攝影課，主要是讓大家不閑著，我們也不閑著。你覺得呢？

我問：「很便宜是多便宜？」

他打了一串省略號，然後說：「……你要逼死我嗎？哈哈哈，反正很便宜就是了。我們可以教大家怎麼拍照片，拍Vlog，簡單快速製作的方法，構圖、調色、審美什麼的。平時大家都很忙，沒時間，現在我們就可以利用大家的時間來教大家一些很基礎但是能很快入門上道的技巧，這樣，大家以後出去旅行拍照品質會更高。男朋友學完再也不會被女朋友diss魔鬼般的直男視角，是不是不錯？」

我說特別好，你說完我都想報名了。

文子立刻就去做課程了，和工作室的攝影師去討論誰負責哪些課。

一開始一籌莫展，覺得危機來了，但徹底安靜了解了自己之後，危機也會變成轉機。

我和文子都沒有討論「萬一結果不好怎麼辦」。

有些事情從一開始就要做好最壞的打算，掂量掂量自己能不能承擔，能承擔就繼續幹，承擔不了就收手。但還有一些事情，沒有退路，必須做，而這件事就是如此。

賣不了堂食[3]的餐廳，如果做好了準備就可以立刻做外賣。

到處找專案的影視公司，如果做好了準備，現在就能和編劇線上會議認認真真討論劇本。

平時太忙的年輕人，也可以趁這些時間看一些書、一些電影，追求一些總以「沒時間」為藉口而荒廢的目標。

在家鍛煉，和父母聊天，學習廚藝，整個人不再慌亂忙碌。想想自己要做什麼，想做什麼，當疫情過去，再次出發吧，準備好了就出發，我相信速度一定比之前的莽莽撞撞會快很多。

——

編註3：只限店內消費的餐廳。

一個人的絮語

文子和浩森的課兩週之後上線了，定價39.90元[4]，一個漢堡套餐的價格。

以前他們的課都是幾百人報名，而這一次因為定價便宜，又是入門，加上幾位朋友一起幫忙宣傳，報名的人數大大超過了他們的預想，光預訂就超過了一萬八千人。他們都驚呆了，本來以為只是苟延殘喘，沒想到卻是鳳凰涅槃。

我寫這篇後記的時候，他們的課程已經上完了，於是我就詳細地問了問他們在過程中出現的情況。

文子是這麼回答我的：「我們從決定開幹，到最後做完所有的網路課程課件，一共動員了十二位同事加班加點，用了將近兩週時間完成。一開始大家覺得能到五千人報名就很了不起了，沒想到最後居然有一萬八千人報名。」

第一天上課的時候特別熱鬧，他們都快瘋掉了，所以第一天的課程結束之後，他們立刻針對體驗感做出了調整，重新建分群，把課程的重點做成PDF，還做了思維導圖，讓大家更能明白自己的課程重點，也能複習。

「這一次的課程扣除了平台和分銷分成外，掙到了五十多萬元，所以我們的攝影工作室是正常發工資，也沒有因為疫情影響大家的收入。」（他說這句話的時候特別驕傲，感覺他都要哭了，哈哈哈，真為他開心。）

他說自己還有很多的意外收穫，他發現報名的學生裡，有覺得他們攝影工作室反應很快、課程水準很好的商業夥伴，課程結束之後想進行更多的攝影合作，還有一些學生不僅自己學了，還希望未來能找上課的攝影老師來給自己拍寫真或親子套裝。

文子說，之前根本沒想到這些，沒想到學生裡還有那麼多潛在的商業客戶。現在整個團隊都很有鬥志，感覺是最好的時候啊，要抓住機會好好努力才行！

聽他說完，我都想立刻跑到樓頂對著天空大喊一聲：我也要努力啊！

真是喜歡正向的朋友們，因為無論他們做什麼都能一同體驗到豐富又積極的人生啊！

——

編註4：約台幣200元。

手機會知道你的寂寞

1

我有一個群，只有三個人。

我們並不是有特別多投機話的朋友，但偏偏就建了一個群。

每個人都有很多群。因為公司一個新項目，有一天我被拉進了十幾個群，終於意識到微信就像金角大王的瓶子，人生、靈魂、時間統統被吸進去。那段時間的群置頂也是眼花繚亂，我覺得取名的同事們一定沒有生小孩取名的煩惱，明明每個群裡的人都差不多，但真的能十分準確地讓我第一時間分清每個群的功能是什麼。

項目小群＝公司自己人的群。

項目小小群＝只能發牢騷的自己人的群。

專案宣傳群＝所有對外發佈的稿件需要發到這個群。

專案決策群＝任何流程的推進都要在這個群確認。

主創群＝好消息就發這個群，壞消息就交給負責流程的同事。

親愛的項目群＝甲方、乙方合作很好的同事，不會紅臉，一定會幫忙解決問題。

項目最好看的群＝什麼都能聊什麼都討論，心態年輕的人所在的群。

項目每日溝通群＝彙報第二天計劃，總結當日工作。

專案統籌群＝牽扯到跨部門需要討論事宜。

項目哈哈哈群＝項目進展中所有好笑的事只能發在這個群。

項目總結群＝檢討第一，開心第二。

有人很討厭群，我有幾個朋友很明確地聲明：不加群。

這樣的朋友就是兩類：一、大老闆；二、沒老闆。

我對群沒惡意，群對我也沒惡意。慣用的做法是遮罩群消息，不然我每天的工作就是看手機。有人問如果錯過重要的消息怎麼辦，我的感覺是——如果一個消息能錯過你而進行，表示你並不重要。如果一個消息需要等你回應，你不回應，一定會有同事給你打電話告訴你。

工作群只是一個告訴大家「我在」的工具。

不過，我寫的並不是工作群，而是各種各樣的群。我打開手機，發現了好多遺忘在記憶中的群，大家都在，只是再也沒有人說過話。我也很清楚，如果有人說起當年的一些往事，大家又會迅速地活絡起來。

六年前，有個同事要出國，我們為他建了一個群，約他想要約的人。我在外地，沒辦法參與送行飯以及飯後的那頓酒。我說：「我不在，但我可以買單。」然後，我就被拉進了群裡。這位同事一直心心念念想吃一頓胡同烤串，但工作太忙，每次去都要排很久的隊。為了滿足他，有同事五點半就去占位，拍了一張照片——胡同裡拼了一條長桌，十幾張小凳子圍繞著，一個人都沒有。等人到齊了，吃得開心了，喝得也盡興了，大家又拍了一張合影，熱熱鬧鬧。兩張照片一前一後被發到群裡，我把兩張照片存在了手機裡，一直沒刪。

我喜歡從冷清到團聚，從空無一人到為了一個人滿堂歡喜。我想留著這兩張照片，有一天重發進群裡。也許很多人的群聊天記錄被刪除了，但我把照片發進來，所有人都會覺得幸福吧？

來北京十幾年，認識了一些善良又努力、愛好寫作的朋友，平日大家也很少見面，所以和這十位左右的朋友就定下一個規矩——每年過年前一定要聚一次，不聊工作，就唱唱歌，喝點小酒。大家都不擅長唱歌，同樣不擅長喝酒，但大家喜歡待在一起，就看著彼此的臉，每年都是一副還沒有放棄的表情。這個群一年只有一段時間會亮起來，期間也有一、兩位慢慢地淡了，然後誰也不好意思踢人出去，就建了另外的群。說起變淡的原因，好像也沒什麼特別的，大家聊起時，沒有義憤填膺，也不是特別抗拒，就是「噢噢噢，有聽說，隨便你⋯⋯」。別人在你人生中這麼淡去，你也應該能想像得到自己又是如何淡出別人的人生的。當你發現你和某個人淡了，可能會很懊惱，但也不必，因為在你沒有想起時就已經淡了，這沒有影響到你的生活。你會懊惱，也許只是因為「你埋怨自己沒有把一些事情照顧周全」罷了。

舒服的群不必每句話都聊天，但必須讓群裡人知道自己是在意這個群的。

只有一個群是例外，是我給父母還有朋友父母建的群。

每年和父母待在老家過年，看著他們年紀愈來愈大，就和好朋友萌發了帶父母春節一起出去旅行的想法。從忐忑到心安，再到四位朋友的父母成了好朋友，互相拉著對方去彼此家鄉探望，我們心想——是時候要拉一個群了。四家人在群裡，四個孩子在其他的群都不是話癆，也不是什麼話都要接，但是在這個群裡，任何父母說的話，我們都要聊下去。問我們平時節日在幹嘛，我們都要裝作很快樂的樣子。發一些謠言，我們也不能很直接地說是假的，還要一起探討，要搜索，絕對不能直接說這個新聞是假的，不然會讓父母覺得受傷了。而是要說發這個新聞的媒體也好，公眾號也好，這個作者也好，他們老是騙人，不要相信他們。然後就舉一些例子，讓他們覺得哦哦哦，作者不太好的時候，再說這個消息是假的。

這個群很快樂，與其他群的快樂不太一樣。別的群發紅包，發小了，就會有人說怎麼發那麼小。但是在這個父母群，哪怕你發一塊錢讓大家搶一毛，爸爸媽媽都很開心，然後都會說謝謝兒子帶來的好運氣。因此，你就會想發更大的紅包，讓爸爸媽媽一個星期出門可以挑好一點的菜。

六人小組，五人小組，四人小組……都挺好。年紀漸長之後，誰也不想每天膩在一起，甚至會讓同齡人覺得「你那麼黏，為什麼不去談個戀愛？為啥天天找我」。但人內心終究是希望找到同類的，所以建一個小群，有幾個類似的朋友，心裡也會覺得「真好，我還有他們在」。

記得有天天氣不錯，下班時還有夕陽，站在公司大門口，空氣裡有種讓人愉快的味道。剛好就遇見了三位同事也下班，因為分屬各個部門，平時很難遇見，就在大門口說了幾句話，突然發現，原來大家都穿著匡威鞋[1]，然後就持續聊了起來，說要不為了慶祝我們都穿了一樣的鞋，吃個燒烤，喝杯酒吧？其中一位同事說：「我知道今天還有誰穿了，一起吧。」也不知道到底是大家彼此喜歡對方，還是真的穿匡威鞋的人就很隨意，總之後來大家都改變了原本的計劃，六、七個人去吃燒烤了。然後，有了一個群，群裡偶爾就會問：「要不要穿匡威鞋？」

言下之意就是：「要不要一起吃個燒烤？」

就像我那個三人群。

看見很感動的電影也好，真人秀也好，第一時間都會發到那個群裡，也不用艾特誰，直接發「啊啊啊啊啊，哭死我了，《Super Band》真的好好看啊」。然後剩下兩個人一定會說：「啊啊啊啊啊，我正準備看！」

編註1：Converse，知名帆布鞋品牌。

這個群裡的聊天沒有邏輯，但說什麼都有人懂。心情扔進去，總有回饋，不必在意對方的感受，只需要表達自己就好，讓我知道在這個世界上我並不是一個怪胎。

後來，三個人在同一個城市相遇了，面對面坐著，也沒啥可說的，就聊了聊最近想看的東西。回到家就各自看起來，看到厲害的地方又發出了「啊啊啊啊啊，也太好看了吧」的哀號。

人們會把不同的自己藏在不同的微信群，會修改群的備註。當城市愈來愈大，人們愈來愈忙，相見愈來愈少，群裡有時 Tag 我的資訊亮起時，無論是不是群主 Tag 所有人，我都會有種莫名的存在感。

雖然我從不承認自己寂寞，但手機總會知道我點擊消息的速度有多快。

一個人的絮語

在微信裡輸入一個好朋友的名字，你會找到和這個朋友所有相關的群，每個群的建立都有一個故事。這個朋友和你在一起的群愈多，證明你們認識的共同好友就愈多，以及你倆愈有可能是相互照顧情緒的朋友，所以在群裡即便你不回消息，對方也能代替你頂上，所以你習慣了和這個人在一起。不信的話，你可以試試。

我隨便選了三個好朋友，一個和我有十個共同群，一個和我有三十個共同群！我想：天哪，我和他關係那麼好嗎？當我輸入第三個朋友的名字時，發現我和他有一百一十個共同群！這些群什麼功能都有，買保險、生日聚會、某次餐廳的相聚、某次旅行，還有一些現在都不明白的群名「中央戲精學院群」「給你們一個鄙視胖子的機會群」「湘南杯調酒大賽之泰國傳奇群」……最後這個我看了一下名單，想起來了：我和老家的朋友們一起去泰國玩，遇見了兩個很會調酒的北京朋友，於是我們就自己買了酒在酒店的房間裡比賽調酒，聽音樂聊天……那晚之後，大家就成了好朋友，每年都約著去各自的老家玩兒。

微信群真是一個儲藏了美好記憶的地方。

我爸終於知道我是幹嘛的了

1

公司的年會都是在春節放假結束後回公司再舉辦。年前開，領導[1]說啥，大家都忘了；年後開，大家會擰成一股繩，開始新一年的衝刺，蠻好。

某年年會，有個部門把網上流傳甚廣的一段話拍成了視頻。

「從你出門上大學開始，你和父母相見的次數就開始倒數。你見他們的時間只有寒暑假。等你大學畢業選擇遠行，你和父母相見的日子便開始倒數，大多數人每年只有春節七天能回老家。如果父母還能活四十年，那麼你和父母相見的日子只有二百多天，不到一年。而這七天中，絕大多數人不會一直陪著父母，還會見很多其他的朋友。時間砍半，我們與父母這一生也許就只有一百多天的相處了。珍惜吧，和父母在一起的日子。」

早就知道短片要說什麼，尤其對我們這些做影視工作的人。但提到父母，全場很多同事哭得不行。老闆說了一句話：「行了，行了，剛才看短片哭的人，不一定是孝順，可能是春節沒有好好地陪父母，正在後悔自責。」

大家又都笑了起來。

其實，就算陪了父母，聊到這些，也都會傷心吧？

我十八歲離家，因為選的專業並不是他們希望的，所以回家的次數也少了。後來北漂，離家愈來愈遠，再想回去心有餘而力不足。來回若是機票，便是一個月的積蓄；若是火車，一半假期便花在路上。我大概是過了三十歲，工作能自行安排，積蓄也有了盈餘，才開始瘋狂補足之前缺失的日子。

我父母並不清楚我的工作內容，我也不喜歡和他們聊北京的工作。我媽每次聽到老闆罵我或批評我，就會喋喋不休讓我更努力，她很害怕我被開除。後來我就不打算再跟他們說我那些曾經的煎熬，只說一切令人喜悅的消息。

媽，公司給我漲工資了。

爸，我升職了，出版社結版稅了。

媽，公司股票分紅了，我準備把小房子賣了換個大的……

我開始學習分享更多喜悅，並非報喜不報憂，而是再多憂都會過去變成喜。解決問題的人是我，他們只需要開心。事實證明，他們確實挺快樂的，以至於有一天我爸問我：「你說你在管一個電視劇的拍攝，你怎麼會管那個？」

「因為這個電視劇是光線在拍啊，我是一個部門的頭兒啊。」

「噢，那你不是一個作者嗎？」

「對啊，所以我就想把這個小說改成電視劇。」

「那和你們公司有什麼關係？」

「因為只有這樣，我才能很好地投入自己的精力和時間哪。」

「那你到底在裡面做什麼？」

編註1：意指上司、長官的意思。

「……什麼都做，打雜吧，對，打雜。」

「噢，那我明白了。」

父母都是更容易理解喜悅，對其中的過程估計也只是禮貌性地關注一下。比如我很早以前就對我爸說：「爸，我可能未來不做電視節目了，轉電影製作了。」

我爸一驚：「為什麼？」

「因為公司決定要取消電視節目部門，全面轉向影業。」

「那你自己注意，你應該什麼都不懂吧，一定要努力了。」

「好的。」

我以為他非常清楚我在幹嘛，我們公司在幹嘛了，沒想到他隔三岔五給我發一些簡歷說某某是哪個叔叔的親戚，某某又是哪個阿姨的女兒，他們學播音的，學新聞的，學編導的……能不能去你們公司啊？我很認真地解釋：「爸，那些年輕人不知道我們公司沒有電視節目了嗎？即使他們不知道，你也應該知道啊，因為我跟你說過了。以及，我們公司所有的招聘資訊網上都有，自己投簡歷，只要符合標準就都能收到面試通知。我投，也只是幫忙投到人力部。」

他說：「噢，我想起來了。」

但是不出兩個月，他肯定又會給我簡歷。

我說：「為啥你又給我？」

他說：「反正我給你了，行不行我不管，我自己良心過得去。」

嗯？我爸什麼時候變可愛了？

2

因為疫情，爸爸的很多聚會都取消了。

我也是。

爸爸覺得大家很認真吃飯實在有點無聊，就餐餐問我想不想喝酒。

我知道他想。

喝著喝著，我爸問我：「你們在北京到底難不難？我怎麼聽說別人家孩子覺得很難，但你從來沒說過以前的事情。」

我本想隨便說個笑話，喝一杯就過去，但我想反正和爸爸這些天待在一起的時間還很長，那就說說唄。

我說：「挺難，你想聽我在北京最慘的故事嗎？」

他把自己的杯子給加滿，做好了要傾聽的準備。

「那我說咯，你別心疼我。我二十六歲那年，十幾年前，在公司管理了兩個團隊，擔任一個訪談節目的製片人，同時擔任藝人合作部總監。那是我第一次負責藝人合作方面的工作，所以很認真地制定每一個合作細節，去了解每一次藝人與光線合作的感受。那一年，光線有一場很大的頒獎典禮，我管理的部門約到了很多大牌明星，但我覺得最驕傲的是——以前這些大牌明星參加頒獎典禮都要出場費，但這一次我們都無出場費地談下來了，只是有同事說有些人在外地，需要帶著團隊乘坐飛機來回，會產生一些差旅費。這個當然很合理，於是我就同意了。活動很成功，但第二天核算所有支出的時候，公司發現了一部分假機票，意思是這個藝人根本不在Ａ城市，但帶著團隊從Ａ城市飛回來，還要飛回Ａ城市。最後一查，是我部門裡的工作人員做的假機票，牽扯的金額好幾十萬。公司譁然，我也蒙了，我只負責報計劃，但報銷憑證並不經我手。部門被通知停止工作，所有人等待調查，我也一樣。那段時間，天涯論壇上就出現了這件事的帖子，裡面說劉同帶全部門貪污上百萬，公司在內部調查，他們都會被判刑。真的很難熬，每分每秒都像賊，但我更難過的是朝夕相處的幾個同事會做這件事。我一方面接受公司的調查，一方面要找他們問出更多的細節，希望能向公司爭取寬大處理。所有人看我的眼神都很古怪，很好的朋友也不知道該怎麼問我。我寧願他們問我貪污了沒，我會說沒有，但他們誰都不問，只跟我說加油，一定會過去的。我也理解。公司調查之後，知道我並不了解假機票一事，是審批環節讓人有機可乘了。最後公司決定追回票款，開除涉事同事，不再追究刑事責任。部門解散，只剩我一人，最壞的結果我已經想到了，也很清楚自己的未來，無論是降職還是停職，我以後在行業內再也抬不起頭了。那一週，我整個人都是蒙的，本來就瘦，這下更是瘦沒了。週末在家等待週一公司的宣判，我看著自己租的房間，心想如果馬上要離開，這個房子應該轉租給誰？哪些東西能帶走，哪些東西帶不走？我懊惱自己沒有了解更多，懊惱自己並沒有被其他人信任，不然也許我能阻止他們，但我又慶幸自己不了解更多，萬一自己也被捲入……那才是真的人生崩塌。二十六歲的我，覺得站在了人生的分水嶺，之前辛苦地爬坡，此後只能順流直下。」

爸爸聽得很認真，表情複雜。我想他一定沒想到自己的兒子在十幾年前經歷了一件那麼難的事。那些年，我每天都要和他們打一通電話，但我從來沒提過這件事，甚至我都忘記那時我說了什麼來掩蓋當時的心情。我端起酒杯跟爸爸碰了一下，感覺爸爸的眼裡似乎有了淚光。他一定很想知道我是如何走過來的，如何振作起來的，他也許也很懊惱，沒有陪著我走過最難的那一段。

我繼續跟我爸聊後面的事情。雖然事情很糟糕，我的狀態也很糟糕，但我走過來了。這就是為什麼後來無論我遭遇了多少事，我都沒產生離開公司的念頭。因為有個領導幫了我一把，嗯，就是那個我常說她總罵我，總嫌我這也不行、那也不行的女領導，我們公司的副總裁。週一我到了公司，做了最壞的打算。公司按慣例點名每個部門的頭兒彙報完工作，沒有點我。我微微低著頭，強撐著不讓人看出我已經垮掉。我知道所有人都看著我，想知道公司怎麼處置我。

然後，李總喊到了我的名字，我抬起頭。她面無表情地說：「劉同負責的原藝人合作部解散，公司另行安排，劉同不再擔任藝人合作部總監。」我很清楚會有這樣的結果，雖然糟糕，但長長舒了一口氣，似乎一切塵埃落定，不用再擔心了。大家看向我，我也笑了笑看著大家，當是解脫，也當是自作自受。

李總繼續說：「劉同調往廣告部擔任副總經理。好，散會，過幾天我找你，你想想。」我當時整個人都呆住了，其他人也呆住了，原因都一樣——我帶領過的部門明明犯了經濟上的錯誤，為什麼撤了我總監的職位，還給了我一個天天要和錢打交道的部門副總經理的職務？這不僅不是降職和停職，而且是升職。那一整天我更蒙了，所有的擔心都消失了，似乎也不用離開北京了，也不用擔心業界會如何看我，因為很快地，我收到很多其他公司的朋友的短信——聽說你升職了，副總經理了！恭喜你啊！說實話，我根本就不懂廣告，也從沒想過自己會做廣告。雖然李總說讓我想想，我根本就不知道想什麼，更重要的是，我也沒有其他選擇，所以決定放手一搏。

因為這個，我進入了廣告部，特別努力地工作，哪怕那一年是我職場最黑暗的一年，但我也沒有想過放棄，我知道這是公司給我的一個機會，我不能讓他們再失望。這句話在此刻的我聽起來確實噁心，但對於一個二十多歲的北漂，希望能實現自我價值的年輕人，還有什麼比別人的信任更值得珍惜的呢？但我一直不太明白，為什麼公司會讓我升職，我帶著這個疑問工作了一年又一年，直到第三年公司再開年會，另一位副總裁李老師喝了兩杯對我說：「劉同，你知道為什麼把你調去廣告部嗎？」

我很蒙，搖頭說：「我一直想知道，不敢問。」

李老師說：「當時我們都很反對給你這個副總經理的職位，但是李總說了幾個原因說服了我和王總。她說你在之前那個部門，大家貪污了那麼多錢，劉同這個人一分錢都沒碰，證明他根本沒那個腦子。所以他去廣告部，我們大可放心。當然更重要的原因是你在光線這幾年工作很認真、很努力，做的節目這幾年在北京地區收視率也是第一，大家也都看得到，所以為了保護你，讓外界知道你沒那個膽、那個心，所以特意把你放到廣告部。我們也知道你很可能做不好，但先保護你，才是李總說服公司的原因。」我記得當時聽李老師說完這些之後，我爆哭。

我爸哭了。

看我爸哭了，我也流眼淚了。不是因為覺得自己過去有點難，而是我爸居然為我的難覺得難過。這是我第二次看他為我哭。說實話，我從沒想過我會和我爸聊我的過往，沒想到他會因為我的事掉眼淚。甚至在我前兩本書裡，我還一直在寫我和爸爸的關係是他不理解我，然後只是慢慢緩和，沒想到今天他居然坐在我身邊，父子對飲，我居然有興致跟他說我的故事，他居然能真的體會。雖然不知道怎麼安慰我，但他主動舉起杯子對我說：「乾了吧。」

人生真的很有趣啊！

高考最後一天的前夜，我爸下班回家，我以為他要陪我吃飯，問我高考的情況，沒想到他拿了一瓶酒就要出門。那天我和他打了一架，把他的酒砸了，手出血了，我覺得我一輩子都不會原諒他了。大二，我發表的第一篇省級報刊文章，寫的是他。他看見了，專程來大學看我，也是第一次來大學看我，他說他是來開會的，但我媽後來偷偷告訴我，他就是特意來看我的，他根本沒什麼會要開，因為他發現原來兒子是真的在為自己選擇的中文而努力。

我選擇北漂第一年，凌晨三、四點流了好多鼻血，枕頭上都是。我立刻給爸媽打電話，我爸接完電話安慰我只是乾燥而已，不用擔心。掛了電話，他就去藥房幫我熬中藥，熬到早晨，真空包裝寄給我。

三十三歲，我錄一個訪談節目，結尾他出來了，聊到我和他互不理解，他哭了。那是我第一次看他哭，我才明白他當年阻止我學中文，強迫我學醫，是因為他害怕我過得不好，怕他保護不了我，怕我被人欺負。但我卻一直認為他是想控制我的人生，不給我自由。

後來，我還和他說了一個人生的選擇，以為他會發飆，但他沒有。他說：「你是我兒子，你過得開心比什麼都重要。」

至此。

原來父子的關係像一條河流，初始都是奔騰的，然後遇見斷崖，便下墜，遇見冬天便結冰，巨大的冰川矗立在兩人之間，然後遇見春天，父子開始懂得彼此，眼裡的淚是融化的冰雪。我想我和他的關係遲早會回到奔流不息的大河，像當時我出生時那樣。

3

這件事還有後續。

那一年年會要頒獎，我很希望能拿到年度最佳製片人。事實上，從當年的節目收視率來看，這個獎也應該是我的。年會從頭坐到尾，都沒有年度最佳製片人這個獎項，不是被別的節目製片人拿走了，而是壓根兒就沒有這個獎。

整晚我都很失落，年中管理的一個部門出事了，年末想通過榮譽來肯定自己也落空了。節目組的同事紛紛安慰我，副總裁李老師也來到我們桌，坐下來，跟大家喝了一杯酒，然後說：「你們今年做得很好。」

節目主編忍不住了，質問：「那為什麼不給劉同一個最佳製片人？他這一年很努力。」

李老師看了我一眼，大概是想要不要繼續說。我喝了點酒，就說：「李老師，你說吧，我已經走出來了。」

他說：「其實年度最佳製片人本來是給劉同的，但因為他管理的另一個部門出了巨大問題，如果再給他這個獎項顯得公司導向太不正確，所以我堅決不允許這個獎項給劉同。但另一位李總說這是兩回事，應該就事論事。於是我和她就吵起來了，最後她說這個獎給別人，她就不參加年會了。我說如果這個獎給劉同，我就不參加年會了。最後我們達成一致，取消了這個獎。」

所有人聽完面面相覷。我忍了一晚上，實在忍不住了，哇地哭了。

李老師看見我哭，嘲諷我：「有什麼可哭的，這是給你一個教訓，以後多長個心眼。」

我立刻搖頭，說哭不是因為委屈，也不是因為取消了獎，反而是因為聽到了他們的認可，公司並不否認我的付出，只是因為我別的錯誤而取消了獎項。現在回想起這些，不知道是成熟了，還是想的事太多，覺得那時的自己似乎把公司的肯定看得過於重要，難怪那時周圍的人看見我總說：「劉同，你是賣身給公司了嗎？值得那麼大驚小怪要死要活嗎？」

我很難解釋自己的心情，但我想：如果選擇了北漂，就是背水一戰。選擇了一家公司，就是選擇全身心投入。無論是告訴自己，還是告訴同事或老闆，傳遞的資訊只有一種——我沒有別的退路，我希望在這裡拚盡全力，我希望自己能對得起你們，我也希望你們能尊重我。

沒有誰的感情和信任是能被恣意忽略和踐踏的。

如果我努力，你選擇忽略，我會再努力一把，但如果我覺得你是故意視而不見，我也就不會繼續。

公司和員工的關係一定是相互尊重的，起碼這些年我是這麼認為的。

我在光線工作十五年了，前十三年我是斷然不會把李老師寫進文章裡的，倒不是我的文章有多厲害，只是我覺得平時惹不起，還不允許我有點自己的尊嚴嗎？我不喜歡他，甚至是討厭這個人，他總找碴兒，沒事找事，永遠不讓人心情舒暢。可現在回想起這些年我們一起經歷的事，他總是最直接告訴我他對我的壞，毫不掩飾他給我穿過的小鞋，也告訴我其他領導對我的好意，以及他的惡感。就像我去年在年會上說了一段名為《讚美大會》的脫口秀，期間提到了李老師。我說李老師沒有困難也會給我們製造困難，製造了困難並不幫我們解決困難。他在我的電視劇拍攝的前三天說我們演員演技差，燈光差，攝影差，佈景差，鏡頭的節奏感也很差，他說哪裡差，我們就撲上去，最後我們選擇和他失去了聯繫。因為只有和他失去聯繫的時候，我們才覺得自己挺好的，我們一旦恢復聯繫，就萬念俱灰。後來拍攝完畢，我們也躲著李老師，幾個月沒打過照面，沒說話，直到他看完我們第一集樣片[2]，給我發了一條短信：「挺好的。」

慢慢地，我就發現，如果你不把領導當領導看，而是當一個長輩來看的話，他們有自己的脾氣，有自己的妥協，有自己的原則，也有自己的喜好。因為在管理節目時，我很長一段時間的直接上級是李老師，我也會被他逼到崩潰去找別的公司領導。嗯，還是李總，因為我知道她一定不會站在我的立場，但她一定會給我一個正面的理由。她說：「領導也是需要被管理的，如果你只會管理部門同事，那也許是公司賦予你的權力，但你要學會去管理領導，那才是你的本事。」

雖然這句話聽起來特別洗腦，打太極，但我也理解了她的意思——沒轍，你只能自己搞定他，吵也沒事，總之你要讓他看到你的優點，理解你的底線，大不了撕破臉。

直到現在，我終於明白了這位叫李老師的副總裁是個什麼人。

編註2：也就是毛片、未經編輯的原始鏡頭。

只要是他給你找碴兒的時候，一定是他了解資訊不夠多的時候，於是我會做詳盡的彙報。只要是他覺得很擔心的時候，一定是我們沒有做出讓他滿意的東西，所以閉嘴好好做，別讓他抓到把柄就好。如果自己盡力了也不行，那就大吵，讓他看到你已經無能為力了，他便會站在你的立場考慮問題。

以前覺得自己是個打工的，遲早會離開一家公司，所以和老闆保持距離，和同事相處默契。那麼多年過去，同事換得比老闆勤，而成年人與成年人之間的默契早已在那裡。

我爸很怕我不努力，總對我說：「你一定要努力工作，好好回報公司。」

以前我會覺得他很狗腿，我自有尊嚴，習慣性地把自己和公司的關係放在赤裸的雇傭關係上，不說感情，也不敢說感情。

現在不會了，現在我會對我爸說：「知道了，會的，爭取不讓他們開除我。」

然後我媽就在旁邊試探：「你們公司幾位老闆還喜歡你吧？」

那個語氣真的，所有擔心小孩在外地的家長都是這樣的，覺得必須被老闆喜歡才能活下去。

我很認真地對我媽說：「媽，我活兒很好，和他們喜不喜歡沒關係。」

我媽突然很害羞地說：「你說什麼鬼，沒大沒小的！好好工作！把你的活兒幹好！」

哈哈！

一個人的絮語

重看這篇文章，我真是太喜歡哭了。

但大都是因為感動而哭，可見我的人生中真是遇見了不少好的人。

不過這兩年我比較少哭了，倒也不是不感動了，而是真的長大了，有哭的工夫就趕緊把事給做好了，比什麼都重要。

也想起，年會後我爸有一天給我打電話說：「你怎麼可以在公司的年會上那麼說話？」我立刻明白是年會上我的《讚美大會》。每年我在年會上都有一段發言，而去年改成了《讚美大會》，大概就是用讚美的方式去諷刺同事身上的缺點，當然我也不會放過自己。我說：「咋了？」他說：「你這樣說話，雖然很直接、很好，但是會不會有人很討厭你？你以後還怎麼開展工作？」我說：「可能會被討厭吧，但我們公司如果我不說，別人也不會說，只能我說了。」

他問：「你和大家關係都好嗎？」

我說：「蠻好的啊。關係不好的我都不說。哈哈哈。」

我爸輕輕地歎了一口氣說：「那就好。」我知道他應該是覺得我說得挺好的。

掛了電話，我先是覺得我爸媽對我的擔心有點過度，但一想到如果未來我有了孩子，他要這麼說的話，我肯定會比我爸媽還急吧……

光線傳媒年度《讚美大會》現場實錄

因為你而存在的安全感

前兩年，和一群老友年前相聚。

我們五個人是中學時的好朋友，大學後分散在不同城市，過上了不同的人生。有人結婚了，有人生子了，有人還單著，坐在一起，感覺些許微妙。

忽然有人提議：玩個遊戲吧。一個人說自己這些年改變了哪些地方，下一個人說這些年自己還有什麼沒變。五個人，每次說的都不同。

行啊，比起家長里短，這樣聊天更容易讓我們了解這些年大家的變化。

變了，那就是成長或妥協。

沒變，那就是堅持或硬撐。

但能被拿出來分享，就一定有各自的理由。

他們看著我：「你先說，你肯定要說的特別多。」

「為什麼？為什麼我要說的特別多。」

小成說：「你啊，很奇怪的，開心起來就覺得你什麼都沒變，認真起來就發現你對很多事情的態度都很絕對，不過也不能說絕對，而是很堅定。」

我說：「那是當然，我也三十五六了，見過很多人，經歷過很多事，討論事情再也不會像以前那樣猶豫，行的就接受，不行的就拒絕。以前覺得長大後人生開始複雜，其實真的長到一定的年紀，人生真的愈來愈簡單。」

小成給了個手勢，讓我先說：

「我有一個地方一直沒變，每次回老家，第一件事就是回我們的高中，然後去旁邊的魚粉店吃一碗魚粉，小碗的，榨粉，加一個蔥花蛋，還有一瓶豆漿。每次我媽都覺得我有毛病，但我覺得可能我到了六十歲還會這麼做，真是很奇怪。」

「我以前很喜歡買名牌化妝品，化很濃的妝，覺得那樣才有自信，後來跑馬拉松之後，我發現現在哪怕稍微打一點粉底都會自信。這個可能意味著我對自己的關照更多了，也更愛自己了，才能自信。」

「我想說我有一個地方變了，以前我不喜歡一件事或一個人，會花很多時間去研究為什麼我會討厭，也會和人討論。但現在如果我還不喜歡一件事或一個人，我根本懶得提。以前是看不順眼，現在是不感興趣。可能是懶，也可能是覺得自己的時間更珍貴了。」

「我還是每週去電影院看三場電影，還是一個人。我女朋友總覺得我約了別人，其實我就是一個人。她和我一起看過幾次，我覺得沒意思，還是選擇一個人看電影。那好像是我一個人的時間，很多事情都在一個人看電影的時候想明白了。」

「我以前喜歡下了班就和同事聚，現在下了班就回家，覺得以前浪費了好多時間。」突然有人問：「那你回去幹嘛？」

「回去？回去做做飯，看看電視，玩玩遊戲什麼的……」

「哈哈哈，我還以為你做了什麼了不起的事情。」

「以前總是把時間花在別人身上，現在都花在自己身上，就不算浪費了吧。」

又輪到我了。

「我還是很喜歡和你們見面，無論是二十年前，還是今天，無論過程中我們彼此有多看不慣對方，但是很奇怪，我們就這麼坐在一起，就好像我們沒有人結婚，沒有人發胖，我很想約你們明早一起去學校旁邊的魚粉店吃魚粉。」

「好啊，明早去啊！」所有人應和。

「來來來，繼續繼續，再玩兩圈。如果有不贊同的，我們也可以敞開了聊啊。」小六招呼著繼續。

一月底的湘南寒意很重，夜宵店的玻璃門內都會加一層厚的塑膠垂簾，一絲風吹進來，店裡的人都會打個寒顫。但此刻的湘南又是熱鬧的，外地回家的人如我們都紛紛回家，終於相遇的，日常相聚的，漲得通紅的臉分不清是因為酒精還是因為喜悅。大家和老闆、老闆娘都像朋友，我們看著他們變老，他們看著我們長大。老闆娘嗑著瓜子笑著對我說：「你啊，我還記得你最喜歡吃乾燒嗍螺了，每次還要點兩份才可以。」然後她扭頭對廚房大喊一聲：「三號桌加一份幹燒嗍螺，不要算在帳單裡。」再回過頭笑嘻嘻地說：「姐姐送你的，看看口味變了沒。」

閉上眼，熟悉的鄉音，熟悉的氣味，熟悉的喝酒劃拳的節奏，描在記憶裡，年年來臨摹，像年輪一圈一圈，一圈比一圈更大，但紋理始終整齊，圓也圓得整齊，歪也歪得一致。

「同，我們這群人裡，數你離家最遠，一個人遇見的事情也許更多。我很想問你，什麼時候你最踏實？」小成問的。

「為什麼突然問這個？你瓶子裡的酒還沒喝完。」我給她滿上。

她咕嚕一口喝完：「我剛和我老公聊完這個，你們知道最後的結果是什麼嗎？我倆都覺得我倆在一起，並不踏實，所以打算離婚。不過沒事，我們想得很開。」

我默默乾了一杯，當問錯問題的歉意。

「遇見每個有印象的人，遇見每件有印象的事，如果說每次相遇都是一個節點，人生就是由無數個相遇的節點組成的，慢慢織成了一張網。這張網足夠大、足夠美好，就能讓我們不那麼容易掉下去。每次我覺得飄的時候，就會躲回某一個節點，像重複聽一首聽過的老歌，聯繫一個曾經很美好的人，重住一家有過美好經歷的酒店，一次故地重遊，一份乾燒嗍螺……唉，我是不是說得太矯情了？」

我當然知道不是矯情，而是我用以掩蓋尷尬的方式。

高中後，每個人開始自主選擇自己要交往的人，會遇見的事。

從大學到社會，從一個城市換到另一個城市，一家公司換到另一家公司，慢慢就知道心裡話之所以是心裡話，本就不是用來分享的，而是用來消化的，最後得出一個能代表自己價值觀的結論。

心裡話大都藏著，若作風箏放於高空供人觀賞，容易斷線。

應不與言說，或欲說還休，但常道天涼好個秋。

「我懂。人生的每次相遇都能用以回歸，不就是此刻的我們嗎？」

嗯，如果人生的每次相遇都能盛大回歸，像星羅棋佈，像煙火交織，像這些年走過的所有的路，沿途都有路標，回望都有起點，不丟掉初衷，就是最不可取代的踏實感。

一個人的絮語

就在這次回家過年時，我和其中一位老友算是決裂了。

我和那位老友關係要好，從初中蹺課去打格鬥遊戲，到高中走很遠的路去彼此的學校看望對方，後來他工作了，我讀大學了。大三時，他問我他未來能做什麼。我那時也不懂自己的人生，就說：「做你自己喜歡的事，如果不知道自己喜歡什麼，那就去更大的地方接觸更多的人和事。」我還幫他聯繫了長沙可以實習的地方。最後的結果是，他沒去，選擇了父母安排的工作。見面時，他有點抱歉，說：「沒辦法，我也沒別的選擇。」我說我懂。

後來我大學畢業後，他說他的生活並不如自己想像的。我說：「你現在改變還來得及。」他說好，他想想。之後又不了了之。

此後的十幾年，我們這樣的聊天不下十次，次次結果都一樣。後來他結婚了，生了第一個孩子，生了第二個孩子，他依然會跟我說起他的人生，說起他的無奈。一次、兩次還好，十次、八次我就煩了，以至於這次過年，我們又相遇了，我說：「我不想再和你聊你的人生了。你的人生可能有很多可能，但你沒有任何可能，所以我也不想再浪費時間陪你抱怨了，我算是看透你了。」

說完，我轉身走了。

雖然我心裡很有歉意，但我也沒有開口說對不起。我是真的很希望自己的不客氣能叫醒他。

後來我把這件事和其他朋友說了。他們反問我：「你們能成為好朋友是因為你覺得你們是一樣的人嗎？如果他就是這樣的性格，你們就不能成為朋友嗎？」

我說：「不是，我只是生氣他永遠都沒有改變。」

他們說：「你還記得嗎？我們以前聊天的時候說到什麼是朋友，能一起並肩同行是朋友，但能一直原地守候也是朋友。他想說，你就陪他聊。初中的時候，明明知道你玩格鬥遊戲會輸，他不是也一直站在你的身邊相信你能贏嗎？」

最後這句話讓我心裡咯噔了一下，明明知道我會輸，他確實會一直站在我後邊為我加油。

這樣想著，我給他發了一條短信：「不好意思，那天是我衝動了。」

他很快就回覆了我：「嗯，是的。」

好的友情就像愛情，關鍵是你有耐心嗎

有天上班坐得有點累，就決定去咖啡廳買一杯美式咖啡提提神。下午排隊的人不算多，觀察了一下，大都是我這樣上班上一半下來買杯咖啡的。

前面兩個女孩在聊天——我也不算偷聽，她倆用很自然的音量在聊：「你覺得人和人之間什麼關係最難相處？婆媳，還是戀人？」

她倆走了，我也往公司走，但那個提問就像無人機一樣在腦子上空嗡嗡盤旋。本想思考點別的，清除掉腦子裡這架無人機。但努力了兩次，似乎只有找到正確的答案才能將其擊落。

總之，我似乎有個壞習慣，有直接答案的問題總會第一時間搜手機，沒有直接答案的問題就會放在腦子裡，很快就占滿記憶體，以至於總是有人問我：「你是不是又放空了？」

人和人之間到底什麼關係最難相處？

想了想，如果兩個人的關係中還有第三人可以傳話，這種關係就不算難相處。如果因此更難相處了，也不是兩人關係導致的，而是傳話人的水準問題。所以婆媳關係難，是丈夫的問題；母子關係難，是老公的問題……以此類推，我似乎說服了自己。

戀人關係難嗎？

想了想，不僅不難，甚至應該是人與人之間的關係中最簡單的。可能會有人覺得談戀愛好難，其實仔細想想，談不上戀愛才難，能談上的反而都簡單。戀愛關係是最容易攤牌的關係，兩個人本是陌生人，要克服很多困難才走到一起，要不要走下去，要不要過日子，未來要不要一起奮鬥，都是要考慮的問題。一旦有無法忍受或與自己期待不符合的地方，就會覺得不舒服，得忍，實在忍不了就開始擺臉色，開始冷戰。接下來兩人的情緒會因為很小的事就炸了，能炸就好，炸的時候想說啥說啥，說完能互相理解立刻就如膠似漆，說完不能理解也能立刻打包行李馬上走人。

但凡能說清楚的關係，都不算難相處的關係。

這麼排列下來，似乎朋友才最難相處。

對照一下身邊的人，無疾而終的戀愛都有過幾段，但新認識能交心的朋友反而幾乎為零。「朋友難交」這句感嘆大概是青春期才有資格的焦慮。過了三十歲，再感慨這個就顯得矯情。如果被年輕人聽到，會特別不可思議：「怎麼可能，你們三十多歲的人還會擔心沒有朋友？」「你們還擔心自己會沒有朋友？」嗯，在他們看來，人活到一定歲數，就不需要朋友了，一個人就能去西天取經降妖伏魔。

雖然他們的設想與實際情況有所出入，但結果不能不說是殊途同歸。三十多歲的人工作大都忙碌，一旦聊兩句發現價值觀稍微不同，習慣些許各異，聊的東西毫無興趣，再加上每天累得連吃飯都想隨便應付，就更不可能為另一個人改變了……自己待著就挺好的。若是成家的人更會覺得，家裡的事還忙不過來，交友真是太奢侈了。跟路過愛馬仕專櫃一樣，裡面陳列的不是鉑金包，而是新朋友。手裡若是打算拎一個新朋友，背後付出的代價怎麼算都是不符合成本的。

交到朋友就很難了，要在各自定型的人生中找到時間交流就更難，又不是戀愛關係就更沒可能突然爆發，說什麼「你心裡沒有我」之類的話。你不懂我，我也沒資格要求你。我不懂你，我也沒權利去問你。所以友情的結束很少因為大吵，大多因為「那就這樣吧」。

我的人生裡，過了二十五歲就很少交到新朋友了。

大學裡閒的時候多，同學的同學一來二去就能聊到一起。

剛參加工作頭兩年，覺得人脈重要，也試著在人際圈播種耕耘。

等人一旦過了二十五歲，就覺得離三十沒多久了，若還不把時間投入到事業上，三十歲可能就一事無成了。就算因為工作相識的朋友，一旦沒有利益合作，也就慢慢淡了。所以抱著這樣的焦灼和對自己的期許，朋友什麼的來了就來了，不來也就不敢刻意去靠近了。

那段日子也寫了一些文章，大談朋友的價值，得出的結論是「太需要朋友是因為你對自己沒有安全感，如果一個人活得自在，也不需要朋友，更不需要委曲求全。如果你足夠精采，在奔跑的道路上，自然也會遇見好朋友的」。

可是如果只顧著奔跑，不停下來看看周圍有誰，那也是遇不上的。這一句能寫下來，是因為在二十九歲末我遇見了一位朋友，然後我停了下來主動說「你好」，不然也就錯過了。

聽起來很像愛情。

但如果友情聽起來不像愛情，你不用愛情的方式去對待它，你也就得不到好的友情吧。

從二十九歲到今天，我們相識十年了。當我主動說「你好」的時候，是萬萬想不到未來的十年中，每當我面臨人生職業抉擇的時候，都是他在幫我出主意。甚至我和領導有矛盾了，發條短信說我需要你的說明，每次都是他開導我，讓我想開的。他工作比我還忙，但只要我有需要的時候，他就能幫我分析，讓我看到不一樣的看事情的角度。

這位朋友是我在雜誌上「撿」到的。

有一天，我在剪頭髮，百無聊賴，隨手拿了一本最新的時尚雜誌看起來，也很隨意地翻到了一篇四頁的人物專訪。我看了一下被採訪人的照片，長得挺端正帥氣的，穿西裝，年紀也不大，當時心裡想現在的小演員愈來愈不得了了，戲沒演什麼，這張臉我都沒見過，不就是仗著長得還湊合嘛，居然能在一本這麼大的雜誌裡做四頁的專訪，水也太深了吧。我打算認真地記下這個演員的名字，然後告訴同事，以後我們的節目絕對不能和他有合作，我討厭這種靠著自己有一點背景、稍微帥一點就覺得自己長得驚天動地的人。比起來，我更喜歡那種靠專業和能力說話的人。

然後，我就去搜這個「藝人」的名字，找到簡介時，我呆住了。

簡介上寫他的年齡二十九歲，實際比我大一歲，中國政法大學畢業，他也不是什麼演員，而是 P&G 寶潔公司的公關總監。寶潔 P&G ？不是保潔？我把專訪翻到了第一頁開始仔細閱讀，他不僅是寶潔集團的公關總監，也是他們的新聞發言人。而來寶潔之前，他是奧美廣告升職最快的中國人。

看完專訪，我心裡就一個感覺——我好想認識他。

這種好想認識包含了很多感覺：年齡相仿應該聊得來，他很優秀我很想向他學習，我和他有很多職場感受很類似……然後還有一種隱隱約約的感覺，那麼多年也沒主動交過朋友，既然覺得對方優秀，那就試試吧，如果對方不理自己，就證明自己也不怎麼好就是了。

當然，讓我鼓起勇氣的原因是我發現他也是雙魚座，應該會理解我這種莫名其妙的舉動。萬一，他不理會我，我想了想結果，於我並沒有什麼損失，無非是下一次鼓起勇氣交朋友的可能性更渺茫了。

我在微博上找到了他，我和他粉絲都不多，幾百個。於是我給他發了一條微博私信，大概的意思是：我在雜誌上看到你了，很棒的採訪內容，我也是雙魚座，覺得雙魚座有那麼靠譜的人很難得，想著就給你發了這條信息。

發完就沒看手機了，只是害怕被拒絕，當然更害怕的是被無視。

回到家，想了想打開了手機，手機顯示我 19:05 給他發的私信，他 19:18 回我了，我看手機的時候已經 19:24 了。我只有一個念頭：千萬不要讓對方覺得我發完就發完了，一定不能讓新朋友覺得我怠慢，於是我立刻又發了一條過去。

就這樣，我們通過微博私信認識了，互換了 MSN（在微信出現之前的工作社交即時通信工具）。加上 MSN 後，他看見了我工作中的名字就問我：「你是不是出過書？還有一個博客也是這個名字？」我說：「你怎麼知道？」他說：「之前微博不是這個名字，但是看到你 MSN 的名字時，我就想起來我一直在看你的博客，素色醫院是吧？」

本來我和他聊天還稍微覺得自己要表現出很努力、很優秀的樣子，但他一說之前看過我的東西，我一下就輕鬆了，原來我們各自的努力都能被看見。我很感慨地把這句話發給他，剛發過去，他就發過來一句類似的。

這樣的事情還有很多。

比如他說了一段話，我回了一個「哦」，但我覺得回一個「哦」不太妥，我就立刻解釋：「不好意思，我剛在忙，就回了一個『哦』，其實我想說的是……」當我把這句話發過去，他也發來一段話：「我不太喜歡在聊天中發一個『哦』，如果對方發這個字，我就覺得對方是不是很忙？」以前我從來沒有和朋友去分享過這麼細微的心情，總覺得這些都是自己的矯情，不必和人言語，但通過他我發現，原來人和人的很多感受都是一致的。

之前我在《誰的青春不迷茫》中寫過一段我和他的默契：我倆約好了吃飯，坐在餐廳裡點完菜，等待上菜的過程裡我說最近在玩一個很有趣的遊戲，叫 Tilt to Live（《重力存亡》），另一個很奇怪的名字叫「是男人就堅持 100 秒」。他說他也在玩！我說那我們比一下吧。他說好！那就比一下。於是我們就拿起手機面對面玩，結束之後，開始比歷史最高分，奇怪的是我們的最高分紀錄和我們說的完全不同。我們愣了一會兒，然後很懷疑地看了看我們手上的手機。這時才發現我們拿錯了手機，因為我們的手機都是黑色的。這不算什麼，要命的是我們的手機都有密碼，因為我的生日是227，他的生日是317，於是我們的手機密碼都設成了7777，我們很自然地拿起手機輸入密碼就玩了起來。

我們定期聊天，說到一樣的事情時，我倆也會感慨到底是因為我們太適合做朋友了，還是因為我們真的很在意對方的感受，所以一定會找出讓彼此珍惜的細節來。到今天我也不清楚，但通過他我知道了，如果你想認真交一個朋友，就要拿出很認真的態度。

我會跟他說我與同事之間的關係，與老闆之間的關係，會聊自己未來的規劃，會在新書發佈之前聽他的意見，我把他當成了另一個自己，把所有的煩惱都告訴他。而他也一定會在我的看法上加上自己的看法，讓我更客觀。

寫著寫著，我就特別想寫一件他對我幫助最大的事，因為事情太多，於是我就開始翻手機微信。然後我發現：自己行李箱壞了找他；電視劇開播之前找他；做出來的歌的 demo 讓他先聽；海報讓他看；找我合作的項目 PPT 讓他評估一下；生日總結問他有沒有感覺；訂的酒店出了問題也通過他找對方的公關；有一場很重要的見面會希望他能幫我主持；公司的電影內部觀影希望他能來提意見；我的 AirPods Pro 掉了，他幫我排隊去買；我健身房的理療師要找新工作，我也拜託他；某個英文機構侵權，我寫了一篇聲明，他幫我把關；出國辦流量卡找的也是他……

我覺得我沒必要非找一件大事來寫，因為以上每件事對我來說都是大事，我已經養成了任何事情有了問題沒有底都會找他的習慣。甚至我在翻手機之前覺得自己是一個什麼都會、什麼都能自己扛的人，怎麼會一直一直在求助他？

當然在這個過程中，我也在努力配得上「朋友」這個稱號。

一晃十年過去了，十年前他在寶潔做公關總監，我在光線做電視事業部副總經理，之後的過程中他一直努力，我也是。十年後他成了騰訊音樂娛樂集團的品牌公關總經理，我成了光線影業副總裁。

年紀變了，看到的東西變了，但關係依然沒變，我前兩天還在問他：「如果我辦好了值機，但行李來不及托運，只要沒有違禁品，我可以在登機口給工作人員的對吧？」

他說：「你跟安檢人員說明一下，他們通常會派一個人陪你到登機口。」

這個人叫陳默，十年前，我覺得他很優秀，害怕自己不配和他做朋友。

但怎麼也沒有想到，在那時的自己鼓起了勇氣後，十年中他成了我的生活客服，幫我解答起了各種人生小常識。因為陳默，我開始不再害怕去主動認識新朋友。如果覺得對方努力又上進，就會主動 say hi，然後就陸續認識了文子、浩森、周深……

朋友是什麼？

其實朋友不是什麼，而是你們心裡都有彼此的位置，也願意去探討彼此的所有，好的壞的都能直接說出來，不必顧忌太多。只有這樣，朋友才不會愈走愈遠，才能像家人一樣相互關愛。

雖然一個人很好，但如果多一個好朋友，可以讓你看到更大的世界，就像陳默於我一樣。

一個人的絮語

我和陳默的關係愈來愈好也是因為當時我在參加一檔求職節目《職來職往》。有一天，製作人對我說：「劉同，你認識什麼人也是很年輕、很優秀，能蓋過你的風頭的那種嗎？我們需要一個能說得過你的，和你看起來氣質、性格截然相反的人。」我立刻想到了陳默，果然他的風頭立刻就蓋過了我，這一點我還是很欣慰的，哈哈哈。因為這個節目，我和他，還有李響三個人也成了可以談人生、聊理想的好朋友。

李響結婚那天，我和他是伴郎。儀式正式開始，我們三個人站在宴會廳外面，李響說：「謝謝你們一直都在，希望我們能一直在一起。」

朋友就是用來絕交的

「我一直把你們幾個當最好的朋友，但昨晚我發現小灰對我並不是這樣，所以我退出這個群，以後單獨聯繫吧。」發完這句話，我退出了一個四人群。

我們四人是老家的朋友，一位是我高中學長，一位是大學實習電臺的領導，一位是他們的好朋友，我們共同認識十幾年了。

退群的理由寫了，就是突然覺得自己在對方心中並不重要。覺得自己在對方心中不重要有很多的可能性，但歸根結底就是一種——你並不在意我的感受。

雖然大多數時間，朋友之間的吃醋比戀人之間的吃醋更令人摸不著頭腦。

但隨著年紀愈長，似乎和朋友之間的關係愈任性。

二十出頭的時候，珍惜朋友珍惜得要死，覺得每個人都能天長地久灑狗血認親戚，每個人都是最重要的朋友。

你是我認識的第一位好朋友。

你是我第一次認錯的好朋友。

你是我第一次說秘密的朋友。

你是第一個看見我哭的朋友。

但你就更特別了，你是我進大學之後認識的第一個好朋友。

看吧，看吧，心思縝密的人害怕別人說自己戀愛濫情、交友濫情，所以很小心地給每一位朋友分類，證明自己並不隨便，你在我心裡是有一席之地的。可也是隨著年紀漸長，你會發現很多很多朋友在你從二十多歲到三十歲那段日子，那段你想仔仔細細思考人生也好，逃避蟄伏也好，反思紮根也好，總是有那麼一段很長的日子裡，他們不在也沒關係，你少了他們反而更輕鬆。你突然意識到——朋友多並不是一件好事，雖然對於剛入社會的自己並不如此，但對於認清人生真相的自己來說，還真是現實。

你不需要他們，沒問題。

他們也並不需要你，才是問題。

總會有人一時上頭這麼想吧？反正我退群的時候就是這麼想的，然後慢慢地淡掉。一開始覺得怎麼人和人就這樣？那時對人生的理解太少，哪有資格評價人生？後來發現原來這才是人生。從生疏到親密，從親密到生疏，再到很坦然地說一句：「我們曾經不錯。」

關係大多能重拾，但你不樂意也沒興趣，你愛自己都來不及，也就再也不想去在意朋友的感受了——這些年早已證明他們對自己並不重要啊。當然，也留住了一些朋友，但再也不會稱呼他們朋友，也許是在某一次喝酒，也許是在某一次感慨，看著彼此說：「我們認識那麼多年了，那麼多人走散了，我們還在，和你們在一起我很放鬆，不必偽裝，我想你們對於我都是親人了吧？」

這句話感人，但更多的是一個人放肆的開始。

因為是親人，所以不想再偽裝自己，於是我就退群了，打了開頭那段話。

事情特別簡單。我回了老家，約大家出來，其他人都在外地，只有小灰沒事，他卻告訴我他太睏了。我不回來的日子，他夜夜笙歌，我一回來他就累了。我不是不能理解他累，我固執並堅定地相信他只是覺得出來見我很累。我覺得自己挺無聊的，我也不是特別想見他，但他那麼不想見我，我就突然不開心了。

嗯，電視劇《我在未來等你》中陳小武和劉大志的關係就是這樣——有時候男孩子吃起醋來，根本沒女孩子什麼事。

吃醋不分性別，不然的話，也太瞧不起吃醋這件事了。反正我就發了，退群了，但我也很清楚，我並不是真的要和小灰絕交，只是為了表達自己的憤怒。果然，第二天一早，其他兩位好朋友就給我發微信，問我怎麼了，發生什麼事了，又把我拉回了群。我又若無其事說起了自己的感受，以及覺得自己不被朋友尊重。

在寫那些的時候，我覺得自己真的很可笑。當時我在郴州拍戲的時候，沒日沒夜，有一天凌晨四點半收工，突然很想吃一碗魚粉，同事們都急著休息。我一個人開車特別無聊，就把車停路邊給小灰發了一條微信：「去吃粉嗎？」

我只是試一試，萬一他沒睡呢？

他立刻就回覆了我：「好的。」

十分鐘後，我倆在火車站老劉魚粉碰頭了。

我問他：「你沒睡啊。」

他說：「被你吵醒了。」

臨近清晨五點的魚粉館，除了我和他，就是守店的阿姨。

我那時覺得有這個朋友真好啊，跟見了鬼似的。我寫完自己不被尊重的感受後，那天小灰也若無其事地問：「你中午吃什麼，我帶你去吃。」

我說要陪爸爸去買東西，他說：「沒事，我等你，反正沒事。」然後，我和他就再也沒有提昨晚的事了。以前我們總是認為朋友是為了讓自己變得更好的，不能幫自己的朋友何必要認識呢？現在朋友愈來愈少，我不知道我這麼下定義對不對，但我覺得對——朋友當然是用來絕交的。

我特指真正的好朋友。成長的壓力大，社會的壓力大，不如把憤怒發洩在好朋友身上吧，一頓亂操作，用絕交來釋放自己的憤怒。你也大可放心，他們都能承受得住。就像我的好朋友沒事就對我發脾氣，我永遠都告誡自己：「他們可能最近壓力太大了，沒事，我不氣，我只是出氣筒而已。」

前天晚上，我北京的一位好朋友喝多了酒，在群裡對著所有人一頓亂發脾氣，他的父母非常尷尬。今天他爸爸實在忍不住了，就在我們的群裡幫他道歉，估計是想了整整兩天，爸爸道完歉，媽媽也道歉。我在群裡連忙安慰叔叔阿姨：「叔叔阿姨，謝謝你們，你們這樣，我們太感動了。哈哈哈，你們太小瞧他了，他這樣已經很收斂了，他以前才可怕，但我們不會生氣的，因為我們習慣了。」

發完之後，他的爸媽一直說：「謝謝謝謝，你們真是好朋友。」

然後他單獨給我發了一條微信，說：「嘻嘻。」

像極了和小灰絕交要退群的我。

一個人的絮語

為什麼要寫這篇奇奇怪怪的文章，我指的奇奇怪怪是這明顯不符合一個中年男子應該要寫的東西……雖然我在從頭看的時候一邊看一邊想，好像是有點道理。後來我想開了，誰沒有個情緒波動的時刻呢，若是對待一切都心如止水，那就不是一般人，那是聖人。

說到這位北京的好朋友，他前幾天生日我們又喝了點酒，他很快就醉了，然後借著酒勁說各種看不慣。我早已留了一手，拿出手機開始偷偷拍視頻。第二天，我們見面的時候他又開始道歉，我說「沒事，你自己看看吧」，就把視頻給他看，讓他保證不刪，他說好。他看完視頻之後整個人被自己震驚到了，說：「如果以後我再這樣，你就把視頻拿出來，我一定會被自己嚇醒的。」

我哈哈大笑：「這就是我的目的。」

從不後悔遇見你

一、在另一條路上遇見了她

從大學畢業到工作跳槽再到北漂，如今已經三十多歲，我從未有過一段時間能安安靜靜想想過去和未來。我習慣了忙裡偷閒，用最快速度做決定。有時看朋友圈有人寫「買了一張機票飛往陌生城市，想待上一段時間，勿念」，很驚訝，世上真的有人過這樣的人生嗎？能這樣嗎？

二〇一六年，我做了一個決定，我也要給自己爭取一段長之又長的假期，去一個陌生的城市，做一件一直想做的事，融入另一種生活。於是便跟公司請了四個月假，飛往洛杉磯，從頭學英語。

學英語並不是目的，而是想擺脫工作十幾年來永遠三點一線的枯燥日子。

南加州大學（USC）國際學院一直都有語言培訓，報名的絕大多數是要考美國大學的各國年輕人。培訓第一天的大會上，我特意穿了套運動衫，有中國同學問我：「嗨，你從哪兒來，想考什麼大學？」

我支支吾吾，並不想告訴他我已經三十五歲，不想考任何大學，我來這裡的唯一目的只是想感受一下陌生的生活。

我說：「還沒想好考哪所，你呢？」

他說：「我想考USC的電影專業，但家裡希望我報考UCLA（加州大學洛杉磯分校）的商科。」

我看著他，心想：「如果有一天我兒子這麼問我，我可能會有興趣和他聊下去，但今天沒有。」

我說：「我餓了，要去食堂吃飯，回見。」

他不依不饒：「我們找到一家特別好吃的墨西哥餐館，便宜量大，五美元一份，不如你和我們一起？」

他說的「我們」，除了他自己，還有兩位中國學生，一男一女，都是前幾天報名時認識的。

就這麼著，我和小琴相識了。

二、我們都走在另一條路上

工作之後，我就很少交新朋友。哪怕有新朋友，也一定是朋友的朋友。這種突然被邀請去吃一頓午飯，相互都不熟的場景，真令人尷尬。

要命的是，我比他們大十幾歲，倘若一直裝可愛幼稚，萬一被發現還蠻奇怪的。吃著吃著，我就對他們說：「我工作十幾年了，這次出來感受一下你們學生的生活。」

第一個男孩東西還在嘴裡，差點噴出來：「你沒讀書就工作了？」

我還來不及解釋，小琴就盯著我說：「難怪我覺得你很眼熟，你是不是上過電視，是什麼節目來著？」我沒接這個話題，就說自己長得太大眾，大家也沒追問，挺好的。到一個陌生環境，清空外界對自己的認知，沒什麼壞處，對我來說更是如此。

問了一下，小琴和我一樣是五級班（倒數第二級），如果要考美國大學，就必須考過一級才行。

我說：「你不行啊，我是很多年沒用過英文，你這還是學生怎麼也五級？」

小琴趁別人不注意對我說：「我也不是來考大學的，我只是來散個心。」

吃過飯，大家商量去圖書館，我們就有一搭沒一搭地走著聊著。我開始對小琴有更多的了解：二十四歲，在家裡開的公司上班，父母給她介紹了一個結婚物件，對方挺正派的，相親之後小琴說不上喜歡，也說不上討厭，父母說那就這個男孩了，為了小琴也為了公司。小琴不置可否。她有幾段失敗戀情，不值一提，她很明白愛情這件事太難了，能遇見自然好，能長久更好，婚姻是另一回事，企圖通過戀愛讓感情生活一勞永逸，似乎並不現實。

我說：「你一個二十多歲的女生想得也太明白了，可怕。」

她說，這話不是她說的，是她媽說的，她媽對她說：「我和你爸結婚的時候也沒什麼愛情，待久了就有了感情，然後就有了你。如果你沒有特別喜歡的，那就先處個正派的。」

小琴是好看的女孩，不單指長相，她很自信，對自己很了解，舉手投足讓人覺得舒服，在大學裡很突出，畢業後放棄了世界五百強的 offer，回到家裡的公司。

「你好慘，人生就像困在舊社會。」

「不不不，你誤會了。如果我直接回去，肯定會被很多親戚瞧不起，但我爸又確實需要我的說明，其實我早就決定要回去幫忙，只是回去前特意拿一個世界五百強的 offer，讓那些人閉嘴。」

「所以你這一次學完語言就要回去結婚？」

「反正都要結，早點晚點都行。婚姻嘛，分兩種，愈來愈好的和愈來愈差的，像做乘法。對方不錯，我也還行，如果都願意拿出超過百分之百的態度去對待，相乘的結果自然不會愈來愈小。再說了，我喜歡的人都是一副德行，如果不強迫自己去走另一條路，可能戀愛的結果都一樣吧。」

我從未想過這個問題，但細細對比了一下自己的失敗經歷，朋友也總是事後罵我：「你啊，喜歡的人怎麼都一樣。」

我回答：「你說得沒錯。吸引我們的人，一定都散發著同一種味道，而我們並不知道那種味道到底是否有害。所以有人運氣好，一見鍾情就白頭到老；有人運氣差，總在同一種味道中慢性中毒。」

小琴看見旁邊有家星巴克，帥氣地甩了甩短髮：「走，就衝你這句話，我請大家喝咖啡。」

嗯，明白了。我們都是出來解毒的人，我解工作的慣性之毒，她解感情的慣性之毒。我們的目的都是不願意回去再踏入同一條河流、同一個水坑之中。

三、故事在結束時才算開始

週一到週五上課，老師考勤查得很緊，我和小琴從未遲到或曠課。若是看見哪個中國孩子被發一張藍色勸退通知單，小琴就很生氣：「自己拿著留學簽證不好好讀書，總撒謊生病請假，現在被勸退了，再也來不了美國了。不過這樣也好，別出來丟人了。」

小琴的英文居然很好，每次課堂上早早做完作業，就在圖書館輔導我。

我說：「你來我們五級班不是浪費錢嗎？」

小琴笑起來：「只有沒錢的時候才能叫浪費。」

我恍然大悟：「你這種思考問題的方式很危險啊，難怪你在感情上不太順利。」

「怎麼說？」

「感覺你喜歡不按常理出牌的，啥事都能貧一下，但如果對方關鍵時候不面對問題，還是用貧來逃避，你就繃不住了吧？」

「那你說我怎麼辦？有那種特別貧但關鍵時刻又很正經的男孩嗎？」她很認真地盯著我。

我很認真地看著她：「男孩呢，我就不知道在哪兒。男人呢，你眼前倒是有一個。但是呢……」

還沒說完，她立刻笑出聲：「劉叔叔，你早年努把力，都能生出我這麼大的女兒了，你好意思和我開這個玩笑？」

我也笑了：「這不是擺正咱倆好朋友的關係嘛，免得到時誤會多尷尬。」

我和小琴是學習日的好朋友，一到週五放學，她說個「拜拜，週一見」，就消失得無影無蹤。

時間飛快，從七月到十月，我們考完升級的最後一次考試，這學期的課程就結束了。

我考得不錯，可以升入四級，小琴可以升入一級。

我倆都不會繼續讀了，我對小琴說：「謝謝你這幾個月的照顧，如果沒有你，我斷然不會有這樣的成績。」她擺擺手，也對我說：「謝謝你，如果沒有你這幾個月的陪伴，我讀書的時候應該也會很無聊吧。」

「你怎麼會無聊？週末那麼愉快。」

「哈哈，是挺愉快的。你什麼時候回國？」

「我打算去紐約一趟，然後從紐約回北京。」

「我也是從紐約回北京，大概和你差不多時間。」

「那就回國內再見了。」

「好的。」

我們都是旅程中遇見的朋友，這樣就足夠簡單，說完再見也不留戀，如果真有緣分，自然會真的再見。

只是沒想到，在我從紐約回北京的那天，我提早幾個小時到達機場安檢，坐在椅子上邊看東西邊候機，突然肩膀被人拍了一下，轉頭一看正是小琴。我很詫異，世界也太小了。她一副剛剛哭過的樣子，但看見我即刻又笑起來：「好巧啊，我方便坐這兒嗎？」

「當然沒問題。」

小琴坐下，從書包裡翻出一本書，晃著說：「你看，我這次專程帶在身上的。」

那是一本《你的孤獨，雖敗猶榮》。

我有點驚訝。

她說：「我第一眼就認出了你是誰，但看你並不想提國內的工作，就不給你添麻煩了，幫我在上面簽個名吧。」

我簽了。

「你剛哭了？」我問。

「嗯。」

我沒好意思追問，她卻說了：「我遇見了一個人，發生了一個故事，所以哭了。如果不耽誤你時間，我跟你從頭說說，如果你能把它寫下來，那就是我送給對方最好的禮物。」

我把手上的 iPad 一關：「好啊，反正還有三個小時。」

四、只是因為太寂寞

小琴到美國安頓好之後做的第一件事是下載了交友軟體 Tinder。

她說，如果一個人到了異鄉不通過新朋友認識新世界，就是流放。我在心裡默默給她點了一個讚。

交友軟體上人很多。

「秀肌肉的人我是沒興趣看的，你我都知道，他們要幹嘛。」

「他們要幹嘛？」我故意問。

「他們應該都想找健身教練，指出他們哪個肌群練得不太好吧。」

「哦……原來是這樣。」我也哼哼冷笑。

「韓國人我是不願意聊的，之前在國內和韓國人見面，吃飯都是AA制。我能接受對方不請客，也完全能自己請客，但對方那種我不占你便宜，你也別占我便宜的態度，讓我覺得他們很難成為朋友吧。頭像是車的人也沒法聊，他們應該很喜歡他們的車，應該也覺得和他們聊天的人會喜歡他們的車，但他們又不會把車送給我，所以沒啥可聊的，大家腦迴路不一樣。我只和照片看起來簡簡單單、乾乾淨淨的人聊，但估計我這樣的人太多了，對方都忙不過來，常常是聊了幾句交換一下照片，都覺得不錯，對方就問：『週末有空嗎？一起喝杯咖啡？』我說好，然後對方就消失了，過了幾個小時再回：『那約在哪裡呢？』可那時我都忘記照片上他長什麼樣子了。」

小琴的頭像是一張戴草帽的照片，風吹起來，她用手緊緊抓住帽檐，這也是她微信的頭像。我喜歡這種抓拍的生活照，能看出當事人的情緒，比千篇一律的擺拍好得多。

小琴一邊翻看居住區的地圖做標記，一邊考慮是不是要卸載 Tinder，換個別的軟體。突然有人傳來一條資訊：「你好。」寫的是中文。

小琴並不想在這上面和說中文的人交朋友，她想交個不同思維、不同生活背景的朋友，反正已經把自己想像成一個蘿蔔，那就必須有個和想像中一樣的坑。

她懶得回，正準備把手機扔到一邊，突然意識到一個問題，自己的簡介都是英文，怎麼會有人和自己說中文呢？於是拿起手機回覆：「你怎麼知道我說中文？」

很快，對方回覆：「哈哈哈哈，你猜。」

小琴很煩這種什麼你猜我猜的，但真的是因為無聊，就回了一句：「你猜我猜不猜。」

對方立刻回：「你猜我猜你猜不猜。」

小琴一下愣住，來回讀了幾遍，很認真地打字：「那你猜我猜你猜我猜不猜。」

對方立刻：「那你猜我猜你猜我猜你猜不猜。」

小琴暈了，但也哈哈笑了起來。

小琴點開對方的頭像，單眼皮，像個韓國人，但因為會說中文，那肯定是中國人。瘦削，在陽光下笑得很燦爛，雙手環抱在胸前，兩排白牙顯得很健康，戴個棒球帽，一件格子襯衣，袖子挽到胳膊，簡簡單單，像個學生，或研究生？

小琴回覆：「我輸了，為什麼你知道我是中國人？」

對方回覆：「你的英文名叫 Sunny，多中國化的英文名啊，外國人不會這麼取的。」

小琴在房間裡大笑起來，這個人真是有點意思。

「那你還能看出什麼？」

「我琢磨著你的名字裡應該有晴這個字吧？」

小琴一驚。

她起 Sunny 這個英文名就是因為小琴和小晴讀音相似。本想告訴他對了一半，但想著聊天裡最好不要透露出任何個人資訊，所以直接跳過問他：「你是中國人？」她本想問你是哪裡人，什麼名字，但還是基於陌生人聊天原則——提問每次不能超過一個，不然顯得自己太想了解對方。

「我是新加坡華人，來美國工作五年了，不過還沒拿到綠卡，所以也不能和你結婚給你綠卡身分。」

小琴又笑了起來，這個男孩聊天的方式真的有點好笑，她也笑著回：「那就不好意思了，我只能和可以給我綠卡身分的人聊天。」

「沒關係，我再過兩年就拿到了，你再等等？」

小琴再度點開對方的頭像，細細打量起來，看起來年紀和自己相仿，二十六七歲，但笑得可真是燦爛啊，沒心沒肺的那種，感覺眼角紋都笑到太陽穴了。

「你的頭像笑得挺燦爛的。」

「謝謝你的誇獎咯。」

「給你照相的人你一定很信任吧？現在你們分手了嗎？」

對方立刻發來一段：「哈哈哈哈哈哈。對。」

還怪坦誠的。

「那不好意思了，我來美國是來學習的，不是亂來的。你看到我的交友原則了？」這句話一半是笑話，一半是實情，小琴顯然已經在聊天中對對方產生了莫名的好感，所以用這句話讓自己冷靜冷靜，同時也確認對方並不是隨便來撩的。

「我看到了，走向婚姻前最後一次獨自旅行，想看看能走多遠。」

「那你和我聊天的原因？」

「你的頭像顯得膽小，又有趣，又沒化妝。再說了，你不想交朋友的話，也不會突然註冊這個軟體吧。」

信息量豐富的程度，讓小琴拿著手機翻白眼。

為什麼自己要用這張照片做頭像？這張照片是前男友拍的，他喊了自己一聲，自己轉過頭，迎面來了一陣風，她抓著帽檐，就有了這張。前男友很喜歡這張，說能看到她可笑又膽小的樣子。她也喜歡這張，因為顯得自然，能讓自己一下就想到那天的情緒。而自己確實也如對方說的那樣，想認識新的朋友，想勇敢一點，走出自己那條被人一眼就能看到頭的軌道。

「你怎麼稱呼？」

「Lucas。」

「我就叫小琴，你叫我 Sunny 也行。」

「哈哈，猜對了一半。」

小琴的心被輕輕敲了一下。

「你天蠍座？」

「嗯，怎麼？被天蠍座傷害過？」

「哈哈，我也是天蠍座。」

「那咱們都讓別人受過傷。」

「哈哈。我沒啥毒性。」

「Lucas，你覺得你們和我們有什麼區別嗎？」

「你指華人嗎？我覺得沒區別啊。」

「大家都會覺得你是中國人吧？你會解釋嗎？」

「對的，我不解釋，中國蠻好的，來美國前我被前公司派去中國工作過一年。」

「哪兒？」

「上海。你呢？」

「你是不是偷看了我的簡歷？我也從上海來。」

「你看看你的床底下，我正趴在你床下和你聊天。」

「你有毛病啊！開這種玩笑。」小琴立刻被嚇得從椅子上彈起來。

「哈哈哈，對不起咯。」

小琴和 Lucas 有一搭沒一搭地聊著，因為一開始說開了交友的目的，反而聊得輕鬆。

我問小琴：「你怎麼知道你們都沒有任何目的？」

她說：「有目的的人五句話之內就要約會，誰會在我身上浪費時間。」

「萬一是要釣大魚呢？」

「我看起來也不太像大魚吧，關鍵是他之後的舉動讓我對他有了好印象，他不是那種人。」

小琴對 Lucas 的好印象來自如果她發了一條資訊過去，對方如果沒有第一時間回覆，都會在回覆時說：「不好意思，剛才去忙 ×× 了，所以沒看資訊。」

一次兩次都還好，三次四次，Lucas 都這麼做，讓小琴有了一些好感。

畢竟用交友軟體聊到對方突然消失是很常見的事，但每次都解釋自己去幹嘛了反而不常見。

「你挺有禮貌的啊。」

「不能丟中國人的臉嘛，哈哈。那我沒回覆你的時候，你不會一直捧著手機等著吧？」

小琴拍了一張自己做的地圖攻略發過去：「放心吧，我又不是熱線服務員，只接聽您一個人的熱線。」

「噢，你老道的聊天方式都讓我忘記了你是剛來美國的學生……如果你有任何想諮詢的，我都可以幫你解答。」

「謝了。不過我現在要去休息了。明天聊。」小琴發完這句話，想著是不是要個對方的微信或電話什麼的，如果真有什麼問題，也能很快找到對方，反正都是年輕人，也不必那麼客套。腦子裡的念頭剛一閃而過，Lucas 就把自己的微信號和電話號碼發過來了：「喏，你可以記一下，也可以不記，我是熱線服務員，有什麼需要可以直接問我。」

睡覺前，小琴沒有加 Lucas，但覺得這個人有點意思。

五、不怕一萬，就怕你是那個萬一

事實證明，Lucas 的存在是很有必要的，他在微信裡教小琴買好了當地的電話卡，告訴她可以用 Uber 打車，以及如何投訴，甚至幫小琴預訂了一家很火的小龍蝦餐廳。

「噢？那天我們去的小龍蝦餐廳，很難訂位那家是他幫你訂的？」我突然想起來。

「嗯！」

那天我在誇小琴處處是朋友，小琴說只是自己的生存能力強，是通過網友訂的，我們還不信。

一來二去，好像 Lucas 真成了小琴的線上服務員。

小琴終於忍不住問他：「嘿，Lucas，你怎麼永遠都線上，好像特別閒，你到底是幹嘛的？」

「我沒有很閒啊，我很忙的。」Lucas 立刻回覆。

「你哪裡很忙，你回覆我的微信比我媽回覆得還快，閒不閒？」

「我就是在忙著回你的微信啊，一刻都閒不下來。」

「說真的，你到底是幹嘛的？」小琴是那種人，一旦產生了疑慮，就要追問到底，如果對方的回答中有一絲漏洞，小琴就會產生極大的不信任感。所以當她問出這種隱私問題後，知道自己已經對 Lucas 有了好感，當然她更擔心的是 Lucas 會給她一個並不確定、遮遮掩掩的答案，然後讓這兩週以來的好感灰飛煙滅。

「我是一家化妝品公司負責電商的副總裁，不過說是副總裁，但我們部門就兩個人，除了我還有一個黑人大媽負責發貨，而我負責網頁設計、文案以及客服工作。」

「所以你永遠線上？你真的是個客服？哈哈哈。」

「喂，你矜持點，我都能聽到你手機那邊的笑聲了，當然，你也可以叫我副總裁。」

「副總裁，你好。」

「Sunny，你好。」

小琴很喜歡和 Lucas 聊天，覺得既有趣又合拍，她說她已經很久沒遇見過讓她那麼有聊天快感的人了，如果不是 Lucas 說『認識那麼久了，就算當地的朋友盡地主之誼請吃個飯』，她根本就不會動和他見面的念頭。不是 Lucas 不好，而是聊天的感覺太好，以至於害怕失去這種好感。但 Lucas 的理由讓她沒法拒絕，他說：「你別總是感謝我幫你什麼忙了，你這些忙對我來說就是順手的事，我一點都不辛苦。倒是我的工作比較辛苦，永遠都在回答一樣的問題，香水灑了啊，盒子壞了啊，味道不對啊，是不是假貨啊。每次和你聊天的時候，就是我工作外最有趣的時候。」

嘿，這個男的，真的好會說話。

他不是一個新加坡的華人嗎？不是來美國五年了嗎？怎麼那麼會說話？

小琴說她也不是沒網戀過，投入了情感，一到奔現就一塌糊塗、滿盤皆輸，比起那樣，她更願意珍惜現在的好感。再說了，再過三個月，她就要回國了，她也不想給自己惹什麼麻煩。

萬一惹上了呢，是吧？

但世上所有值得回憶的事，不都是因為萬一而來嗎？

她在心裡博弈。

「Lucas，說好了，就是朋友見個面。」

「你放心吧，我還怕你見了我會有非分之想呢。你那麼愛惜自己，我更有安全感了。」

「華人的成語也用得蠻巧妙的。」
「感謝中國文化。見嗎？」
「見啊，誰怕誰。」

六、第一次見面只是摸了一下手

等 Lucas 來接自己的時候，小琴居然有點緊張。

她想了想，還是化了淡妝以示尊重，穿了一套正式的小西服，本來穿了雙高跟鞋，但想到 Lucas 也不過一米七五，自己沒必要過多展示女性的魅力，也是不想讓 Lucas 意識到自己想展示女性魅力，出門前換了雙白球鞋，就跟和閨密出去玩那樣，怎麼舒服怎麼來吧。

遠遠地開來一輛紅色馬自達。

紅色？

開紅色車的男孩……小琴想了一會兒，也沒得出一個結論。但她知道，如果未來再遇見開紅色車的男孩，她想到的第一個人應該是 Lucas 吧。

車停到路邊，車窗搖下來，Lucas 坐在駕駛座上朝她招手。第一印象很重要，Lucas 跟照片上給人的感覺一樣，甚至更好一些，因為他有點害羞。

小琴俯下身仔細看了一眼駕駛座的 Lucas，當時正是夕陽西下，他戴了一副墨鏡，身著一件藍條紋 polo 衫，笑起來和照片上一樣自然，白白的牙齒，瘦削的身形，她已經沒有了想逃跑的念頭。

小琴打開車前門，坐上副駕駛座，關上車門。Lucas 非常自然地問：「想吃什麼？」

「你覺得第一次應該請我吃的。」

「那就帶你去吃一個越南菜吧。我總一個人去吃，今天終於找到人陪我了。」Lucas 朝著前方自顧自地笑起來。

兩個人都很鎮定，兩個人也都知道這時候愈是鎮定，愈是顯得刻意。

Lucas 開車注意力很集中，是那種絕對不想溢出任何眼角的餘光讓小琴覺得他在偷瞄她的集中。小琴也一直看著車窗外，在異國他鄉，在陌生男子的車裡，重新打量洛杉磯這座城市。夕陽下，這座城市冷清，馬路兩旁的房屋鮮有光鮮，像被時光濾鏡傳遞到了二〇世紀六〇年代。唯有到了市中心，才稍微熱鬧起來。

Lucas 緩緩把車停到停車場，直接問正在打量景色的小琴：「失望嗎？」他看出了小琴心裡的疑惑。

「還好，我才來幾個月。倒是你，這些年一直很失望吧？」兩個人很輕易地切換到微信聊天的模式，所以都笑了起來。

「你好，正式介紹一下，我叫 Lucas。」Lucas 伸出手。

「你好，我叫葉琴，Sunny。」小琴也伸出手。

「Lucas 的手指修長，沒有汗，乾爽，很有幹勁。」小琴回憶到如此細節。

「我並不關心他的手指是不是修長，只關心你們的故事是怎麼發展的，以至於你居然說得那麼認真。」我故作不耐煩。

「細節就是故事啊，你們這種成年人就是很無趣。」

「行行行，他的手指很修長，怎麼，那麼長的手指是給你織毛衣了還是彈琴給你聽了？」

「哈哈哈哈，不過說起來，你們說話的方式有點像，賤兮兮的。」

Lucas 跑到停車場入口，仔細看交費規則，然後掏出十美元塞到相應的箱子裡，轉頭告訴小琴：

「洛杉磯這邊很不發達，尤其這些繳費系統，跟國內沒法比。」

小琴逗他：「你不是要拿美國護照嗎？而且你不是新加坡人嗎，怎麼中國變國內了？」

「隨你嘛。我也是中國人。」

「那新加坡算什麼？」

「新加坡的中國人也超多啊。」

「行！」

看得出來，自己和 Lucas 輕而易舉就能切換到現真實模式，幾乎算是無縫連接。小琴跟在 Lucas 後面，仔細從背後端詳著這個和自己年紀相仿的男孩，他將車鑰匙從右手扔到左手，從左手輕輕地扔到右手，再扔回左手，很放鬆。小琴有點開心，證明自己也並不惹人厭。

嗯？小琴忽然看到 Lucas 的後頸似乎有一道細長的疤痕，她覺得是自己眼花，打算再多看一眼的時候，心裡又湧起了一股愧疚，覺得自己不應該對別人的私事感到好奇……

Lucas 回過頭看著小琴，指了指上方：「我們到了。」

諵，人滿為患。

越南菜館的招牌和牆壁都刷成鵝黃色，在夕陽下讓人很有食欲。

Lucas 去跟服務員溝通需要兩個人的位子，他說英文的表情認真，辦事很靠譜的樣子，末了，也會很客氣地送一個人畜無害的微笑給對方。

「你還真的很懂自己笑起來蠻有親和力的嘛。」

「習慣了，大家笑起來都蠻假的。那邊開始收拾了，再等五分鐘就好。」

小琴心情很好，畢竟在美國認識的第一個朋友挺有趣的，同時也有一點點細微的擔心，怕自己會隨著這份有趣愈走愈遠。

看著菜單，小琴要了四大紮啤酒。隱藏與謹慎可能會讓人產生錯覺，索性就一次性把真性情釋放出來，也就免了那些繁文縟節。

「那麼能喝？」

「一人兩杯唄。」

「我酒量不行，先喝一杯，剩下的盡量。」Lucas 做受驚狀，把三杯先推向小琴，小琴搖搖頭：「瞧不起你。」

「我喝了酒，不能開車，不然誰送你回去。」

「把車放在這兒唄。」

「停車費頂我兩天工資。」

「那就找代駕。」

「這裡代駕費也頂我兩天工資。下次吧，你說要拼酒，我就不開車。」

「那就先碰一下，這段時間謝謝你了啊。」

哐哐哐，小琴早把形象拋到一邊，邊喝邊聊，就像和宿舍姐妹在大排檔一樣。估計是喝開心了，她突然一頓，似乎想起了什麼：「Lucas，我剛跟在你後面，看見你脖子後面有一道很長的疤，怎麼回事哦？」

「你眼還挺尖的，我都穿帶領子的 polo 衫了。」Lucas 右手摸了摸自己的後頸，笑了笑。

「我教你一個辦法，國內很多中老年企業家穿 polo 衫都是把領子立起來，這麼穿就看不見了。」

「那我移民去冰島算了，整天穿高領毛衣更方便。」

小琴盯著 Lucas，Lucas 被盯毛了：「沒什麼啊，就是我很小的時候，八九歲吧，突然有一天覺得自己癱瘓了，後來發現是這裡的神經出了問題，脊椎這兒，做了一個大手術治好了，但留下一個大傷口。」

「現在沒問題了？」

「沒事了，早沒事了。難道你以為我打開這個傷口，裡面又能走出來一個人嗎？」

噗！小琴滿口的酒直接噴了出來，Lucas 遞給她一張餐巾紙擦乾淨。

「我實在不知道聊什麼了，你介意我問感情問題嗎？就當姐妹們聊天。」小琴一臉好奇。

「不介意，我上一段感情結束是因為對方和我朋友搞在一起了。」

「啊，好慘。來，敬你，節哀。」

「你呢？慘嗎？不慘不聽。」

「那我說個最慘的吧，我的前任是個彎的。」

Lucas 沒有忍住笑了出來，立刻喝了一口啤酒。

「實不相瞞，我也是。」Lucas 正色說道。

聽了這句話，小琴的酒醒了一大半。她開始重新審視 Lucas 的所有細節，若有所思地點點頭。「還真是，天哪，我這是什麼體質，難怪和你聊天那麼開心。每次和你聊天聊得很開心的時候我就在想，這個世界上怎麼可能會有和我這麼有默契的男生，我好幾次差點就動心了，剛剛在車上還在提醒自己不能愈界，不能多看你，不能和你有任何曖昧舉動，看來我真是多想了，不然我真的太丟臉。」小琴借著酒勁把心裡想法一股腦兒地說了出來，長長地舒了一口氣，還沒等 Lucas 做任何反應，繼續說道，「太好了！我還一直在想萬一萬一，萬一我喜歡上你該怎麼辦，我再過三個月就回國了，才不想搞得生離死別啥的。哈哈哈，突然輕鬆了很多。來，再乾一口！」看得出來，小琴這會兒才真正放鬆下來。

「嗯？」Lucas 看著小琴，眉頭微微皺了起來，「你說你好幾次差點動心？你不敢多看我一眼是因為怕曖昧？」

「是啊，幹嘛？有什麼可奇怪的？你很陽光，顯得乾淨，腦子聰明，人又善良熱情，除了脖子後面有一道疤，女孩子喜歡你很正常啊。」

「噢，明白了。」Lucas 臉上閃過一絲詭笑。

小琴突然意識到什麼不對的地方，Lucas 剛才只是在和自己開玩笑？但自己卻認真了？她連忙站起來捂著嘴朝洗手間跑去，並不是真的想吐，但她意識到自己必須吐了，因為自己失態了。在和 Lucas 貧嘴了兩週之後，她突然就認真地跳進了對方的坑裡。她想跳進馬桶，按個鍵把自己沖下去，再也不要回到那張餐桌上，她甚至能想像到 Lucas 現在臉上揚起的表情，那都緣於自己的弱智。

小琴用水洗了把臉，試圖冷靜冷靜。

喝酒的初衷是為了緩解尷尬，但沒想到卻降低了智商。

回到座位上，小琴直接說：「我好像喝多了，我要回去了。」

Lucas 點點頭，叫服務員買單，兩人的目光再沒有撞到一起。

小琴覺得自己破壞了規矩，既內疚又尷尬，話是沒法再當面說了，回去發微信吧。回去的路上，兩個人也沒交談，Lucas 放了一路音樂，都是兩人聊天的時候提到的那些歌，梁詠琪、陳潔儀、萬芳、張敬軒、張國榮、張棟樑，然後就到了小琴的住處。

「今天謝謝你了，下次換我請你吧。」小琴倉皇逃離，心裡想著應該不會有下次了。

衝進屋，倒了杯水，微信提示收到新資訊。小琴打開，Lucas 給她發了一條資訊：「還有下次嗎？看你的樣子懸了。」躺在沙發上，小琴想起今天的見面，堪稱一場糊塗，唯一能記住的可能就是兩個人握了一下手吧。

七、積木被抽走了一塊

就好像從搭好的積木裡抽走了一塊。

小琴和 Lucas 都沒有再提那天的見面，這稍微讓她輕鬆了一些，也讓她對 Lucas 有了更多的理解——他對她似乎是海納百川，她開的玩笑他都接得住，她尷尬時他就微笑，不多走一步，在她看得見的地方就這麼站著，讓她有安全感。

安全感。小琴想到這三個字，恍然大悟。

過去的愛情總讓她沒有安全感，要麼是對未來的生活沒安全感，要麼是對未來的感情沒安全感。兩個人步調不一致，跌跌撞撞，摔倒再調整步調才是最好的選擇。

「我看你朋友圈，你說想去海邊？」Lucas 問。

「嗯，但還沒做好計劃。」

「明天週五，我剛好沒事，如果你的計劃還在計劃，不如我給你一個計劃。」

「行，就按你的建議來。」小琴還在為那天的唐突感到抱歉，她不想讓 Lucas 覺得自己是個神經質、戲太多的人，雖然自己表現得就是如此……

「那麼爽快？做決定也太快了，那請您稍等啊，我的計劃還沒做完，尷尬了，稍等啊……」Lucas 還打了一串省略號，小琴樂不可支：「你還真把我當成客戶，我可沒錢付。」

半天，Lucas 那邊沒動靜，然後打來特別長的一段話。

「週五中午你放學後，我接你一起去聯合車站，把車停到停車場，我們乘火車去聖地牙哥，大概三小時路程，當晚可以住聖地牙哥W酒店。我查了一下是很有年代感的建築，你肯定喜歡。第二天在酒店附近租一輛車，去周邊海灘玩一天，週日下午回。之所以要乘火車，是因為如果我們坐在右邊的話，你就可以看見很長一段海岸線，很美的，記得帶好相機。」

小琴看著那段文字，感動大於欣喜。

畢竟在過往的感情裡，都是她在為別人做計劃，每個地點都要查很久，末了對方還挑剔為什麼不去這兒不去那兒。

「我聽你的。」小琴決定不再給自己設限，就跟正常交朋友那樣，別想那麼多。

八、我聽你的

「我聽你的」這四個字真是管用。

尤其當兩人慢慢有了默契之後，「我聽你的」約等於「我可啥都不想管」。

小琴和Lucas在一起就是這樣。她第一次意識到自己原來那麼缺乏生活經驗，原本在所有人心裡她都是絕對能把周圍人照顧得很好，能把一切細節都想得很妥帖的人，但認識Lucas後她懷疑她過去是不是一直活在假想世界。火車上，小琴舔了一下嘴唇，Lucas就站起來去車廂那頭買來兩瓶水和一包玉米片。看風景看困了，小琴打算睡一會兒，但又不好意思一個人戴耳機悶頭睡，Lucas就從包裡拿出一根轉接線，可以接兩副耳機。

到了聖地牙哥，一下火車，就能感受到夜晚海濱城市的涼意。小琴穿的是T恤配牛仔短褲和匡威鞋，Lucas從手提包裡拿出一件灰色套頭帽衫給她。小琴不好意思，Lucas說：「這就是給你帶的，我還有一件。」說著又從包裡掏出一件紅色帽衫，「你喜歡哪個顏色？」

小琴選了灰色的，紅色留給了Lucas。

Lucas利索地辦理完酒店的入住手續，他訂的是一間雙人房。小琴心裡雖然非常清楚Lucas一定會訂雙人房，但還是隱隱想過萬一他訂了大床房怎麼辦。

我問她：「如果Lucas真訂了一間大床房，你怎麼辦？」

她說：「我還真的想好了，我會勸自己也會告訴他，都是『姐妹』沒關係的……而就是那天發生的一件事，讓我愛上了他。這種愛不是男女之愛，也不是性慾，我很難解釋清楚，但我覺得自己愛上了他，而他不知道。」

那天晚上放完行李，Lucas帶她去吃了當地有名的西餐，Lucas提早一天就訂好了位，之後帶她去夜店，在吧台邊點了兩瓶當地啤酒。一切順其自然，又順理成章，小琴覺得和Lucas在一起沒有任何負擔，他知道她要幹嘛，他很安靜也很放肆，所有的安排就像窺探了小琴心底的想法。連換了三家酒吧，兩人都喝得微醺，回酒店的路上有海鹽的味道，小琴問Lucas：「我很喜歡和你在一起，不知道是因為你說自己是彎的，所以我更輕鬆了，還是因為單純地相信，腦子不再做別的盤算，所以異常地放鬆。」

Lucas歪著頭，回看了她一眼：「我也很喜歡和你在一起，也許你不相信，你是我這些年遇見過的最有趣的人。」

談話戛然而止。

此時，但凡有一個人追問假如有愛情，這一切或許就會像露水包裹的花蕊，沉重到滴落。但假如真的有一個人在這時追問，生命中可能會有後悔，但絕不會有現在的遺憾。

「你發現沒，我倆好像啊。」小琴突然感慨。

「奇怪，雖然我從來不信命運這種東西。」

「那這一點我和你不一樣，我還是很信命運的，不然咱倆怎麼會認識。」

「嗯，那我就開始信吧。」Lucas 又露出了招牌的笑，雖然笑起來還是一樣的弧度，小琴知道這個笑不是敷衍的。

這種像，讓她想要了解他、珍惜他，也想要佔有他、擁抱他。

這不是愛。

起碼這時還不是。

九、打碎的鏡子也有折射光的能力

Lucas 讓小琴先用浴室，他靠在沙發上看最新一季的《美國之聲》，看著幾個評委為了一個選手爭吵，放聲大笑，哈哈哈哈那種，肆無忌憚，旁若無人，像個乾淨的孩子。小琴喜歡他這種性格，那種笑讓小琴很想知道到底發生了什麼，所以很快就收拾好了出來問他。

Lucas 把 iPad 交到小琴手上：「你從頭看，這一季太棒了，評委和選手都很厲害。尤其是第六個選手，獲得了四轉。重點不是四轉，而是他很勵志。但你別跳著看，評委有一些笑話是有邏輯的。」

「你一個月掙多少錢？」小琴突然問。

「嗯？一萬五千美元左右。」Lucas 下意識地回答。

「哇，掙得真多。」

「我為什麼會告訴你我的家底呢？但你怎麼突然問這個？」

「那不好意思咯，因為我看房間很貴的樣子，所以這一次我就不和你 AA 制了，你比我有錢多啦。」

「嗯，沒想著讓你 AA 制，有這工夫不如多去掙點錢了。你快看啦。」他反手帶上洗手間的門，

「我很快就好！」

小琴看到第三位選手的時候，家裡來了個電話，她停下來去視窗接了十幾分鐘。再回來時發現iPad鎖住了，她喊了Lucas兩句，沒有回應，小琴走過去敲了敲浴室的門，也沒動靜，估計在洗澡吧？她又回到沙發上玩了會兒手機，Lucas依然沒有聲音。

她決定推門進去看看：「我要進來了。小心哦，我們都是『姐妹』，沒關係的。我就是看看你怎樣了，我怕你暈倒在裡面了。」

推開浴室的門，Lucas躺在浴缸裡，閉著眼睛一動不動。

「Lucas！你沒事吧？」小琴受到驚嚇，顧不上害羞，趕緊跑過去拍他的臉，一下、兩下、三下，一下比一下重。

「痛，痛……」Lucas緩慢地睜開眼睛，有氣無力，「你都要把我打死了。」

「你怎麼了？」小琴看了眼洗漱台，上面有個小設備，有膠管，有針頭……

「你……你吸毒？」小琴的心提到了嗓子眼。

「你稍微回避一下，我沒事。」Lucas想從浴缸裡起身。

「你別起來，你現在就跟我說清楚到底發生了什麼。」

「你？我……」Lucas苦笑起來，很費勁。

「你怎麼會吸毒？你為什麼要吸毒？」

「Sunny，你稍微冷靜點。我沒吸毒，這不是吸毒工具，你吸過嗎？一看你就沒吸過，頭疼……」

Lucas覺得好笑又無奈，「我有自身免疫性疾病，嚴重的，所以一直戴著那個設備……那是胰島素泵，提供胰島素的。我身體無法分泌胰島素，如果沒有它，我會隨時掛掉，剛才只是有點低血糖，發暈，如果你不進來，我也不會死，只是會恢復得慢一點，你別著急。」Lucas 的苦笑轉變為尷尬的笑。

說實話，Lucas 說了那麼一串，小琴並沒有聽懂。

她覺得 Lucas 只是欺負她一個女孩什麼都不懂，隨便編的謊言。

「自身免疫性疾病？」

「準確地說是一型糖尿病……」

「糖尿病？」小琴愣住。

「怎麼？帥氣的小夥子不能得糖尿病嗎？」

「不不不，我是覺得……」小琴真的無論如何也無法把 Lucas 和糖尿病聯繫在一起，「糖尿病不是老年人才會得的嗎？」她臉上開始有了一些抑制不住的驚奇和好奇，以及似笑非笑的表情。

「行了，你先出去。我先收拾，我一會兒再和你說。」

小琴很蒙地退出浴室，坐回沙發上，聽著裡面的動靜，拿出了手機，查起了1型糖尿病的症狀：1型糖尿病患者體內可以產生胰島素的細胞已經受損了……就只能終身依賴胰島素治療了，所以從理論上來說，1型糖尿病目前是無法根治的……起病比較急劇……必須用胰島素治療才能獲得滿意療效，否則將危及生命……若不及時處理，常導致死亡……

無法根治，危及生命，導致死亡……這些詞就在她腦子裡一直打著轉。

Lucas 有絕症。

我認識的 Lucas 有絕症。

她突然哭了出來，她不是一個心軟的人，小時候家裡養的貓狗走失，她不流眼淚，被人欺負不流眼淚，被人劈腿不流眼淚，此刻她窩在沙發裡為一個第二次見面的異國男孩哭了起來。

她愛他。

不是愛情。

但是她知道她愛他。

Lucas 從浴室出來，穿著大大的浴袍，像往常一樣。

小琴紅著眼看著他，為剛才自己的唐突感到抱歉，又為 Lucas 接下來要說的話感到難過。如果自己不推門進去，或許永遠都不會知道他身上別著一個救命的儀器。

Lucas 貼著小琴的身邊坐下來：「嚇壞了？」

小琴搖搖頭，沉默了很短暫的時間，問：「如果我剛才不推門進去，是不是我永遠都不會知道這些？」

Lucas 第一次有些不自然：「我會告訴你的吧，可能是等你離開美國的時候，也可能是你回到國內的時候，但我覺得說不說都不影響咱們的關係，對吧？」

「你什麼時候有這個病的？」

「兩年前，突然在配貨的工廠裡暈倒了。」

「你家人知道嗎？」

「不知道，不想讓他們擔心。他們離我也遠，我也沒打算再回去。」

又是沉默。

就像一顆鋼球砸中了玻璃的正中央，玻璃碎片掉了一地，他們都知道自己有能力將玻璃拼成初始的形狀，也能忽略掉那些裂縫，只是那一地玻璃折射出的光讓兩雙眼睛不知道該看向哪裡。

Lucas 打破了僵局。

「我和你說說我的成長環境吧。」

「嗯。」

十、我把孩子藏在自己的身後

Lucas 並沒有出生在一個幸福的家庭。

按他的話說，爸爸是別人的老公，媽媽是不被爸爸承認的老婆。

自從出生之後，他能見到爸爸的次數並不多，印象裡一個月也就見一兩次。最初他很不理解，叛逆期也質問過媽媽，但這些都過去了，他知道媽媽愛爸爸，也慢慢知道爸爸也愛媽媽，也愛他。

他的爸爸是當地小城的大老闆，家族龐大，街坊鄰居都知道他和媽媽的故事，表面上客氣，私下從不和他們走近，所以他從小便沒有朋友，每天都處在不符合自己年齡的困惑裡。

為什麼爸爸不承認我？

為什麼我不和爸爸住在一起？

為什麼媽媽要一直等爸爸？

為什麼爸爸要讓媽媽一直等他？

我們等爸爸要等到什麼時候？

帶著這樣的疑惑，他從小學到初中，從初中到高中，然後以當地第一名的成績考上新加坡國立大學商業管理專業。雖說從高中開始，爸爸便安排他和媽媽住進了大家族的宅子裡，但他真正意識到自己靠不了媽媽，媽媽只能靠自己，便是從他上大學開始。讀大學前，爸爸給他辦了風光的升學宴，有頭有臉的人都來祝賀，誇獎他果然是他爸的兒子。Lucas 並無怨言，也很配合，他那聰明乖巧的模樣也隨他爸，是標準的美男子。那天之前，他能理解並接受所有生命裡與生俱來的不公，但理解和接受最大的作用是讓自己不抱怨。若要說他心裡沒有任何心氣就大錯特錯了，他也想過把所有失去的東西都拿回來，拿不回來的也要等價交換回來。

Lucas在心裡又強調了一遍：「我把賬算得很清楚，知道總有一天會收回來的，所以不氣，不委屈自己，也不想讓媽媽為難。如果得不到，我便有其他的打算。」看著眼前的一切，他眼底只有媽媽一人。媽媽穿了件大紅色的旗袍，站在爸爸身邊開心地笑著。爸爸沒有邀請其他姐妹的媽媽，一是表達歉意，二是傳達唯一性。Lucas隨爸爸到處認識新長輩，又隨著新長輩重新認識那些過去抬頭不見低頭見的同齡人，從多年的陌生、冷漠、鄙視到突然的熱絡，看起來只是需要一個家庭的身分。

這就是爸爸想讓他知道的答案。

慶功宴正酣，爸爸把他叫到書房，問他什麼感受。

他越過了爸爸想知道的答案，誠實地說：「如果我稍微有偏差，沒有考上國立大學，沒有進入商科，沒有成為第一，哪怕我是你兒子，應該也得不到這些。所以，人只能靠萬無一失的自己。我很感謝這三年來你為媽媽和我做的一切，雖然晚了一些，但總比不來好。我也希望未來你能對媽媽一直那麼好，她最好的時光都被荒廢了。」

他其實很懊惱這一次跟爸爸的對話，畢竟這是他們第一次這麼認真地聊天。

他一直幻想著有一天爸爸會帶他去露營，躺在大自然，在星空下，談時間，談光年，談星系，談黑洞暗物質、量子效應，討論星際穿越、時間有無開端、宇宙有無邊界。怎麼聊都行，不需要任何答案，哪怕不聊這些，談談這個世界是先有雞還是先有蛋也行。為了能和爸爸聊到一起，他都想好了，如果爸爸說先有雞，他一定會說先有蛋，因為只有雞蛋才能孵出雞。如果爸爸說先有蛋，他就說先有雞，因為雞蛋要靠雞孵，靠雞的溫度才能破殼，如果沒有雞去孵，蛋也變不出雞。

他訕訕地邊說邊笑，小琴卻聽出了孩子最遺憾的調調。

沒有野營，沒有談先有雞還是先有蛋，而是在交際場合中找了一個想要印證什麼的空當聊起了生存的尊嚴。Lucas 把心裡那個十八歲的孩子藏在身後，用一副長大成人的臉和爸爸談判：「我承認我是你兒子唯一的條件是你要對我媽好一點。」

說完這句話，自己也愣住了。

他看著爸爸的表情，知道自己贏了。同時他輸掉了自己一直保留下來想給爸爸的那些東西。他無法像個孩子，只能像個大人。他心裡在哭，臉上卻波瀾不驚。他很希望爸爸會對他說：「那麼嚴肅幹嘛？來，說點有趣的，那些你一直想對我說的。」如果那樣，他一定會大哭，上去擁抱爸爸。但爸爸沒說，爸爸低著頭，看得出滿是歉意和自責。

「對不起。」爸爸對他說。

「不用對不起，我知道你也盡力了。」Lucas 依然像個大人。

從書房出來，Lucas 突然索然無味，他不想報復，也不想再去證明什麼，他把媽媽交還給爸爸，然後下定決心再也不回家了。大學畢業後，他在新加坡找了一家公司打工，申請到上海工作一年，然後辭職來美國，打算移民。

「戀愛談了兩場，一次你知道，一次因為這個病，隨時會死，也給別人帶來麻煩，趁雙方了解還不夠，斷了也就斷了。」

「如果對方知道你是因為這個才提的分手，回來找你，你會願意回頭嗎？」

「你這個問題就像我和我爸第一次聊天時我做的假設，因為一切都未如想像那樣發生，也因為我們都在用最理智的情緒生活，所以我們才走到這裡。」Lucas 把頭靠在沙發背上，朝著半空長長歎了口氣。

「我很想抱你一下啊。」

「嗯？可憐我？」Lucas 歪著頭看著她。

「頸後有疤，腹部有孔，心裡有傷……」她說的是實話，卻忍不住笑了，「可憐的人值得同情，但強大的人值得佩服。我想抱你不是給你力量，你根本不需要我的力量，我就是想抱你一下。」

她張開雙臂。

Lucas 也張開雙臂。

「要閉眼嗎？」

「閉吧。」

兩個人緊緊地擁抱在了一起，像風中遇見的蒲公英，像秋天遇見的落葉，像浪花裡被拋往沙灘的寄居蟹，能取暖嗎？能活過來嗎？其實，遇見的意義原本也沒那麼了不起，但能讓似乎放棄了的自己產生一種訝異，原來世上還有和我一樣的人啊，這種遇見就很了不起了。

心理上的不孤獨，才是真正的不孤獨吧。

十一、我覺得你比我還要慘

擁抱不知道過了多長的時間。

不是為了抱在一起而抱在一起，而是突然覺得不想說話，突然想了解對方，於是抱在一起，去感受對方的心跳、體溫、味道，接收對方髮絲裡傳來的信號，也讓對方感知那些沒說出來的一切。

這樣的擁抱，你有過嗎？

「謝謝你哦。」Lucas 說。

「我的媽啊，我正要跟你說這句話。」小琴瞪大了眼。

「也許咱倆，就是同一個人吧。」

「那你別再突然暈倒了，你也別死了。」

「我問你一個問題。」Lucas很嚴肅。

小琴也很認真地做好了回答的準備。

「1型糖尿病聽起來是不是很不配我？你覺得換成什麼別的病會更契合我？《冬季戀歌》看過嗎？白血病是不是比較帥一點？」

「喂，你腦子有毛病，阿茲海默症最適合你。」

兩個人又同時陷入沉默。

「Lucas，我是說正經的。很多事情你沒有遇見之前就是一無所知，所以就算老天從你生命中拿掉這一塊你也不會在意，可一旦遇見了，再失去……」

「我懂。」Lucas伸出左手攤開在沙發上。小琴伸出右手，很自然地握了上去。

什麼都不說，就挺好的。

一座陌生的城市，兩個漸漸熟悉起來的人。海風在城市的古舊建築中穿梭，關上窗戶的房間裡的兩個人的心綁在一起跳動。小琴跟Lucas說著自己的故事，她的故事不複雜，她的成長、人生、人設一直都在別人的期待中成形，像個流水線合格品。這一次來美國，算是人生中第一次真正意義上的逃離。

「嗨，Lucas。」小琴喊。

「嗯，我在。」

小琴嘴角微微上揚，人和人之間的對話要如何才能這麼妙。她不知道是Lucas妙，還是剛好他的每個回答都讓她覺得新奇又符合常理。這些細節被摻和在每個日子裡，讓每天都變得和以前不一樣。她有個口頭禪，在分享一件事情時總是會先說「你知道嗎……」。第一次對Lucas說「你知道嗎」時，話還沒有落音，Lucas立刻扭過頭看著她，一副特別哈士奇的樣子急迫地問：「是什麼，是什麼，我真的好想知道！你快告訴我。」

小琴光顧著哈哈大笑，忘記自己要說什麼了。

外人看到一定說這倆真喜歡打屁，只有他們知道這是一種可遇而不可求的默契。

「嗯，Lucas。」小琴喊。

「嗯，我在。」Lucas靠在自己的床上眯著眼有一些睏了。

「那個，越南菜是你請客，車票是你買的，酒店的錢也是你付的，今晚的西餐本來說是我請你。你說這是一個陌生的城市，你算半個美國人還是要請我，讓我回洛杉磯請你。因為我，你的車要停在停車場兩天，本來你可以不花這份錢的。我是一個和朋友在一起很討厭說錢的人，但我……」小琴劈裡啪啦地說了一大堆，思緒凌亂。

Lucas就悠悠地說了一句：「好的啦，沒問題，聽你的。」

「嗯？你知道我要說什麼？我還沒說完呢，你先聽我說完。」

「你那麼認真地開了頭，那麼認真地說了鋪墊，所以你的結論一定想了很久，雖然作為一個男的，我也不喜歡聊這個話題，但聽你的。」

「你真的知道我要說什麼嗎？」

「你不就是打算包養我嗎？」Lucas睜開眼睛，一臉鬼笑。

「我……對，沒錯，姐姐從現在開始就要包養你了。你把錢給我都存起來，不能花在我身上，以後也不能花在任何一個人身上，只能花在你自己身上，知道了嗎？」

「嗯。」

「我還有一個問題想問你。」

「你說。」

「你身上別的那個小機器，需要用電嗎？萬一突然沒電了怎麼辦？」

「我看你的手機那麼耗電，你卻永遠都能讓它保持百分之五十以上的電量。我這是救命的電，比你只能有過之而無不及。」

「也是。我只是有點好奇。那明天我們去哪兒？」

「去海邊，車我已經租好了，明天上午十點去取。」

「好的，那睡吧，晚安。」

「晚安。」

Lucas很快就睡著了，呼吸很輕，是個睡相很好的男孩子啊！

摁滅了床頭的燈，小琴心裡有了新的計劃。

十二、我不是最好的，我只是你見過的最好的

「你的睡相很好，像你睡相那麼好的男人真的很少了。」早餐廳，小琴突然想起這個優點。

「你這麼誇我，只會讓我誤會你遇見過很多睡相很差的男人。」Lucas喝了一口咖啡，很認真地說。換作以前，小琴肯定會手忙腳亂地解釋，但和Lucas在一起，她吃得下對方說出來的每一句話。

酒店提供三種早餐，Lucas給他倆要了兩份一樣的，一大碗新鮮又美味的漿果配蜂蜜華夫餅。

「沒想到這種水果早餐這麼好吃，你很會挑嘛。」小琴讚不絕口。

「呃，我只是看了圖片，覺得拍照會比較好看，沒想到你都吃完了。」

「啊！我怎麼忘記拍照了！明早我們還來吧？」錯過了一張好看的早餐照片，好心情立刻垮了一半。

「幸好你去洗手間的時候我拍了，那就送給你吧。」說完 Lucas 就把照片傳給了小琴。藍莓藍得發紫，草莓泛紅，獼猴桃透著清晨的活力，醋栗很飽滿，每一顆都是精挑細選過的，芒果粒散發著好吃的橙黃，青提[1]點綴其中，就連楊桃的甜都沒有被蜂蜜給壓過去。

如果不是 Lucas，也許自己這一輩子都吃不到這樣的早餐吧。

和錢無關，而是世界太大，美好又太多。大多數人遇不見美好就失望了，少數人一直在追尋美好卻求而不得，極少有人能通過其他人看見另一個世界中自己所觸及不到的美好。小琴心裡雖是這麼想，但她更清楚，如果遇不見這樣的人，也就不會有這樣的感悟。所謂美好的事，也許是因為有了 Lucas 才變得美好。

「你睡著後，我昨晚做了一個計劃……你想知道嗎？」

「我不知道，我太想知道了。你快說，我怎麼那麼想知道！」Lucas 又一副哈士奇的臉湊過來。

哈哈哈哈哈。

旁座的人對這邊的笑聲側目，但看到兩位年輕人笑得那麼燦爛，也不禁被感染了。小琴的計劃很簡單——交換兩人最想幹卻一直沒有幹成的事，小琴把接下來兩個月裡所有的假期都留出來，和他一起去完成。

「真的假的？」

「當然是真的。」

以前覺得缺錢，後來覺得缺時間，其實是缺一個人。有了那個人，沒錢也沒事，家門口繞幾個彎都有甜甜的味道。沒時間也沒事，發個手機短信都感覺在約會。對小琴來說，Lucas 就是那個人。

「這些不是和最愛的人一起去完成的嗎？」Lucas 一臉詭笑。

「咯，如果你現在不猶豫的話，立刻就可以不是。」

「我想去海邊看海豹曬太陽，想去環球影城，想去拉斯維加斯贏點錢，看《澤西男孩》音樂劇，把幾家最好的酒店的海鮮自助餐都吃一遍，還想去波特蘭吃當地新鮮的火腿……」Lucas 突然喜悅起來，他身體裡好像有一個懼怕世界的小男孩，終於被小琴放出來了。他也覺得自己是不是興奮過頭了，打算收斂一些。小琴立刻說：「繼續，我很喜歡看你說話時自帶笑聲，讓人很高興。我也很喜歡看你吃飯的樣子，好像什麼都能吃得很香，讓人很有食慾。其實你這樣比較好，如果你總是像個大人一樣照顧我，我會喪失思維能力的。不過話說回來，你想去的地方還挺多的，但也挺容易實現，你都來五年了，還沒去過，是因為身體？」

「身體只是在很多半推半就時的理由，和一群人去感覺也挺無聊的，彼此要照顧感受的旅行比一個人待著還累，又沒有出現一個讓我覺得非要一起旅行的人不可。而且美國幹嘛都挺貴，既然沒興致就不如攢錢。讀大學之後，我每個月都會給我媽寄點錢，她倒也不缺，只是讓她安心，覺得我過得不錯。大概是這樣吧，你想去哪裡？看看你的品味如何。」

「我想去洛杉磯的天文臺，我喜歡艾瑪．斯通，聽說她在那邊取景拍了一部音樂劇，想去看看；還想去帝國大廈，你懂的，我喜歡《西雅圖夜未眠》最後男女主角相見的場景；我還想去玩一次漂流，可以肆無忌憚的那種。在國內，女孩都不敢玩，說太冷了對身體不好，也沒合適的夥伴，家人覺得我

編註1：綠色葡萄。

太瘋了，總之就是想去玩一次漂流。對，也想去環球影城打卡。以及沒有認識你之前，我就計劃好了，課程結束之後買一輛二手車，自駕去一號公路，沿著太平洋一直開下去，開幾天，然後把車賣了再回國。欸，你要參與嗎？可能不行吧，你還有工作，我都忘記了。」

還沒等 Lucas 回答，小琴突然想起 Lucas 在美國是有工作的人，哪能像她一樣放肆。

「那你知道我的工作什麼時候最忙嗎？」Lucas 笑著問，也沒等小琴回答，便告訴她，「我是每天晚上以及週末最忙，因為兼做客服嘛，客人投訴和提問比較多。」

「就是現在？」小琴用手指指指地上，此時此刻？

「對啊，現在就是我最忙的時候，你看不出來吧？哈哈。所以我去一號公路是沒問題的。」

Lucas 很明確就做了決定。

「是完全沒問題，還是應該沒問題？」

她立刻擺擺手，就當自己沒問過這個問題。在國內待久了，她有些不太習慣 Lucas 的表達。Lucas 的表達裡就沒有「應該」「很大可能」「爭取」「盡力」之類的詞，行或不行，就代表了他當下所有的情緒。

他就沒學著給自己的行為找條退路。

小琴又理解了自己喜歡 Lucas 的理由，她之前覺得他吸引自己是因為幽默，因為乾淨，因為聰明，這些都是她喜歡的，也是她的交友準則。後來她完全信任他是因為他值得被信任，做事細心。而現在她知道自己為什麼那麼喜歡 Lucas 了——他如果信任你，就毫不隱藏自己，你不必去猜他每句話背後的意思，他也盡量不讓你感覺到困擾。能做到這點的人，似乎只有眼前的 Lucas 了。

「怎麼了？」Lucas 舉起杯子在小琴眼前晃了晃。

「沒什麼，我已經想好了下週去幹嘛了，我們去約塞米蒂國家公園吧。」

「嗯？怎麼那麼突然就做了決定。好啊。」

「你不是說自己想睡在大自然，看著星空，隨便聊些什麼嗎？」

Lucas 愣了一下，小琴也就尷尬了那麼一小會兒。當她聽到 Lucas 說想和爸爸一起露營、一起看星空、一起聊天的時候就想著，如果他還想完成這些事情的話，自己一定要陪著他才好。Lucas 的眼睛紅了，小琴伸出手摸摸他的頭：「你的帽子歪了。」

十三、我們共同的願望清單

小琴拿出手機給我看她和 Lucas 一起旅行的照片。

一張是小琴在洛杉磯天文臺上，用手機閃光燈寫了一個巨大的 LA。為了拍這張照片，Lucas 調試相機十幾次，終於成功了。

「以前拍照，拍兩張拍不好就不拍了，覺得麻煩，也會嫌棄拍照人技術不好。但和他在一起就不覺得麻煩，反而兩個人會一起埋頭研究哪裡出了問題，也不在意旁人怎麼看。後來居然成功了，所以我們一起上了帝國大廈，從下午一直待到晚上，就為了拍夜幕下的紐約。你看就是這些。」

一張一張照片滑過，是紐約城從白天到夜晚的轉換。

「我和他就在一〇二層天臺上，看著身邊遊客換了一撥又一撥，但我們一點都不覺得無聊，就趴在欄杆上，靜靜看白雲飄過，看日光變幻，看紐約的燈一點一點地亮起，照亮整個夜空。這張照片是我倆最喜歡的，我們都洗了出來掛在客廳裡。這幾張是去波特蘭漂流，早上八點就開始漂，一直漂到下午兩點，上午溫度不到十攝氏度，中午才慢慢回暖。整個漂流只有前五分鐘我很興奮，之後的兩個多小時我都在懊惱為什麼自己要拖著 Lucas 來玩這個。Lucas 也冷，嘴唇都烏了，還一直跟我說笑話，轉移我的注意力。你看到這張沒，這是中途路過的懸崖，有十米高，嚮導問誰有膽量爬上去跳下來。Lucas為了讓我熱熱身，就主動爬上去跳了下來，他鼓勵我也這麼做。我真的跳了，整個人掉進水裡，冷到不行。大家都為我鼓掌，上了皮筏艇就開始覺得身子暖和起來了。他們每個很重要的景點都有專門的攝影器材，這些照片都是他們免費提供的。你看，我們每個人的表情都很猙獰。」

「噢，這就是他。」

一號公路上，Lucas開著車，夕陽迎面打在他的臉上。小琴估計想抓拍一張他的側臉，然後他的臉朝小琴的方向很配合地轉過來，一個四十五度角的右臉微微笑著。黑T恤外面穿了件棉質的白襯衣，袖子挽到胳膊上，一個黑色的棒球帽，五官堅毅，鍍了層夕陽的金邊……和小琴形容的一樣，像男人也像孩子，堅毅又柔和，蕭蕭肅肅，爽朗清舉。

約塞米蒂國家公園裡，Lucas訂了靠近湖邊樹林裡的獨棟木屋。

夜間的紅杉林起了很重的霧氣，濕涼涼的，月光很亮，透過隱約的樹影，可以看見湖面泛起的銀光。Lucas將兩張椅子放在木屋簷廊上，用木炭生了火，拿了很厚的羊絨毯，加熱了兩杯牛奶放在椅子把手放飲料的地方。

「你見過月亮落山嗎？」

「沒。」

「今天帶你見識一下。」

「真不睡了？我倒沒事，但你開了一天車，明天還有一天，不累？」

「那明天你來開？」

「哈哈，行啊，如果你在車上睡得著的話，我沒問題，反正我特意申請了國際駕照還沒試過。」

「算了，還是我來吧。你的國際駕照下次用好了。」Lucas 很隨意地說了句。

這句話說出口，彷彿在半空中觸碰到了什麼，兩個人都不約而同地端起了杯子，各自喝了一口，想要把喉頭某個噴發而出的東西給咽下去。

下次用好了。

小琴心裡咯噔了一下。

其實她早就想到了這一天，那天她握著 Lucas 的手，像兩個流浪很久的人遇見了彼此。那時她就在想，如果一個人沒有進到自己心裡，什麼事都沒有，但像現在這樣，總有告別的一天，該怎麼辦？是提早當玩笑說出來，還是一直不提，等到告別前一天再聊？

愈是熱鬧的相聚，愈有慘澹的分別。

小琴和 Lucas 都在刻意回避這個話題，沒想到卻在隨口的玩笑中被提及了。

其實也不是玩笑，而是心心念念在考慮的問題。沒認識 Lucas 之前，對小琴來說，每過一天只是離回國的日子近一天。認識 Lucas 之後，每過一天就是相聚的日子少一天。兩個人明明不是戀愛，甚至比牽手更親密的舉動都沒有，為何卻像心裡被挖走了一塊。

她在想如何緩解這種尷尬。

又是 Lucas 先開口：「感覺咱倆認識就在昨天，怎麼時間能過那麼快？」

「中國有句老話，和錯的人在一起度日如年，和對的人在一起光陰似箭。證明我們的相識是對的！」

「不僅是對的，感覺都是滿分的試卷。」

小琴故作輕鬆地拍了拍 Lucas 的肩膀：「沒關係啊，以前不來美國是因為沒啥理由來，但認識你之後，就可以常來了啊。而且如果你有假期的話，也可以去中國嘛。」

「話是這麼說，我不喜歡這種感覺。」Lucas用胳膊撐著後腦勺，抬頭看天，「人和人之間最好的關係就是不用去維繫，也能很好。但我和你，如果不維繫，就永遠也走不到不必維繫的階段吧。不過說這些也沒用。」

「Lucas。」

「在。」

「你後悔咱倆認識嗎？」

「你覺得呢？」

「那我換個問題吧，你認識我開心嗎？」

「開心。」

「我也是。」

「如果你是我弟就好了。」

「你一早不是覺得咱倆是姐妹嗎？」

「現在也覺得是。」小琴咬著嘴唇，一副很得意的樣子。

「Sunny，你知道為什麼我喜歡跟你在一起嗎？」

「我好想知道！你快告訴我！」小琴學會了Lucas的語氣。

「就是你剛才這樣，你讓我覺得你不是Sunny，不是小琴，也不是異性，你像我想像中的那個人。就是我可以把從小到大所有的感受都告訴你，你就像當時陪著我一起成長，在我身邊的那個人。你懂，你也願意傾聽。如果不是你，那扮演這個角色的就是我自己，但你出現了。」

「你什麼時候發現我是那個人的？」

「和新朋友認識都像玩迷宮遊戲，以往遇見的人，聊幾句就到了死角。但和你，一直在通關，轉個彎就是新的路程，看到新的風景。就像此刻，我們坐在這裡，森林、月亮、星光、湖水，像夢。這不是我的人生，我也沒有這樣的興致，但因為你，我覺得這就是我最喜歡的樣子。」

「Lucas。」

「嗯。」

「我有寫日記的習慣。」

「嗯。」

「我把每天發生的事寫在了日記裡，你剛才說的就是我想在告別時告訴你的。我發現人和人之間的關係有那麼多種，以前我很膚淺地認為異性之間最好的關係是愛情，但現在我不這麼認為，我覺得是愛，沒有那個情字。你知道嗎？愛這個字在詞典裡的解釋是對人或事物有很深的感情。而情這個字沒有解釋，它連在愛的後面，只是為了稀釋愛的成分。愛情不如愛，情毫無意義。」

Lucas 看著小琴輕輕地點頭以示理解，聽到最後一句忍不住笑了起來：「如果不是我，這個世界上應該沒有人聽得懂這個意思吧？」

小琴聳肩：「沒事，所以我才寫在日記裡。日記是我理解自己的方式，也不求其他人理解。」

「啊，你等我一下。」Lucas 突然想起了什麼，猛地站起來進屋，打了一通電話，又跑了出去。

小琴看著幾十米外銀色的湖面，森林裡的月光把一切都裝點得寧靜。此刻她是幸福的，有一個人可以讓她透透徹徹地把所思所想告訴他，不必猜忌，也不必掩藏。她很清楚 Lucas 對自己是特別的，自己對 Lucas 也是。比愛情簡單，比友情親密。

Lucas 一臉燦爛地回來了，舉著兩個鋼叉和一大包東西。

「我果然很招人喜歡啊，我忘記去領烤棉花糖的工具了，剛去的時候都被借完了，但是前臺小姐姐把她的借給我了。」

烤棉花糖？

小琴從躺椅上噌地坐起來，她從未見過這樣的吃法。

「我也是第一次烤，哈哈，如果不是和你一起，我都忘了這件事情。」Lucas 把一個鋼叉給了小琴，給了她一塊棉花糖，「對，放進去，把表皮烤焦就行。啊，起火了！唉，這塊不行了，都糊了。來，換一塊吧。」

小琴和 Lucas 圍坐在炭火旁，像兩個五六歲的孩子，立刻就忘記了剛才的不快。

如果你能遇見這樣一個人，是倒數著珍惜還是寧願從未遇見過？

十四、沒有如果沒有，也許只有現在

從聖地牙哥到拉斯維加斯，從波特蘭到三藩市、費城，從華盛頓到紐約。

抬頭看兩千歲的紅杉樹，在懸崖邊聽海浪拍打的迴響，落地拉斯維加斯時機窗外的斑斕，西南航空差點弄丟的行李，波特蘭漂流時突破天際的喊叫，兩個人坐在候機廳的地板上候機，舊工廠裡的西餐廳，騎著自行車繞城市一圈，葡萄酒莊的酣暢大飲，開車穿過一號公路太平洋的霧氣，迎向未來。

站在 911 紀念廣場的方形水池前，四周的人工瀑布形成流水匯入中間的深淵，隆隆的迴響中有巨大的別離感。小琴和 Lucas 站在刻滿逝者姓名的牆壁前，一種莫名的傷感湧上心頭。

時代廣場的階梯上，年輕人一撥又一撥地拍照合影，每個人的臉上都映著各種大螢幕廣告的色彩。還有三天，兩個人就要告別，在熱鬧異常的紐約街頭，誰也發現不了小琴和 Lucas 眼裡的不捨。

「你還想去哪兒？」

「隨便去哪兒都行。」

「那我帶你去我第一次到紐約住過的地方吧，布魯克林區，挨著布魯克林大橋。」

布魯克林大橋鬧哄哄的也都是遊客。

走了一段，兩人找了一條長凳坐下，某種情緒在醞釀。

「那個……其實，我們也不用那麼難過。如果我們那麼在意告別，那就認認真真告別，認認真真告別是為了做好準備再也不見。所以，我們不必這樣，隨意點吧。」

「如果太隨意，萬一真的是最後一次見面呢？」小琴問。

「唷，我的病是個慢性病，不會突然死的。我會堅持到我倆再見的那一天死的。而且，告別和認真與否沒關係，也許未來你會因為真正想認真告別一次而再來見我也說不定。」

Lucas 吐吐舌頭。小琴生硬地擠出一個笑臉。

「如果……」小琴說。

「沒有『如果』，只有『只要』……」Lucas 打斷了小琴的話。

小琴也就不再繼續說下去了。一開始什麼話都直來直去，想讓對方知道自己是誰。但此刻什麼話都只能埋在心裡，就算不說，對方也知道要說什麼。從孩子般的交往到成年人的相處，不過短短三個月的時間。

最後兩天，兩個人吃了四川火鍋、泰國菜，每餐都喝了酒，一切像流水般正常。很識趣地，沒有倒計時，只有一起走往截止日期。

小琴離開那天，到了機場，Lucas 幫著小琴看指示牌，看著她換票、托運，問她餓不餓，又在機場的一層找了家簡易的漢堡店坐下來。

Lucas 買了兩個漢堡，加了兩杯啤酒。

他說：「第一次見面喝了啤酒，今天也要喝。」

小琴說：「回去就千杯不醉了。我媽昨天問我這幾個月學到了什麼，我說學會了喝酒。」

兩個人說話像下雨，每滴都不挨著，那麼大一片天空，細細密密。

吃完漢堡，喝完啤酒，時間被一直拉扯著，誰也不肯先放手。

「你進去吧，我回洛杉磯的飛機也要到時間了。」Lucas 說。

「嗯。那我走了。」小琴從座位上站起來。

「我送你到安檢口。」

「好。」

兩個人一前一後走著，一路也沒說話。小琴偷瞄 Lucas 一眼，正好撞見 Lucas 看她，兩個人都尷尬地撇撇嘴角。

「到了，好快。」

「是啊，好快。」

誰都不知道該怎麼辦。

還是 Lucas 先開口：「你要進去了，我們就要告別了，最後我們再交換一句話吧？」

小琴沉默了一會兒，然後湊到 Lucas 耳邊，略帶玩笑地問：「我特別特別想問你一個問題，那我就問咯，你不是彎的吧？」

Lucas 輕輕地笑了笑，左手搭在小琴肩膀上，右手摸了摸她的頭：「那我也問一個問題吧，你真的回去就要結婚嗎？」

兩個人看著彼此。

成年人的世界有些複雜，有些話是問題，也是答案。

「你快進去吧，到了告訴我。」

小琴轉身揮手告別，轉過通道，然後又透過轉角的空隙偷偷地看外面的 Lucas。他看著自己離開的方向發呆了幾秒，然後利索地轉身朝國內的安檢口走去。

小琴靠在角落難過了很久，像身體裡突然缺失了一塊。

兩個人最後的對話像下雨，每滴與每滴都不挨著，那麼大一片天空，細細密密的都是遺憾。散場後，他倆說過的話最終都落到了地上，連綿成了一片，像汪洋，翻滾起思念。

我把故事寫了出來。

小琴發給了Lucas。

小琴沒有結婚，和Lucas約了幾個月後去西班牙見面。

我問小琴：「那你們到底是什麼關係？最後會成為什麼關係？」

小琴說：「以前你問我人與人的關係，我都能回答得很明確。那是因為我們把自己和對方定義在某一種情感裡，所以就用那種情感去交往和維繫。但Lucas和我沒有用任何情感去定義，所以我們就像是一片黑暗中遇見的兩個人，相互跟隨，也沒有走丟。你聽說過一個遊戲嗎，叫《風之旅人》（Journey）。我把文章發給Lucas後，他說我和他就是在這款遊戲中相遇的兩個人，只不過我們比那些人更幸運，我們是在現實中相遇。」

我下載了那個遊戲，玩了十分鐘。我想絕大多數人都會放棄這款遊戲吧，你操縱的角色在一個未知世界探險、通關，一路只有你自己，你可以到處逛，到處遊蕩，我玩了十分鐘都不知道自己在幹嘛。你有很小的概率會遇見別的玩家，彼此不能說話，不能打字，只能發出簡單的信號。通過信號，你們可以問候，可以告別，可以一起結伴前行，一切都靠默契。你也不知道對方何時要下線，什麼動作代表再見，下一次遇見是何時。我沒有遇見過，我只是遠遠地看著一個山頭有個影子，我很驚喜地跑過去，那個人已經走了，就再也沒遇見過別人。

但我懂小琴說的意思——在孤獨的沙漠裡突然出現一個可以結伴的人，什麼都不用說，他就是你在這個世界裡安心走下去的意義。

成年人之間的愛很複雜，了解了這一句，就會珍惜很多事。

第二章

一個人可以一個人

如果生活一成不變，

那自己對待生活的態度就要改變。

無聊雖然看起來無聊，

但無聊之後，往往才能有的聊。

人生當中很多事，

只要真的堅持去做了，就會覺得超美。

以前覺得很多人喜歡自己真好，

後來覺得自己能一直喜歡一個人才好。

記得住每一年，又看得到每一年自己的改變，

就不會害怕年紀變大。

誰說精采的人生都是別人的

二十出頭時，我是回答不了這個問題的，因為人生在未來，我只希望人生會如自己的想像，為此，我也願盡力去做。

到了三十出頭，我問自己這個問題，思考了一陣，很高興地說：「現在的生活真的就如我之前的想像，甚至比我想像中還要精采。」

我指的精采是自己算是快樂的，雖然會遇見種種問題，但能想方設法解決，身邊也有志同道合的夥伴，總體看起來就挺好的。或許在我二十多歲的認知裡，無論男女，一旦過了三十五歲，人就應該變得很壓抑，各種人際網、人生大事、人生道路都已標注得清清楚楚，難有動彈的可能。而真的到了這個年紀居然發現，還挺好，還能自己做很多選擇，沒有成為被動者。

但現在的人生和我理想中的一致嗎？

顯然不一致。

其實也不怕被笑話，如果需要不假思索地描述，我的人生理想如下：每年能到處旅行，走走停停，有不菲的積蓄，至於多少也不清楚，總之是花不完的那種。除了旅行，要和心愛的人住在人煙稀少、風景絕佳的山谷中，四季輪替，雨天起霧，兩到三個孩子，至於工作什麼的似乎也不在每日的焦慮之內。春天種下花果的種子；夏天有私藏的陰涼和隨時能一躍而下的河流；秋天坐在院子裡喝茶飲酒，清晨去採摘想吃的食物；冬天在壁爐邊聽著喜歡的音樂，隔著落地窗看滿山飄落的皚皚白雪，狗子和孩子在樓下嬉鬧或在雪地裡打滾。朋友們隔三岔五來看我，羨慕我的愜意，我幫他們鋪好白色的床單被套……

寫起來都覺得很帶勁。

但就像在劇本會上我和編劇們彼此常問對方的問題：「主人公的設定真棒，但有一些問題我想問，誰如果想清楚了可以解答一下：他的性格是怎樣的？什麼星座？喜歡過生日嗎？他是如何一步一步走到這裡的？房子是買的，還是租的？自己起的，是買地自己蓋的嗎？他的家庭關係如何？當地還有什麼親戚嗎？做什麼工作養活自己？還是有一筆意外之財？他為什麼要選擇山谷？他喜歡大海嗎？他會做飯，擅長家務嗎？如果不擅長，是不是有個當地的阿姨每天幫他？如果他有愛人，愛人和他是怎麼認識的？愛人也沒有工作嗎，跟著他就出來隱居了？兩個孩子，是男孩還是女孩，還是一男一女，抑或是雙胞胎？孩子上幼稚園怎麼解決？之後的教育呢？山谷裡哪裡有學校？他們有車嗎，還是走路出山？如何添置日用品？那個地方能網購嗎？整個居住區裡還有別的鄰居嗎？離他們最近的鄰居有多遠？鄰里關係如何？他的父母呢？為何父母不和他住一起？還是父母離開了？那他們老家還有親戚嗎？……」

半秒之後，我放棄了這個理想生活的打算。

想像當然很美好，然而我們卻活在現實。

現實究竟有多現實？我回望了自己三十多年的人生，全然沒了之前的喜悅，原來我的人生極其普通。

十八歲前，被教育要努力學習，要考上一個大學。我考上了。

上大學，一定要選一個方便找工作的專業，我選了中文系。

很順利地，大學畢業後我找到了一份電視臺記者的工作。

工作兩年之後，想出去看一看，也沒有離開傳媒行業，做了一名北漂，進入了一家不錯的傳媒公司，從策劃崗位做起，中間經歷了一次很短的跳槽又回到老東家，就這麼連續工作了十五年，換過十二個崗位，成了一個不大不小的管理者。在這樣的傳媒公司也並沒有什麼特別，每週一的早晨都是公司例會，滿滿當當的人擠滿大會議室，晚到的人沒有座位就站著，遲到的人會被人力記錄，按遲到時間罰款。這些年我站過，也被罰過款，以至於到今天，每週一我都要給同事發資訊：「別忘記，先幫我占個位子，我不想站著。」

在這樣的北漂日子裡，結束了一個專案，立刻又開始另一個。公司永遠在催促：你們的計劃呢？你們的年報表呢？你們預計自己的收入是多少？利潤是多少？你們是否遵循著公司的末位淘汰制度？你們手上有幾個項目？還有什麼有苗頭在籌備的項目？

好的。好的。好的。好的。

一晃十五年過去，一件事又一件事，老闆依然那麼拚，同事跳槽、離開、回來，或在另外的合作專案中遇見，連感嘆都免了，一個心知肚明的笑，這不就是我們的人生嗎？

除了工作，聊聊人生。

北漂時的前三年，天天加班到深夜，不是覺得朋友不重要，而是忙到不需要朋友。我媽問我什麼時候回湖南工作，我說快了，讓我再看看外面的世界。過了第三年，我媽認為我還沒看夠北京，就幫我攢了一筆首付，幫我在北京四環外買了一個六十八平方米的一居室。

二十七歲那年，我咬牙貸款買了輛自己喜歡的車。

三十歲，存款不超過十萬，那年的生日在一家小小的湘菜館，本想著和幾個朋友胡亂鬧一下就迎接新人生，沒想到喝醉了，拍了不少出洋相的照片。前幾天看到那些照片，有些朋友已經好幾年沒有見了，最大的變化是我們還死扛在北京，而那家總給我們預留小包間的湘菜館倒閉了。

以前天天盼著雙休日，現在雙休日不敢休息，知道自己要做什麼事，不做完就永遠沒人幫你做。在公司負責過一個項目又一個項目，熟悉了一批又一批導演和演員，然後因為各自有了下一個項目，從每天見面到不再見面，到朋友圈偶爾互動，最後大家逐漸失去了聯繫，就好像什麼都沒有發生過，唯一的交集就是電影片頭或片尾寫在一起的名字。

這樣的生活有趣嗎？

就這麼被我寫下來真是超無趣的。

無趣的生活中，總得找點樂子吧。

我開始喜歡上看外國電影，初衷並非真喜歡看電影，而是喜歡看國外的樣子，就好像自己躲在出租房裡打開任意門真的去了一趟。

睡前看書，尤其愛看有很多地點的書，我曾買過一整套帶圖片的彼得·梅爾的「普羅旺斯」系列書，很貴，但我就喜歡。看著那些地點、那些圖片，然後在心裡描繪一張地圖，想像自己在那裡生活，跟著主人公從農場走向一整片薰衣草田，在山頂吶喊，用盡全身的力量去擺一個很瀟灑的姿勢。你看，我征服了普羅旺斯，我過上了最棒的田園生活，哪怕只是在圖片裡。

闔上書，我清楚地知道，我一年待得最多的地方不過是首都北京和湖南郴州，一個是我這些年必須拼搏的地方，另一個是生我的家鄉。

無聊的日子裡，總得給自己一點希望吧。

三十三歲那年，公司告訴我，我有可能通過人才引進申請到北京戶口，讓我準備材料。我在各個地方開各種證明，搞得精神焦慮，然後立刻安慰自己這是一件多好的事啊，都說對子女有好處，雖然我還沒有子女。當然，最後我也並沒有被引進。

到了這幾年，我又被告知可以參與到積分落戶計劃裡，每年我都計算一遍自己的分數，雖然最後總在還差幾分的懊惱中繼續期待著第二年。

這些都沒跟人說過。

開證明開到想放棄人生時沒有。

被告知我的稿費納稅不算我的個人勞務納稅，很抱歉不能給你算分時也沒有。

嗯，人生，可能就是這樣。

年輕的時候想浪跡天涯，卻邁不出半步辭職的步伐。誰養家？誰對未來的自己負責？想一擲千金，卻在買一張去外地的高鐵票時都要糾結是一等座還是二等座，買張打折的淩晨機票也行，然後心裡再衡量一下，自己都那麼辛苦生活了，是否還要繼續在旅程裡委屈自己？

絕大多數的人都像我這麼想過吧。以為自己的人生能不一樣，在懸崖邊充滿鬥志地一躍而下後，並沒有被風吹到有秘笈的山洞裡，而是變成了自由落體，隨時都有可能啪嗒一聲——那是人生被蓋章，被蓋棺論定的聲音。

一直閉著眼睛面對生活，你的生活就是等死。

稍微調整姿勢，睜開雙眼，去改變一點點空氣流動的方向，也許本該落到水泥地的結局就能因此變成落到泥潭，甚至可以壓出很漂亮的水花一頭扎入海洋。

有個同事因為熱愛電影，所以就進入光線做了字幕翻譯，把電影字幕翻譯成英文發行到海外。因為英文真的不錯，腦子又好使，所以就一邊翻譯英文一邊幫同事對接海外發行公司。後來，負責海外發行的同事離職了，公司暫時招不到人來接這個崗位，就把海外發行的工作交給了她。又因為在對接工作中極其認真，就被公司其他專案負責人挖過去做電影執行製片人，從頭開始學。最近又與電影《哪吒之魔童降世》的監製一起去參加了奧斯卡，比公司絕大多數同事先圓了參加奧斯卡的夢。她在年會上說：「我很喜歡現在的生活，雖然似乎一眼能看到頭，但我知道只要我努力去改變一些什麼，時間長了，這個彎度一直持續，將會畫出一個更大的弧線，我的人生自然就能變得不一樣吧。」

三十五歲那年，我去美國學了四個月英語，結果我的語法依然沒有多好，但唯一的改變是敢說、敢比畫了。回來後接受了一個採訪，說起學英文的感受，我分享了一段：「在國外，沒有人在意你的口音有問題，也沒有人嘲笑你的語法不準確。單詞用錯了，只要你努力表達，沾點邊，哪怕全是肢體語言，外國人都聽得懂，他們都會很熱情、很樂意幫你。可以前在國內，只要我說英文，周圍的人就會說我發音不標準，語法有問題，搞得我心理壓力特別大，慢慢地就不敢說了。語言是用來交流的，不是用來炫耀準確度的。國外人都不嘲笑你，為什麼要害怕國內人的嘲笑呢？我們會嘲笑一個外國人普通話說得不好嗎？對方敢說，我們就很開心了啊。」

這一段採訪後來被一些學英文的網友看到了，有的是學生，有的是參加工作的公司職員，他們有人給我留言，發私信，說他們以前和我一樣，怕被人瞧不起，現在根本不怕了。那一刻，我突然也意識到一個問題，正因為大家都處於某種慣性生活之中，明明不舒服，卻不知道做出哪些改變能讓自己明朗起來。是因為懶嗎？我覺得不是。是因為想不到嗎？我覺得有可能。但這個想不到也絕不是沒想過改變，而是不知道自己改變後的人生能那麼精采。沒有好結果的誘惑，以至於不相信未來會更好。那句老話還是很有道理的：我們到底是因為看到了好結果才去堅持，還是因為我們的堅持才得到了好結果？

我媽前些年牙齒壞了好幾顆，還掉了一顆，所以每次笑的時候，都會下意識地用手擋住嘴巴怕被人看到，但她愈是用手捂嘴，愈是引人注意。更有意思的是，我媽是一個笑點極低的人，無論別人說啥，她都喜歡笑，所以有很長一段時間，我媽的右手幾乎就縫在了嘴巴上。我強烈懇求她去整牙，她都拒絕，一會兒說怕痛，一會兒說太貴，一會兒說年紀大了，到時候又要全部換成假牙……總之理由一套一套的，關鍵是每一個都還挺能說服我們的。

學英文後我意識到一個真相：能解決的事絕對不要拖，解決不了再說。我幫她約了醫生，告訴她我付了錢，她不去，也不會退錢。了解我媽的人都知道，只要跟我媽說「不退錢」這三個字，你讓她學跳傘都行。媽媽去了，醫生檢查之後說修幾顆、換幾顆、補一顆，其他都沒問題。弄完之後，一開始她還會用手捂嘴，後來慢慢地，大概也意識到牙齒很整齊、很好看了，終於解放了右手。現在她笑起來就很自信，我問她：「當初不是還不願意弄牙嗎？」她想了一下說，沒想到弄完之後整個人那麼美。

人生當中很多事，只要真的堅持去做了，就會覺得超美。

我也是在朋友的建議下，開始做了一些改變。

比如我這些年要麼不買衣服，要麼就買很多，其實也是懶得再花時間。朋友說你瘋了嗎，買那麼多，我就安慰自己說是為了以後參加活動穿（寫到這裡的時候，自己忍不住笑了起來，因為每天工作忙得要死，根本就沒法參加什麼活動）。而那些衣服放在衣櫃裡，標籤都沒時間扯掉，每天依然是白T恤、黑運動褲、一件外套、一個帽子去上班……

前段時間，有朋友來家裡看到我那些從沒碰過的衣服，覺得太可惜了，就說你必須每天穿一件不同的，然後自己搭配，最好的方式就是每天給自己拍一張照片，堅持一個月，看看有什麼不同。我覺得朋友說得有道理，就嘗試著去做。前兩天幾乎放棄，一週之後，我突然覺得每天穿不同的衣服上班真的令人心情愉悅，而同事也總問我：「今天是要參加什麼聚會嗎？」一開始我有點尷尬：「沒有啊，我就是想穿認真一點。」被問了很多次才知道，因為我真的讓他們覺得認真了，所以總是被問這個問題。無論別人怎麼想，起碼我覺得自己每天的日子都充滿了儀式感，以前躺在衣櫃裡的那些衣服也終於擁有了自己的生命。

類似的事還包括，因為我喜歡聽歌，所以花了一整天時間在家裡每個房間都安上無線音箱。那種感覺太奇妙了，早晨起來洗漱，做早餐，走到任何地方都有音樂，一下就讓我的清晨也變得美好了起來。

出門前，喝一杯黑咖啡，心情超愉悅。

每天中午午休半小時，下午效率超高。

每年約很會拍照的朋友出去旅行，多請他們吃幾頓，換好多好看的照片，發微博也很有動力。和兩個朋友定期交換自己看的書，然後點兩杯酒，聊聊書裡的內容。

我想不是每個人的人生都能活得像個傳奇，我們能活成一本算是精采、有些細節的日記就很不錯了。畢竟，大多數人的人生都是這樣，上班，下班，養活自己，照顧家裡。但我們依然能把人生搞得很精采不是嗎？

活得平凡，但能過得不平凡。

過得平凡，但也能活得不平凡。

別人的精采終歸是別人的，回歸到自己身上，如果明天開始，你變得幸福了，這才是屬於你的，真的。

一個人的絮語

重看了一遍，覺得自己在用各種方式給自己找樂子。

如果生活一成不變，那自己對待生活的態度就要改變。

前兩天看了一部紀錄片《最大的小小農場》，說的是美國一對夫妻領養了一條狗，因為狗每天都叫，所以一直被投訴，房東也不讓他們續租了。他們商量之後就決定租一大塊地，開一個農場，從寫計劃書，到發起眾籌，找投資人，找合夥人，真的租下了一塊一千二百畝的地。紀錄片就是從第一年一直拍攝到了第七年，肉眼可見農場和物種的變化，每年遇見的生物鏈上的災難，但你也看得到那條狗從小到大，到老去，再到這對夫妻有了自己的孩子。紀錄片看得我心潮澎湃，半夜推薦給朋友們看，第二天我們聊天的內容就變成了「怎麼辦，好想開農場」。

看《孝利家民宿》，就很想在風景好的地方開一個民宿。

看《咖啡之友》，就很想在橘子園開一個咖啡館，手沖咖啡給大家喝。

看《地球脈動》，就想辭職去世界各地旅行。

看《小森林》，就想去農村住上一年，記錄一年四季春夏秋冬窗外的風景。

看《富豪谷底求翻身》，就想從現有的軌道上下車重新創業，試試自己的能力。

沒有夢想何必遠方，但夢想太多也是災難。

只能把種子埋在心裡，任它生根發芽，當有一天時機到了，也許它已經在心裡鬱鬱蔥蔥一片了，然後再告訴大家說：「嘿，我打算去幹一件有趣的事情咯。」

這樣想想，倒也覺得合適，不必因為衝動而做出錯誤的選擇，就放在那兒，如果真的是心心念念的事情，它也一定會被你的偏愛滋潤得擁有自己的雛形。

而在這些之前，可以做的就是讓不夠飛揚的此刻變得有趣。成為一個有趣的人，才配擁有未來更有趣的人生，不是嗎？

記錄是一件有趣的事——我的五十四套穿搭分享

原來奶奶是那麼厲害的女人——寫給九十一歲的奶奶

一、奶奶應該在看著我吧

奶奶走了，九十一歲。

幾年前外公走的時候，我在公司的小酒吧大哭了一場。

小姑給我打了電話，我掛斷，說在開會，發短信。

小姑發微信給我：「奶奶走了。」

我看著微信，默默地關上，我以為我會哭，但是我沒有。

交接了一些工作，訂票，跟同事說起時也很淡。

在高鐵上，我發資訊問朋友：「為什麼我都不難過？一點都不想哭，我是不是有什麼問題？」

飛機轉高鐵再轉汽車，晚上十點，我回到了祁東老家村子。

路上問小叔叔：「為什麼我一直沒哭？奇怪……」心裡更多的是愧疚，如果奶奶知道她走了，我都不哭，她會很難過吧？畢竟小時候，是她一直帶著我。

奶奶生了七個孩子，帶大了四個。爸爸本是老三，後來成了老大。因為爸媽醫院工作忙碌，小時候我跟著爺爺奶奶在桂陽縣荷葉煤礦生活了很長一段時間。

奶奶很寵我。清晨五點起來，去菜地摘菜挑到市場去賣，下午回來，賣得一元幾角，就會偷偷給我那幾角：「婆婆給你的，不要告訴爺爺，不然爺爺會罵人。」

為了報答她，我常跟著奶奶在送煤礦的路上撿貨車上散落下來的煤塊，一小塊一小塊，手和臉烏七八黑也不管，一個上午能撿一大筐。

也是從那時起，我養成了一個壞習慣——每次吃飯都不好好吃，我知道只有這樣，奶奶才會給我去做一碗面，上面會放我喜歡吃的油渣。

這個習慣一直延續到二〇〇七年。那年我弟考上大學，大家一起慶祝，我也專程請了假回家。看見奶奶從車上下來，我很開心，可是我發現奶奶已經不記得我了，經人提醒才從記憶深谷裡喚出了我的名字。

那是我第一次接觸到「老年癡呆」這四個字。

我知道是因為自己常年在外工作，淡出了奶奶的生活，也就率先被奶奶的記憶藏起來了。

就在奶奶還記得我的那個春節，全家團聚，坐在旁邊烤火放空的奶奶突然站起來對我說：「同同，想吃麵嗎?奶奶去給你做一碗。」那時她七十八歲，手腳已經不俐落，我明明可以說「不用」，但偏偏說了「好的」。

家人都覺得我不懂事，我也覺得自己不懂事。

但我看奶奶一個人坐在火爐邊放空的樣子，想著也許再也吃不到她給我做的麵了。所以當奶奶摸索著走進廚房，我也跟著進去，拿出相機，一張一張地拍著。

「那麼多菜，為什麼你非要吃這碗麵?」大家都不理解。

我在心裡對自己說：「一生吃了那麼多碗奶奶做的麵，這恐怕是最後一碗了。」

奶奶把麵遞給我，上面放了很多肉，但忘記了放油渣。

我知道，以後是真的吃不到奶奶做的麵了。

我接過那碗麵，拍了一張照片。

進了村子，家裡親戚朋友都在守夜，分了好多桌在打牌。

爸爸看見我來了，帶我去上香。

看見奶奶的照片，我還是感覺不到奶奶走了。跪在那兒，心裡跟奶奶說了好些話，站起來。姑姑們說：「咦，同同居然沒有哭。」

我說：「你們不也在打牌嗎？還那麼大聲，不怕吵醒奶奶嗎？」

如果奶奶聽見我們的對話，應該覺得又氣又好笑吧？

我看爸爸很平靜，不敢問他哭了沒。他可能會像《請回答 1988》裡德善爸爸那樣，扛過所有事情後，才會一個人哭得不行吧？

朋友發來微信：「哭了嗎？」

「沒有，怎麼辦？」

「你和奶奶沒感情？」

「感情很深，但就是哭不出來，也不知道是不相信，還是不難過，我真是很自責。」

我心裡很忐忑，萬一奶奶連這個資訊都能看到，會不會覺得這個孫子也太蠢太薄情了？

為了陪奶奶，親戚們圍在一起打牌，我怕自己睡著，也打了起來。以前我不和親戚打牌，因為老輸。奇怪的是，那晚我一直在贏。

我坐的位置正對著奶奶的相片，所以後來每次一贏，我就側著頭對奶奶說：「謝謝奶奶啊，又保佑我。」

大家都笑了。

一家人熱熱鬧鬧的，像過年一般，奶奶的照片放在那兒，就如往常她一個人坐在旁邊靜靜地看著這個她一手帶起來的家。

二、爸爸的朋友們

第二天上午開始，陸陸續續來了很多人，很多認識的叔叔伯伯，都是爸爸年輕時的朋友。老家很遠，開車進山很容易迷路。看見那麼多朋友來了，爸爸的眼眶紅紅的，和他們握了手，也不知道該說什麼，好像多說一句就會哭。

爸爸的朋友們走到奶奶的遺像前，磕頭上香，說著往事。我跪在旁邊，聽他們說著當年的那些事，突然就哭了起來。

有叔叔說謝謝她生了爸爸，爸爸是個好人，對他們很好。

有叔叔說謝謝奶奶，他去過奶奶家，吃過她做的菜。

有人感謝奶奶在爸爸年輕時，特別照顧他的這幫朋友，就當是自己的小孩一樣。

原來奶奶對那麼多人那麼好，如果她看見爸爸的那麼多朋友為了她趕過來，應該也會很開心吧？開心爸爸交了那麼多好朋友，開心自己並沒有被人忘記。

第一次哭是覺得奶奶很厲害，她能把所有人重新聚到一起。

中午吃飯，爸爸給朋友們敬米酒。

一位叔叔說：「你不要太難過了。」爸爸說：「我不難過，我媽前半輩子苦，但後半輩子過得挺好的，無病無痛。早上醒來還是好好的，坐在椅子上安詳地離開的。」

爸爸去招呼其他人，大姑也來爸爸的朋友們這邊敬酒。他們說都是看著大姑長大的，那時大姑還在高中籃球隊打籃球，像個假小子。

大姑說：「現在我也像個假小子。」然後給各位敬酒。敬著敬著，大姑突然就哭了，連聲說：「謝謝你們來看我媽，我和哥哥還有弟弟妹妹都謝謝你們，這麼多年了你們還在。」

外公和爺爺走的時候，我都沒趕上。我一直以為老人走了，大家都會很沉重、很傷心，但在奶奶這兒，我看到更多的是暖意，來自大家對奶奶說的話，和爸爸的聊天，大姑和爸爸朋友們說的那些話。

厲害的奶奶把所有的人又聚在了一起，回到了幾十年前的模樣。

三、爸爸的背影

家鄉的葬禮有風俗。

爸爸是長子，排在隊伍最前面，捧著奶奶的照片，然後是小叔叔、姑姑和其他長輩，我們這些晚輩都跟在後面。

到了時辰，大家聽著老人的指示逐一上香，排隊走到村口，對著空曠的山裡跪下來，聽老人們一邊撒糧，一邊唱經文。

夜晚村子風很大，寒意四下逃竄。

老人的吆喝聲一層一層疊在黑暗之上，小叔說這樣奶奶不會挨餓，能找到回家的路。

我看不見爸爸的表情，只能看見他的背影，走幾步跪下來，走幾步跪下來。我想，當年爸爸就是在這裡出生的，奶奶在這兒給了他生命。現在爸爸又在這兒送奶奶離開，也算是一種圓滿。

遠遠地看著爸爸，很想過去陪在他身邊。我失去的是奶奶，他失去的是媽媽。三天裡，爸爸作為家裡的主心骨，安排所有事情。偶爾眼眶紅，但很快就恢復了平靜。事實上，太多事情要處理，很多親友要接待，也沒有更多時間讓他難過。直到最後，送奶奶離開之前，主事的老人念了爸爸寫給奶奶的悼詞。跪在爸爸後面磕頭的我，漸漸聽不清老人在念什麼，爸爸壓抑的哭聲愈來愈大，幾乎蓋過了老人的聲音。

全家人都繃不住了，哭聲連成了一片。

念完這些，就再也見不到奶奶了，她的一生濃縮在三十分鐘的悼詞裡。

老人說了一些老家話，我並不是聽得很懂，卻能從一個一個詞裡重現奶奶的一生。

我一直覺得奶奶是賢慧的，但聽了爸爸寫的，才發現奶奶真的很厲害。

奶奶的故事從一九二八年說起，少年成長，與爺爺相親，結婚生子，爺爺去外地煤礦下井，一份微薄的工資要養活全家十幾口人，奶奶一邊做著各種零工一邊維持這個家，每一步都走得艱難。

爺爺最小的弟弟和爸爸年紀一樣大。一九六〇年，他倆都九歲，生活很苦，村裡很多人家都吃不上飯，爸爸和小爺爺都在長身體，奶奶不僅要照顧爸爸，還要帶著爺爺的弟弟妹妹，於是一整天什麼都不吃，全留給大家，自己挨餓……

爸爸小時候半夜生病，奶奶怕爸爸扛不過去，連夜背著爸爸走路去幾十裡外的鎮上找醫生，趕到鎮上時天已亮了……

每件往事都是當事人成長深處的烙印。

奶奶拚盡了全力去保護這個家的完整，用命去交換每個人順利地長大。

我想此刻的她，應該是欣慰的吧？

那麼難的生活裡，爸爸五歲就跑到爺爺工作的地方自己找吃的，不給奶奶添麻煩。十六歲就在藥房學抓藥，慢慢發現自己喜歡醫學，就開始自學，跟師父臨床，努力讀書考大學，去上海瑞金醫院進修兩年，拜各種老師學習中西醫，後來成了厲害的做手術的外科醫生、主任。在學校教學，一點一點從初級到中級，從副教授成為現在依然在醫院問診和在學校上課的教授。

記憶裡，每每提到奶奶培養了一名大學醫學教授時，她都很開心。其實她根本沒有那麼大理想，爸爸說：「我老娘能讓我們健康長大，就是她最大的目標了。」

記憶裡，爸爸只哭過兩次。

一次是我三十歲那年，依然在誤解他當年不讓我學中文，非要逼我學醫時，他哭了。他逼我學醫，因為只有這樣，他才能像個爸爸一樣保護我，就像當年奶奶死命保護他一樣。

第二次就是送奶奶走，他哭成了一個小孩，嚎啕大哭。

其實，就算他回到五歲，以我爸的性格都不會這麼哭。

他要跟媽媽說「再見」了。

不哭，就再也沒有機會了。

四、爸爸也在假裝自己是個大人

爸爸在送親朋時，我問媽媽：「爸爸之前哭了嗎？」

媽媽說：「這幾天除了最後和奶奶告別時，都沒哭。」

「那爸爸還挺堅強的。」

「想起來了，他接到小姑電話說奶奶走了的時候，拿著電話哭著跟我說：『我媽媽走掉了。』」

一個人的絮語

時間過了一年多，我和幾個朋友在家吃飯，不知怎的說起了各自奶奶做的那些好吃的。一個朋友說，奶奶走之前得了阿茲海默症，忘了所有人的名字，就只記得他。他從小就喜歡吃奶奶做的糖醋蒜，剛上大學那會兒，奶奶已經發覺記憶力開始衰退，做糖醋蒜時總是會忘記放一兩種調料，所以乾脆買了好多罐子，每個罐子都放好多蒜，一個罐子一個罐子開始醃。朋友回家看到這麼多罐子，媽媽告訴他：「如果哪個罐子不對就別吃了，總有對的那個。」這時奶奶已經無法完整說出一句話，只能笑一笑。奶奶走了之後，無論罐子裡是什麼味道的糖醋蒜，他吃得都小心翼翼，因為害怕吃光了。

我跟大家說，奶奶走的時候自己哭不出來，打麻將守夜時還跟她開玩笑，好像奶奶還沒有走，又說奶奶做的麵很好吃，我還拍了很多張她最後一次給我做麵的照片。說著說著，我說不動了，突然大哭起來，根本止不住。

我突然意識到，奶奶真的已經走了。

我一哭，其他朋友也繃不住了，幾個大小夥子哭成一團。

然後，我們互相看著對方，又忍不住笑了起來。

如果幾位奶奶知道孫子因她們又哭又笑，應該會被笑醒吧……

突然長大的記憶

我剛工作沒兩年，就幫領導去面試新人。一方面他們總是很忙，覺得面試有些浪費時間，行不行在工作中很快就能試出來。另一方面是我總會提醒他們：「我們是否能招A性格或者B性格的人？C性格也行啊。」他們也都很尊重我的意見，所以也忘了具體從何時開始，領導就會跟我說：「欸，劉同，下午你幫我去面試一下新人。」

面試是一個很令人興奮的過程，尤其是在媒體行業，你太容易找到志同道合的人了，有時面試沒多久，就會和麵試者聊到飛起來，很希望對方立刻加入我們的團隊，以至於HR總是提醒我：「劉同，你能不能稍微矜持一點？」

所以到今天，只要我覺得我很喜歡誰，就不再提問了。顯然，我會愈問愈失態，讓人覺得我們公司特別不矜持，很浮誇……但我又很想繼續了解這個人，於是我就把問題交給對方：「你有什麼問題想要問我們嗎？」

我常把一句話掛在嘴邊：「以前覺得看一個人成熟不成熟，要看他是如何回答問題的，後來意識到，看一個人成熟不成熟，要看他是如何提問的。」

可能各種面試的教程太多了，所以教人如何回答問題的方法也多種多樣，充滿了偽裝。但教人提問的教程不多，所以我特別喜歡聽人提問。

問的問題太傻，證明對方沒自己想像中穩重。

問的問題太少，證明對方思考也很少。

問的問題有邏輯錯誤，證明這個人還沒有形成完整的思考邏輯。

不過，我遇見過最古怪的提問，應該是柳岩的經紀人小張同學。

他那時剛從中國傳媒大學畢業，特別聰明，回答問題也快，東西也寫得好。我實在怕繼續問下去就會當場對他說「你放心，如果HR不要你，我跟他們拚了」之類的話（真的，做業務的人最害怕HR對業務人員提出反對意見）。於是我就問他：「請問你還有什麼問題問我嗎？」

他說：「我其實特別想問你一個問題，但我怕我問了，你會覺得我有神經病，然後淘汰我。」

這種提問技巧簡直讓我頭暈。

我當然立刻表現出極大的好奇和興趣：「不會，不會，你隨便問，我想看看你的問題到底有多神經病。」

我真的很想知道他對自己的定位是否準確。

他說：「呃，你身上這件玫紅色毛衣真的好好看，顏色好正，是哪裡買的，貴嗎？我也很想買一件。」

我吸了一口涼氣，告訴自己：「他真的好合適做經紀人哦……真是又賤又跳躍又讓人開心。」

我告訴他這件衣服的牌子和價格，好像也就兩百多塊。

他立刻說：「算了，算了，買不起，買不起，很好看，如果我獲得這份工作我可能會獎勵自己一件。」

我真的恨不得當場告訴他，你離開光線就可以去買一件犒勞自己了。

他進入光線之後先是在經紀部做宣傳，練習拍照和寫稿，慢慢地就轉行成為執行經紀人，帶主持人參加活動對接流程，再慢慢地成了柳岩的大經紀人，開始和柳岩一起打拚。

我也有過一次類似的經歷，但那時我已經畢業四五年，剛被公司調入廣告部工作，職位還挺高的，副總經理。

領導讓我好好思考兩天，然後找她。

我完全不懂這個行業，但周圍很多人告訴我，談廣告一定要懂得搞關係，而且這個行業很黑，你一定要知道怎麼收買別人，知道怎麼談回扣。

我覺得自己十分純良，完全不會搞這些，所以很討厭這份即將到來的工作。在找領導之前，我把所有令我困惑的問題都寫在了筆記本上，滿滿當當將近五十個問題。現在想起來，真的蠢到家了。

我的第一個問題是：如果別人問我要回扣，我要給他們多少合適？這可能是我人生智商、情商最低的階段……果然，領導一聽第一個問題居然是這個，抬起頭認真地看著我。「我覺得你太可笑了。」然後劈頭蓋臉把我一頓罵，「你知道我們所有節目的收視率嗎？你知道我們每個節目都有哪些廣告形式嗎？你知道我們的報價是多少嗎？你翻閱過我們以前成交價格的合同嗎？你知道哪些客戶對我們滿意或者不滿意嗎？你知道什麼是補點收視率嗎？我們的廣告形式和其他媒體的節目比起來陳舊嗎？我們需要創新嗎？你從節目部調入廣告部，公司是希望你創新的，然後你第一個問題是你要給別人多少回扣？你腦子壞掉了嗎？」

我被罵蒙圈了，還有點不服氣：「可我周圍那些做廣告的朋友都是這麼告訴我的啊。」

「那你以後少和這些人交朋友，他們告訴你的都是什麼歪門邪道？你還有什麼別的問題嗎？」

我偷偷看了一下自己的本子，第二個問題是：「請客吃飯的標準是多少，多少錢可以報銷？」

我很清楚，如果我說出來，應該馬上就會被領導扔到窗外去。

「沒了，沒了，您剛才說的那些問題確實很值得我思考，我重新規劃一下未來，有問題再來問您。」

說來也奇怪，被這麼教訓了之後，我突然想通一件事——剛才我所有的問題都是走投無路之後的辦法，潛意識裡總覺得自己的廣告賣不出去，不吸引人，所以才會有那樣的想法。但其實，在走投無路之前，我還有幾十、幾百條別的路可以選擇，讓自己不必走投無路。

這個客戶條件談不攏，是不是可以找找他們的競爭對手也問問？

這個方案不行，是不是可以想出更吸引客戶的方案？

客戶對我們的明星不滿意，我們是否能找到讓他們更滿意的明星？

一切問題都能從正面思考找到解決辦法，人也開始主動了起來，不再看別人的臉色。就像今天面試時，有個新同學問了我一個問題：「你現在還想跳槽嗎？」

我笑了，答案是不想。

但這個問題也困擾了我多年，如果不是他問起，我都忘記了自己曾有一段那麼奇怪的時光。大概是從剛參加工作到工作第十年，我一直覺得，篤定地覺得，一個人如果能被別的公司挖，被獵頭公司打電話挖，證明這個人很有價值。因為只要有人挖，就證明工資會翻，證明有存在感，證明未來有無數可能性……而我，特別奇怪的是，幾乎沒有公司來挖過我。

後來，我和老闆愈來愈信任對方，我問她：「我一直很困惑，為什麼沒有人挖我？」

「你很失望嗎？」

「對啊，感覺自己挺沒有價值的。」

「沒有人挖你，可能是因為你的價值更大。」

我沒聽懂，只覺得老闆果然是老闆，說的話真的很深奧。直到有一天，想起大學時一個要好的女性朋友跟我說起她的前男友，我想通了。

她前男友很帥，家境很好，運動學習都很厲害，很多人喜歡，但她卻說這個男孩不值得愛。我以為她是謙虛過了頭。她接著說：「我不否認他很優秀，但他不值得我愛。因為他常常會告訴我，他又收到了誰的告白，誰對他有好感，一直在暗示我，如果他不和我在一起，他有很多的選擇。我覺得他實在是太幼稚，一個人只有讓你感覺到他死心塌地，他才值得被愛。不然，你對他所有的愛都很有可能泡湯。很多人不優秀，但值得被愛，因為他們專一。很多人優秀，但總給自己留很多退路，他們也不會在一個地方扎下太深的根，因為他們隨時準備離開。再說了，即使很多人說喜歡他，是真的喜歡嗎？只是感興趣吧？很多人要和他在一起，只是為了嘗試一下在一起的感覺吧？如果你和一個隨時會離開的人在一起，每天都提心吊膽，這種人再優秀也不值得你浪費時間。」

大學的我對感情這回事也是一知半解，沒受過什麼傷，也結不出什麼真正的盔甲傷疤。直到我把老闆說的話和她說的這段話聯繫在一起，突然就明白了——如果一個人總是以有很多退路來作為炫耀的話，這個人本身就不安定。一個難以安定下來的人，可以一直用新鮮感來吸引人，一兩次還好，三四次就真的會被嘲笑。

十年前，公司空降了一位管理者，各方面都特好，同事也都特喜歡他。後來聽說他兩年內已經換過三份工作，每份都只是半年，大家就覺得這個人有點怪，但如果工作做得好，也不會往心裡去。

沒過一年，這個人果然離開了，又跳槽去了另外的公司。同事們說起來還覺得有點可惜。沒過半年，這個人又跳槽了，換的工作愈來愈奇怪。同事們也根本懶得提了，「那是一個跳槽怪」。

現在和朋友聚會，一般說到「他和他愛人在一起十幾年了」，大家就會特別羨慕，說到「他是我最好的朋友，我什麼都會跟他說」，大家也很羡慕，說到「他在這個行業中做了十年以上」，大家會敬仰。隨著時間推移，專一、持續、認準一條路的人反而會更讓人尊重。過去十幾年在光線，我也想過跳槽，後來想明白了，我想做的事情在光線能做，但我沒做好，換個公司，依然還是要做同樣的事，那換工作的意義是什麼呢？

人都是在反覆中成長，也總是在自我否定中重生。推翻以前堅信的東西不是容易的事，能記住並以此提醒自己，似乎就顯得更為重要。就像前面說到的，以前覺得自己很會回答問題，後來才知道學會在什麼時機提出最好的問題才更好。

以前覺得很多人喜歡自己真好，後來覺得自己能一直喜歡一個人才好。

以前覺得自己可以去很多公司才好，後來覺得自己能在一家公司成長，看著公司愈來愈好才好。

以前覺得寫東西一定要寫一個故事才好，現在覺得只要能記住什麼，並立刻寫下來讓自己在文字裡反芻一圈回憶，才是真好。

一個人的絮語

因為最近和公司發生了一些矛盾，哈哈哈哈，導致自己工作起來內耗太大，正在嘗試著和公司溝通去解決。本想改這篇文章的，但看了一遍之後覺得也沒錯，跟著一家公司一起成長，一起變得愈來愈好肯定是好的。如果無法繼續走下去，一定是有一方出了問題，無論是自己出問題還是公司出問題，對自己而言都不算是好事。

人的想法會隨著時間改變，但底色不變就好。

我們的人生真的有很多看不見的黑洞

這個城市有很多陷阱，一不小心整個人就會陷進去，很難脫身。

所有寫著「跳樓價」「打骨折」「商家破產倒計時」的門店是為我媽設的陷阱。而所有販賣「皮製」商品的地攤就是我爸的陷阱，也不知道他為什麼那麼喜歡牛皮的、豬皮的、羊皮的、馬皮的、蛇皮的東西。真懂倒還好，他鑑別皮製品的方式只有一個，放在鼻子底下使勁聞，而且，還會逼我聞。所以，每次遇見這兩種店，我都會趕緊帶他倆繞道，不然我也會被拖垮。

我也有自己的陷阱——超市。我並不是常去超市的人，但只要看見了超市招牌，整個人就會莫名其妙地被吸了進去。大超市不用提，屈臣氏是暴擊，連路邊的全家、羅森、7-11 都能讓我心跳加快。

我的好奇心很重，一進超市，就喜歡研究，什麼都想買來試試。洗髮水櫃檯的阿姨最怕回答我的問題，她們常問我：「你是乾性頭髮還是油性頭髮？有脫髮困擾嗎？染髮嗎？需要修護嗎？」一連串問題之後，我會很嚴肅地看著她們：「哪一款最好聞？」

我太喜歡買新鮮玩意兒了，以至於常常會在家裡發現一個寫滿外文，卻完全忘記是幹嘛用的東西。唯一能看得懂的是……噢，又過期了，扔了吧。以前看過一個說法，喜歡買東西的人是因為焦慮，購物可以釋放壓力，緩解情緒。當時覺得挺有道理，因為新鮮感可以打敗苦悶，於是就買啊買啊買。可無論那東西多貴，當時多喜歡，買回來用一段時間也就沒什麼興趣了。電子產品也好，服裝也好，背包也好，都一樣。

我意識到，我買東西只是為了新鮮感，與這個東西有多好，多實用，多划算，一點關係都沒有。我把錢花在了新鮮感上……原來是我自己敗家。

不過，我立刻又從另一個角度說服了自己──有了新鮮感，人生才有動力，才有更多力量去掙錢養家糊口。我相信很多人都是這麼對自己說的，唯一的原則是希望我們掙到的養家糊口的錢要遠遠多於為了新鮮感買買買所花的錢。

寫到這兒，突然想起一個同事小北。她是我們另一個子公司的總裁，每天都要從淘寶上買各種東西，她的辦公室全是快遞──沒有拆過的快遞。她的病比我嚴重，我是要用一段時間才會膩，她是下完單就膩了。我真為她的未來感到擔憂啊！

不過話是這麼說，我也對自己很好奇，別的稀奇古怪的東西需要新鮮感也就算了，明明很多東西是生活必需品，每次我卻也能扎進貨櫃裡花很多時間重新研究一番，仿佛是第一次使用它們。我都快四十歲了，不說人生過半，起碼也早就應該擁有了自己的價值判斷才對啊。

肥皂永遠用不一樣的，餐巾紙一直用不一樣的，洗髮水囤了快十種品牌。就拿牙刷來說吧，我用過軟毛的、聲波的、3D藍牙的、寬幅大頭的、紅點設計款的、炫黑絲柔的、全方位深層清潔軟毛的、微納米小頭的、防出血小頭的、無印良品極細毛的……說實話，光對比它們就浪費了我很多時間。對了，我還用過一種叫草本活力的微笑牙刷，挺貴的，但回想起來，根本說不出它們的區別是什麼。洗髮水是，沐浴露是，洗手液是，護髮素是，捲筒紙是，洗衣液是，衣領淨也是……每次都買不同的，就在各種品牌中挑選確認沉淪迷失。

我是什麼時候意識到超市對我是個陷阱的呢？

有一次我在同事辦公室用到一種特別好的餐巾紙，因為實在是太好用了，我就上網去搜，發現那個店還有別的盒裝紙，我稍微對比了一下，就買了一種抽數最多的，二百五十抽。因為我很煩用幾天就沒了的盒裝紙，每次換都覺得自己很浪費，雖然我也知道抽數少的紙會更便宜，但我還是很討厭總是換紙的感覺。

等我買的紙到了之後，才知道究竟有多好用。以前大半個月要用一盒，現在兩個月才用一盒，價格也不是特別貴，十幾塊一盒，品質好，也經用。大家肯定想問是什麼品牌，我就不寫了，免得像在做廣告。我的重點不在這個紙是什麼品牌，而是當我意識到我需要很經用的餐巾紙時，我立刻就告訴自己，以後再也不買別的品牌了。（寫到這兒，我懷疑是不是會有很多會過日子的讀者嘲笑我幼稚，可能你們早就這樣了吧……但這一點對我來說真的很管用。）

從此我明白了，所有的必需品，我確定一種就好了——我也挺心疼自己的，離家十幾、二十年，連生活必需品都無法確定一種。

我一直希望自己是一個生活得有效率的人，可回過頭來卻發現我的生活真是雜亂無章啊！遇見什麼買什麼，遇見很多還要糾結一陣，先買什麼試試，然後一個沒用完又買了一個新的。

還好，當我確定餐巾紙必須用哪一種之後，至此，我家的餐巾紙已經有兩年沒有換過了，我把爸爸媽媽家的餐巾紙也換成了自己用的那一款。捲筒紙、洗手液、洗髮水、沐浴露、防曬霜、牙膏、牙刷全都固定了下來，因為我知道自己不會再換，所以每次打折就購買一批囤著，再也不會為挑選哪個而困擾了。

所以現在看見朋友在超市購買必需品的時候不停地對比價格，對比數量，我都很慶幸自己有了一個很準確的選擇，然後拍拍他們的肩膀告訴他們：你們啊，生活真是缺少準確性……

我太不要臉了。

當超市再不能勾起我的欲望時，我整個人再看見超市就輕鬆多了。

嗯，雖然超市不再是我的陷阱，但後來網購變成了我的黑洞。這個我過幾天再寫寫。大概就是在網上胡亂買東西，一次兩次還好，在我為此專門錄了一個Vlog之後，才發現自己有多麼不正常。大家可以一會兒掃描二維碼隨意看，別笑話我就行了。

一個人的絮語

像我這樣的人多嗎？我不信只有我是生活白癡。

於是我問了一些朋友，他們是否有常年不換的日用品。

有朋友牙膏用了十幾年，因為只認那個味道。

有朋友洗衣服一直用滴露，覺得可選擇的品牌少。

有朋友護膚品、香水、牙刷、髮膠、維生素、辣椒醬、狗糧一直沒換過。

行行行，原來我周圍的朋友都挺棒的。

還有一位朋友說自己並沒有固定的，我心裡一喜，覺得終於找到同類了。

然後他補充：小時候家裡很窮，爸爸媽媽都是什麼便宜買什麼，所以不固定。

現在我掙錢了，生活變好了，我都是什麼貴給他們買什麼，也沒有固定的。

……為什麼他突然要煽情，但他真是個好孩子。

我的大型購物翻車現場

這個春節，我沒有和父母再吵架了

1

帶爸媽春節去旅行是一時懺悔之下產生的念頭。

很多年的春節，我到了家，放下行李，就跑出去和各種朋友相聚。爸爸媽媽跟在後面喊：「什麼時候回？早點回！」我頭也不回地說：「一年沒見了！晚點回。」

一個假期就七天，除去路程兩天，只剩五天時間，全部都在見各種朋友、老同學、親戚，五天后又踏上回歸工作的旅程。回到北京，朋友相見，個個覺得懊惱：「我好像都沒怎麼陪父母。」

其實，我和朋友待在一起的時間比和父母的還要多。

我在家只吃了三次飯，他們做了好多菜。

我回家的時候，他們都睡了。我中午醒來又趕著和別人吃午飯。好像每次回家和父母都沒好好聊十分鐘，沒有仔細看過父母的樣子，甚至都懶得聽他們抱怨，不知道他們是否會用微信語音聊天，對父母的了解還只是停留在很久很久之前。

幾個朋友都悔不當初，但子女也各有苦衷。

有人是因為和父母聊兩句就會被催婚，害怕。

有人是因為和父母消費觀念不一樣，怕矛盾。

有人是因為完全不知道和父母怎麼聊天，怕尷尬。

就算我們要和父母待在一起，那又如何能讓父母開心，我們也自在呢？

我說：「要不然，我們組織一次帶著父母一起的旅行。他們年紀相仿，有共同話題。我們在一起也能互相照應。」

「好啊好啊好啊，那就努力吧。」

2

要帶父母一起春節旅行是商議了很久的事，一方面春節旅行比國慶黃金週划算，人少；另一方面父母初七回老家還能繼續和親戚朋友過年到元宵。

但麻煩也很多。

一是父母根本不願意在中國傳統節日跑出去旅行。那行吧，我們就大年初一出發，起碼在家過了除夕。二是我們的父母彼此都不認識，肯定會很尷尬，而且他們也不熟悉我們的這群朋友。

那就讓他們熟起來。這是一個浩大費時的工程，但既然決定去做了，就不要怕浪費時間。

之後，每次有朋友的父母來北京，朋友們就一起出現，一起吃飯、喝酒、聊天。父母們看到自己的子女有這麼一幫有趣、性格好、工作努力的朋友，自然也放心了。

漸漸地，我們都與大家的父母熟悉了起來。

那就到了第二步，找個假期帶著父母一起去朋友的家鄉串門，先讓少數父母熟悉起來。

比如我爸特喜歡喝酒，於是我的朋友 Will 帶著他喜歡喝酒的爸爸去了郴州。一開始 Will 爸爸還非常拘謹，拿著分酒器把白酒倒在小白酒杯裡要跟我爸爸客氣敬杯酒。我爸拿起面前的分酒器對 Will 爸爸說：「嗨，老弟，我們第一次見，就直接乾了分酒器吧。感情深，一杯悶；感情淺，舔一舔。」

Will 爸爸哪裡見過這種順口溜，一愣，然後毫無意識地乾了分酒器裡的白酒。

我媽媽和 Will 媽媽在旁邊急死了。

我爸拍著 Will 爸爸的肩膀說：「好兄弟，這才夠意思。」

沒一會兒，兩位爸爸的臉開始泛紅，我和 Will 對視一眼，妥了妥了，他倆已經成為朋友了，而兩位媽媽因為很氣兩位爸爸喝酒，也瞬間成了姐妹。

Will 爸爸說：「同同爸爸，我還有一個好朋友，達達爸爸，很喜歡喝酒，也很講義氣，下次我們約他一起喝！」

達達在旁邊鼓掌，說：「下次你們喝，我給你們準備解酒藥！喝了頭不疼！」

大概花了兩年時間，四個朋友的父母認識了我們，而父母之間也相繼認識。子女既然是朋友，自己也不能丟臉啊！然後我們在大家都很開心的時候提議：「爸爸媽媽們，你看我們在一起很開心，不如我們下次春節一起出去旅行吧。去一週，好不好？帶你們吃好吃的，喝好喝的，買好看的。」

媽媽們笑成了一朵花，爸爸們大手一揮：「你們說什麼我們都可以！」

3

八大四小旅行團是去年開始的，一起去了熱帶海島游泳。

今年我們選了雪山泡溫泉。郴州常見到雪，所以爸爸媽媽說：「雪有什麼好看的，但你們要去就去吧。」

等我們到了酒店一出門，真的是漫天飄雪，一片一片跟鵝毛似的，我媽瞬間大喊起來：「哇，我第一次見到這麼大的雪啊！」

「媽，你去雪地裡玩雪，我給你抓拍一張開心的照片。」

我媽就開心地跑到雪地裡躺著，開始擺拍。我從來沒見過媽媽那麼開心的樣子，突然就捨不得拍照了，默默地把拍照模式切換成視訊模式，想把這一刻記錄下來——我媽真傻，但真的好可愛。

後來我就上癮了，總是騙她說給她拍好看的照片，其實只是為了拍視頻。

比如我跟她說：「媽媽，你在雪地裡跳起來會非常好看，來跳一個……」

4

這些天，我和父母同住一個房間。我才知道父母一般都是幾點起床，起床後我爸第一個去洗手間，我媽起來之後立刻大聲說話，完全不在意我還在熟睡。以前覺得我爸鼾聲很大，我半夜爬起來去搖他，現在發現他的鼾聲完全被我媽的蓋過了……

原來，我媽只要一累，就會打鼾。

他們並不知道如何使用智慧馬桶，也分不清楚酒店的洗髮水和沐浴露。

他們會爬起來去關每個角落的燈，不知道床頭有一個總控開關。

他們不敢吃房間裡贈送的點心，怕多收費。

我媽旅行喜歡帶著可攜式臉盆、可攜式衣架，因為每天她都要清洗自己的貼身衣物，卻找不到地方晾。

我說：「媽，以後出來不要帶這些臉盆了，你多帶幾件換的就行了，回去再洗，更簡單。」

爸媽都喜歡用手機看書。

我爸看人物傳記。

我媽看《霸道總裁愛上我》（好像是這個，而且特別喜歡看，一回到房間就看，嚇死我了）。

我媽喜歡玩《連連看》，最擅長的是《開心消消樂》，已經一千多關了。

我爸沒有支付寶，但微信支付溜到飛起。

他隨時隨地都要拿出紙巾來吐痰，我問他到底怎麼了，他說年輕時在藥房製藥，很多廢氣排不出去，吸到了肺裡，有了慢性咽炎。

我們幾個朋友準備學滑雪，我爸跑過來說他和另一個爸爸也要滑，我們怕他們摔傷就不同意。但不管我們怎麼說不行，他們都要滑，我爸還生氣地說：「如果來了滑雪場不滑雪，我來這裡幹嗎？賞雪嗎？湖南沒雪嗎？」

我又生氣又好笑，幫他報了一個雙板練習班。

他一個人吭哧吭哧地練了兩個小時，告訴我：「學會了。」

媽媽們圍著商場的帽子櫃檯看來看去，邊看邊說：「戴帽子好奇怪哦，好奇怪哦！」然後拿著帽子試了起來：「也不知道為啥要帽子，有什麼好看的。」

我們趁媽媽們不注意，把她們試過的好看的帽子都買了下來。

「好貴啊，為什麼要買？」

「不好看，我們不會戴！」

「戴帽子會被人笑死的！」

我們說：「不戴就不戴，反正買了也不能退，那就浪費算了。」

她們很不情願地戴上了帽子，然後，接下來幾天再也沒取下來過……

她們知道自己好看，但沒人告訴她們好看。

她們從小鼓勵著我們要相信自己，現在也需要我們去鼓勵她們相信自己。

十八歲前，不想讓父母了解自己，更不想了解父母。

後來想，日子還長，總有時間能和父母好好聊聊天。

一兩年，七八年，十年，二十年，我們只是子女，他們只是父母，雙方並未走得更近。

我們安慰自己，血緣嘛，就是不走近也能在一起一輩子。

給我爸買鞋時，我媽總是看價格。

我對我媽大氣地說：「他想買哪雙都行，不要考慮價錢。」

售貨員問我爸爸鞋的尺碼，我一愣，問我爸：「42吧？」

我爸說：「41。」

不走近也能算是在一起一輩子嗎？

恐怕不是這樣的。

回北京的飛機上，朋友Will說：「在飛機上無睏意，翻看了每一張照片，感覺抓拍到的瞬間都是真開心，欣慰每一幕的珍貴。」

想想父母從第一年的偶爾侷促到今年的鬆弛，甚至小心放肆，從對外面世界的不了解或緊張產生的時常不屑的自我保護，到現在每一個舉動和疑問都自然隨性，像兒時的我們剛剛接觸新世界時的好奇和反抗，真有意思。

三口之家留在生活裡的瑣碎與不耐煩、遺留在旅途中的嗆聲也變得慢慢柔和了很多。人一生都在學著長大，了解自己，彼此尊重，沒有任何一刻是做到足夠好的，所以需要更多時間去提醒、磨合，不斷接近更好。

看到此時的父母，想到孩子時候的我們，猶如在輪迴中互相多借些時間。

還有半個小時落地，我媽靠在我爸的肩膀上睡著了。

小時候，爸媽鼓勵我走向世界，會帶我認識更多的朋友，會放下自己的工作，讓我和他們朋友的孩子在一起玩。到了今天，輪到我們做這件事了，抽出更多的時間，讓他們走出自己封閉的小世界，去認識我們朋友的父母。

曾經，我害怕他們老了。

但當我看見他們對新世界興奮的樣子，我知道他們沒老，只是在一樣的環境中待久了，麻木了。

還給他們一些時間，他們能老得更慢一點。

一個人的絮語

二〇二〇年春節，因為疫情，我取消了所有事先預訂的酒店和機票。

一天，爸爸喝著酒，自顧自地說：「過年還是出去比較好玩啊。」我笑了：「當初讓你出去，你不是不願意嗎？哈哈哈。」我爸根本沒理我：「你六月有假嗎？如果去不了很遠的地方，那就去海南吧？隨便逛逛也好。」

暈。

無聊到底是個什麼東西

無聊是個什麼東西？與閒著、發呆、寂寞、孤獨、無趣、無所事事一樣嗎？還是說它們都不挨著？

重讀一遍，發現自己最不能忍受的應該是無所事事。大概是有時間，但不知道怎麼用，手上做著一些事，但並不想要什麼結果，僅僅是消磨時間罷了。

無趣還好，有時下班去運動，跑步、游泳、器械，或多或少都會產生一種「現在真的很無趣」的念頭，但心裡又很清楚，雖然無趣但是有效，然後說服自己，有效也算是一種有趣。

孤獨，老生常談的話題。孤獨挺好，整個世界被自我意識佔領，別人進不來，自己也不渴望出去。孤獨是整個地球都在放煙火，你有兩張門票，想了想，選擇一個人欣賞。而寂寞是整個地球都在放煙火，你有兩張門票，你試了試，發現票送不出去，只能一個人欣賞。

發呆是舒服的狀態，隨著精神的放鬆，想到哪兒是哪兒，脫離現實的濾鏡，潛入最深的海底。

閒著是帶著一點不值一提的焦慮，無人提及便是自在，若有人問起，也能瀟灑地回一句「閒著」。「閒著」看起來是「沒事做」，實質只是一台快速運轉的機器上蓋的一層防塵布，一旦有丁點兒令人興奮的事，說「閒著」的人比誰都能更快進入狀態。

有時候，我會在書桌前坐上一兩個小時，什麼都不做。

說什麼都不做是錯的，其實做了很多事，聽聽老歌，翻翻各個出版社寄來的新書，倒一杯茶，喝完再換一杯咖啡試試，如果興致還好，就會喝一點酒，時間很快就過去了。

因為所有的舉動都是毫無目的的，聽歌不是為了要唱，也不是為了要記住歌詞，只是覺得有個背景音樂讓人舒緩。翻新書也不是為了寫讀後感，而是想看看有什麼故事或文字可以讓自己進入一整段時間。如果讀兩頁有趣，就會放在一旁，利用專門的時間來閱讀。讀書不是為了學到什麼，而是讓情緒放鬆。看電影、旅行、睡覺、談戀愛都屬於這個範疇，所以要找到自己願意投入時間的那個事物就很重要。

我曾經把自己的這種舉動稱為「無聊」。

但也正是因為無聊，所以就想從眾多雜物中找到「有聊」的東西，但不花時間去挖掘，又如何能找到自己感興趣的東西呢？

有人說，可以直接上網看推薦，看豆瓣，或者問周圍的朋友。那是很好也正確的方式，準確度也高。別人覺得有趣的東西，我作為一個普通人，自然也會覺得有趣。但我想找到一些不是這種「大眾的有趣」，而是屬於自己，或者小眾的有趣。這種「靠自己去發掘的有趣」以及主動「跟別人推薦什麼有趣」的過程比被動接受有趣的東西有趣得多。

以前日記裡寫過：人啊，常常是矛盾的，你喜歡一個人，就希望所有人都能喜歡這個人，但如果你喜歡一個歌手或一首歌，你又不希望他／它成為萬人大合唱的代表。但無論如何，若是比別人更早發現有趣的東西，那種感覺會讓你覺得自己很有價值。

因為喜歡聽歌，所以就會聽到很多驚為天人的歌曲，然後會分享到社交平臺上。以前聽到過一個歌手的歌，覺得太好了，唯一的缺點就是不紅，然後連發了兩條微博說此人不紅天理難容。過了幾年，他就獲了金曲獎。也有那種很喜歡的歌曲分享出來，過了幾年上了綜藝節目，成了大熱金曲。雖然自己並不是改變他們命運的人，但在小小角落裡看到這些變化，就會覺得自己還蠻有眼光的嘛。

我喜歡無聊的時間，因為在無聊的時間裡，不存在目的性這回事。一旦沒有目的性，似乎做什麼都是對的，就像我玩角色扮演類冒險遊戲，別人都是按照線索前行，而我是操縱主角到處跑。我想看看這個遊戲的世界到底是怎麼設計的，一花一草一樹一山，遠方有雲，近處有水，一大片廢墟也顯得壯麗唯美，撿起掉落的石頭扔出去，再撿起，再扔出去，看看石頭扔到不同的地方會有什麼不同的反應。

朋友問是不是有什麼隱藏關卡，能觸發什麼線索。

我說我亂來的，我就是無聊想看看。

朋友說我真的很無聊。

雖然沒有觸發任何機關，但我知道在這個遊戲開頭的廢墟宮殿場景裡，右邊有五根柱子，每根柱子的花紋不一樣；地上掉落了五塊磚頭，這五塊磚頭大小紋路不一，它們對劇情推進起不到任何作用，但我想為什麼是五塊而不是七塊，一定是遊戲開發人員討論過的吧。繼而想到自己工作時為角色寫臺詞，為什麼一定要這麼說，為什麼要用疑問句，不能用感嘆句，不能用陳述句，雖然這句話說完只需要不到兩秒，很大程度不會被觀眾記得，甚至連演員都會忘記自己曾說過這句話，它立刻就會被遺忘在整部電視劇裡，可它就是裡面很重要的一個部分，少了它，不是說不行，從整體來看，總是會覺得哪裡很彆扭。

「那五塊磚頭就是這個作用吧。」我對朋友說。

朋友哈哈大笑：「你真是很無聊啊！」

「你真是很無聊啊」這句話突然讓我想起上次回家時，我和爸媽在飯桌上的對話。

我跟我爸抱怨：「那麼多年了，我很不能理解媽媽，客廳明明有黃色的燈，多溫暖，她總不開，反而老開那個白色的燈，感覺特別陰冷。而且明明屋子裡那麼暗，她也不開燈，為了節約電，可萬一外婆摔倒怎麼辦？」

我爸也很惆悵地看著我：「我也不喜歡白光，我也喜歡黃光，但說了那麼多年她也不聽。」

我就扭頭問我媽：「你到底怎麼回事噢，心裡有沒有考慮過我們的感受啊？」

我媽還沒回答呢，我爸突然說：「你媽屬蛇的，這個年份的人跟屬相一樣，就喜歡陰冷的環境，所以不喜歡開燈，比起黃光來也更喜歡白燈。跟在不在乎我們沒關係，這個是天性。」

我頓時脫口而出：「爸，你真的很無聊啊！」

沒過兩秒，我回味了一下，覺得我爸說得很有道理，我媽不是不在意我們，而是她本性就是這樣。我突然就釋然了。

無聊雖然看起來無聊，但無聊之後，往往才能有的聊。

一個人的絮語

像我這樣的人多嗎？我不信只有我是生活白癡。

前兩天，我突然發現衣櫃裡的衣服有點淩亂，擺放已經完全看不出規則了。於是我就把衣櫃裡的衣服全部拿了出來，決定按顏色重新擺放。剛開始覺得一個小時就能搞定，沒想到忙了三四個小時，一邊放一邊罵自己無聊。可當我把衣服全部拿出來的時候，我發現了很多我找不到的衣服，很多我買了沒穿過的衣服，很多已經不會再穿的衣服。

徹底整理一次之後，這兩天打開衣櫃，心情好多了。

無聊應該是一種平和的狀態，不應該是一種寂寞的心情。

二十三個從別人身上偷來的小閃光點

從中學到大學，再到如今，遇見了很多自己很佩服的人，很希望自己能像他們一樣說話辦事，於是很認真地回想這些很棒的前輩或朋友，總結出了二十三個我很想學甚至到現在還在學習的閃光點。

- 任何事，只要麻煩了別人，耽誤了別人的時間，一定要說謝謝。沒有任何理所當然的接受，也不能因為沒膽量而不開口，說謝謝不僅讓自己心情好，也會讓對方開心很久。
- 工作時一定要很專注、很投入，因為見過朋友特別認真工作的樣子，覺得他突然帥氣了一百倍，自己也想要那樣。
- 工作能力有很多種，但解決問題的能力是最重要的一種。會解決問題的人在周圍人看來都會閃光，也許當事人自己也會得意，但也不怕被人討厭。
- 和人聊天時，專注地盯著對方的眼睛。以前覺得好奇怪，後來發現，敢盯著對方眼睛的人都很坦誠，有勇氣，也讓對方覺得投入。敢一直注視對方眼睛，就顯得很大方。
- 用完的東西要放歸原位，不要讓下一個看到的人皺起眉頭。
- 白T恤一定要白；襯衣一定不能有皺；指甲要按時剪短，千萬不要留一個很長，別人會誤以為你要隨時掏耳朵；頭髮要保持清爽，不然就戴帽子。
- 打噴嚏總是扭頭側一旁，打在胳膊肘上，讓人覺得有分寸感。
- 主動開口提及別人的優點，一樣顯得大方。

- 主動承認自己哪些地方做得不妥，顯得很有擔當。
- 能控制情緒，無論是爆發、暴躁、反駁還是自證清白，盡量都不要失控。
- 遇見臉上寫著焦慮的陌生人，要主動走上去問：「請問需要幫助嗎？」
- 遇見哭泣或難受的陌生人，要主動走過去關心，不是多管閒事，而是給人溫暖與安全感。
- 和人溝通時，很清楚自己要表達什麼，不會雜亂無章。如果能用很有邏輯的詞來層層遞進就最好不過，比如「首先，其次，再次，最後」，或者「我大概要表達三點：第一，第二，第三」，又或者「因為，所以，其次，總之」。自己要能保持很清楚的邏輯，讓對方感覺溝通起來舒服而簡單。
- 能記住周圍重要朋友的生日，並提醒其他朋友。
- 無論是朋友、同事還是上級，交代的事都要及時回饋和回應，讓人覺得你很把事當事，也很上心。
- 和朋友相約出去，要提前做好攻略，無論是美食還是購物，攝影還是觀光，讓人覺得安心。
- 對自己說出的每一句話都要負責，也能很清楚地知道哪些話是自己說過的，哪些話是不可能說的，有一套自己的為人原則，就不會記不清自己說過些什麼。
- 在別人和你探討他人隱私時，最好說自己不想參與也沒興趣，如果無法拒絕，不發言保持沉默也好。
- 會和周圍人分享自己覺得好的東西，無論是商品、音樂、電影還是書籍。樂於分享，證明你是一個對世界有好奇心的人。
- 對別人提出的要求，應該是換成自己也能接受的那種，雖然每個人都學過「己所不欲，勿施於人」，但不是每個人都做得到。

- 保有一個愛好、一項堅持的運動，能讓人生機勃勃。
- 定期去書店選書，不一定非得看名著或豆瓣高分，只要能看進去，能讀完，並有所感受，就是好習慣。
- 對待事情的態度要明確，不曖昧，不要給自己和別人造成更多困擾，這樣的話會更有擔當。

記得住每一年，又看得到改變，就不會害怕年紀變大

二〇一八年，我三十七歲，有年輕讀者看到後很訝異，覺得天哪，這個年紀離自己很遠，卻又因為我而讓他們覺得很近。

哈，以前我每長大一歲也會覺得天哪，又大了一歲！人生真可怕！

以前害怕，是因為覺得自己雖然長了一歲，可今年的自己與去年的自己、前年的自己沒什麼區別，虛度人生。長大長大，年紀長了，心卻沒強大。

恐懼的不是年紀，而是從未改變過的自己。

現在的我，很期待每一年的生日，然後認真坐下來，花大半天時間梳理過去一年的改變。

做了哪些過去不敢做的事？

克服了哪些缺點？

交到喜歡的新朋友了嗎？

有哪些人淡出了生活，為什麼？

是否找到了新的人生準則？哪些人生準則又被再度驗證？

明年還有什麼事想要完成？想起來就興奮。

於是，我將每一年每一件重要的事認認真真打包起來，存放進專屬於這個年紀的罐子，放進櫃子，想起來的時候就隨時打開，看看曾經的自己。

記得住每一年，又看得到每一年自己的改變，就不會害怕年紀變大。

我現在就開始期待，三十八歲的自己應該會更帥吧？

一年之後。

二〇一九年年初，在回家的高鐵上，我回想著二〇一八年年初的展望，總結一年裡的生活工作心得，得到了十一個感受，分享給大家。

- 一個人在一件事上做不好，改去做別的事，很大概率也做不好。
- 好的團隊在一起是加法，每個人都能對自己的部分負責。更好的團隊在一起是乘法，不僅能展示彼此，還能互相激發。
- 每個人一定都有缺點，決定合作時，就要明白自己能幫對方彌補這一點，而非事後再抱怨對方不行，事後翻舊帳只能證明你不行。
- 為了省事而做的事，一定會花更多時間去彌補，可真正重要的事連給你彌補的機會都不會有。
- 眼看事情要搞砸了才說「早知道就應該多花些時間」，說這話的人，一般都沒有為事情花時間的習慣，所以即使當初你給他更多時間，他也做不好。除去天賦，一個人的能力和此刻你給他多少時間無關，和他的習慣有關。
- 盡量關注身邊人每一個細節的波動，這樣就不會在對方改變時驚訝，失敗時失望，離開時憤怒，關注細節也是給自己爭取更多機會。
- 盡可能快速地承認自己決策後的失誤，不要硬撐。硬撐的結果是讓你浪費更多時間去掩飾一件大家都看在眼裡的事。你一直掩飾的樣子比一時死撐的樣子更令人擔心。
- 想要獲取更多，以前是看別人能給自己帶來什麼，現在是看自己能幫到別人什麼。你愈是能幫助到合拍的人，合拍的人就愈能回饋你更多。

這幾年依然覺得很正確的三個感受：

- 做得到的事盡力去做，做不到的事立刻放棄。

- 每個人一定要盡早找到「花時間就能做好」的那件事，如果三十好幾了還沒找到，在別人還沒有看扁你之前，你自己早就放棄了自己。
- 你心底相信且不認的事，別人只會覺得還沒結束。一旦你認，事情就只有一個失敗的結局。

寫完以上，發現自己這一年完全沒有提及朋友。

奇怪，朋友對我分明很重要。

想了一會兒才意識到，前年我寫了一條關於朋友的原則——不要與朋友合作，不要讓利益破壞了彼此的關係。正因為如此，這兩年我都沒有相關的困惑。

以上總結對我來說，因為對比了工作與生活中的種種，所以愈來愈趨於正確，不一定適合所有人，權當是分享。

我一直確信，一個人愈來愈有明確的行動原則，面對世界就會愈來愈明晰，望所有人未來都好。

感到羞愧很容易，但要改變卻很難

你有讓你特別羞愧的事嗎？好幾年都不敢想，想起來就想躲起來，過了好幾年，羞愧感被時間消化得差不多了，心裡也覺得自己再也不會那樣做了，才敢嘗試著提起。

和朋友聊起這個話題，突然想起一件事，真的是很羞恥又很慚愧啊……

五、六年前，我去參加一個圖書頒獎活動，主辦方很好，邀請到一位資深前輩給我頒獎，現場還有很多媒體同行和讀者，我坐在觀眾席特別緊張，一直在想一會兒應該說些什麼。

頒獎人上臺公佈獎項和獲獎人，於是我就站起來朝臺上走去。沒想到，我已經站在那兒了，頒獎前輩還在誇我，用了很多我受之有愧的詞，觀眾席開始響起一些笑聲，我也不清楚是笑我站在一旁很尷尬，還是笑前輩表揚我的那些話。

我天生是一個害怕被人當眾誇獎的人，只要別人誇我一秒，我就會立刻讓對方轉移話題，不要再提及我。這種心理很古怪，也許是覺得自己並沒有那麼好，也許是覺得自己馬上就要垮掉，不值得被誇。總之，只要所有人的目光都投射到我身上，我就覺得自己下一秒將會被聚焦的目光點燃，燒成灰燼。

於是我心裡碎碎念著：「謝謝老師，請快快說完，讓我領個獎，我就下臺了，求你了。」

之後頒獎老師說的那些話，我一句都不好意思聽，滿腦子都在想如何化解自己的尷尬，然後鬼使神差地想到了要說的話。

災難開始。

老師很熱情地把獎盃給我，然後我們用力地握手。

我很做作地看了一眼獎盃，然後說：「謝謝老師的肯定，如果我不在現場，還以為自己在參加誰的追悼會，誇得也太狠了。」

底下很多人笑了起來，我也笑了，還挺得意的，覺得自己化解了尷尬。

下了台，主辦方負責人過來找我，我們認識好幾年了，年齡相仿，所以他很直接地對我說：「劉同，你剛才的發言很幽默，但是可能會傷害到為你頒獎的前輩。」我很蒙，回想剛才發生的一切，突然清醒過來，瞬間起了一身冷汗。

我立刻意識到自己的錯誤，在一個那麼莊重的場合開了一個很不合時宜的玩笑，我甚至也能回想起頒獎老師抑揚頓挫的語氣，他是真的看了我寫的東西，是發自內心地在表達他的看法，他是為了鼓勵我，而我為了避免自己的尷尬，連帶他的那一份真心都拒絕掉了。

我一下就蒙了，我讓主辦方負責人帶我去找頒獎老師，要當面道個歉。他說老師已經走了，也沒提這些，應該沒問題，只是提醒我以後要注意。

我再三請求他們幫我道歉，然後對同事說：「我真的想一拳把自己打死。」

此後，這件事我再也沒有跟任何人提及，大概是覺得這個錯誤很難再彌補，只能在往後的日常裡改變和克服。

不得不說，羞愧感能讓一個人活起來更謹慎也更謙卑，不再那麼肆無忌憚。

朋友很有感觸地說：「因為小時候有很多毛病，所以會被同學吐槽。那時大家都是小孩，說話沒輕沒重，但每句話其實都傷害到了我。最初我是討厭那些罵我的人，後來我很討厭自己，為什麼自己身上有那麼多問題被人嫌棄？隨著年紀慢慢變大，我才知道，確實是因為自己身上有很多東西讓人不舒服，所以大家才會有奇怪的反應。雖然他們的表達方式對我傷害挺大，但也讓我明白了如何去看待自己的言談舉止。後來，我就很小心地說話、做事、笑。這種小心不是壓抑自己，自己還是自己，只是調整了自己和外界的溝通表達方式。慢慢地，這種羞愧感讓我開始變得輕鬆，不再覺得自己會讓人不舒服。有一天，有人突然跟我說，覺得和我相處很安靜、很舒服。其實，我自己也覺得很舒服。」

有人討厭自己，選擇回避身上的問題。

有人想幫助自己，消化掉難以下嚥的問題。

以前覺得做事穩重的人厲害，後來覺得不犯錯誤的人厲害，現在又覺得能改變自己的人才厲害。

穩重很好，但似乎缺少了一些熱血。不犯錯誤也很妙，但每一步都走得小心翼翼，看不到更多風景，不知人生彎路上學到的經驗同樣必不可少。而能改變的人才算厲害，敢承受失敗，也能學習總結，不停調整方向，吸取正確意見。相比起來，一個願意改變的人才能走得更遠吧？

嗯，我又讀了一遍，覺得確實。

三十八歲的我，真是晚熟啊！

一個人的絮語

寫完這篇文章，我立刻發消息問默默、浩森等幾位朋友：「你們覺得我是願意改變的人嗎？」

雖然我一直覺得自己挺自知的，但能從朋友那裡聽到一些肯定當然更爽咯。

哪怕我到八十歲，也會問他們：「我年輕時挺熱血的吧？」

過了十分鐘，他們陸續回覆我了。

第一個：「非常是啊，但是你的執念也非常深，你認為對的事情，就覺得都應該自己來解決，不太想借用過多外力，這樣，弱者在你這裡就沒啥用，強者就覺得你不願意改變。哈哈哈哈哈哈哈哈哈。你是實在沒轍或者想得非常通的時候才改變，你不是輕易會改變的人。」

第二個：「是的。但箍牙前，我覺得你不是，你死活覺得箍牙沒有意義，直到你願意箍牙之後。」

第三個：「你已經有自己的一套方法論和做事的方式，但是如果別人說得有道理，你是聽得進去的。」

第四個：「為什麼突然問我這個問題？你怎麼了？」

第五個：「你會為了自己改變。這個改變一定是對自己有好處，但未必利益會在自己身上。簡而言之就是你挺想得通。」

嗯，雖然答案都不是特別肯定和令我滿意，但能有幾個可以問這種奇怪羞恥問題的朋友，他們還會回覆我，我就很厲害咯。

不信你試試？

如果這段時間你和我一樣很焦慮

1

「好想去上學。」

「好想去上班。」

「好想參加會議，在會上和同事面對面爭辯幾個回合。」

疫情期間，「你最近怎樣」大概是大家最常聽到的一個問題，別人不問你，你也想問別人。也許你並非真的關心對方在做什麼，只是借對方的回答做個對比，看看自己活得是否真實。

見的人愈來愈少，說的話愈來愈少，低頭一看，似乎已經看不見自己的下半身了——這樣的日子久了便產生一種奇怪的不真實感。我盡力把時間填滿，看書，看影視作品，寫文章，開劇本會，每天固定在家運動一小時。

可越是這樣，我越困惑——這麼下去，到底是不是對的？

有一天，我躺在沙發上放空，放著放著，我決定做一些能讓自己更有安全感的事，於是向幾個朋友要了郵箱地址。

他們都問我怎麼了，我說：「我想給你寫信，有空就回。」

沒有一個人說「你很奇怪」，相反，他們都說「好」。

於是，我列了十個問題，比如：「你人生中最黑暗的日子是什麼時候？」「你的人生還會有變化嗎？如果沒有，為什麼？如果有，你做了哪些準備？」

很快，我收到了回信，然後開始聊。

就這樣，我們聊起了許多從未聊過的話題。

2

第一個給我回信的是一位老朋友。

她是個性格開朗又有趣的人，每年回老家，我們都會坐在一起聊聊天。

高中時，她看了《還珠格格》，決定放棄文化課，改去表演學校學表演，沒想到很快喜歡上一個男生，一畢業就結了婚。婚後，他們過了一段很不錯的日子，可不久家裡生意失敗，人生最黑暗的日子來了。

她回信說：「那時老公在境外處理生意，我懷孕七個月，每天守在飯店，挺著肚子坐最晚的公車回家，還不敢跟父母說實情。我沒演上小燕子，卻接到了比小燕子還慘的劇本。那段時間，我天天在公車上哭，感覺人生比窗外的夜還要黑。」

我說：「雖然你也三十多歲了，但還是跟二十多歲的小姑娘一樣，一點沒有認命的跡象。」她說：「歲月每天都在摧殘我，可我無時無刻不在思考東山再起，沒時間搭理它啊。」

看著這麼搞笑又辛酸的回覆，我眼淚差點掉下來。如果不發這封信，我永遠不知道她經歷過什麼。那一刻，我更了解她了。

另一位回信的朋友來北京已經十年，人品沒的說，可做了幾茬生意都失敗。我問他，這些年有沒有讓自己覺得生活還是很有希望的時刻？他回信說有幾個瞬間。

第一個瞬間是剛來北京時和朋友們去KTV，一個朋友在唱歌，他為了不擋住歌詞，彎著腰低著頭走出去。突然，唱歌的朋友不唱了，停下來對他說：「這裡不是開會，你不用彎腰。你那麼在意別人的感受，要是好好發揮這個優點，一定能在北京待下去。」這是第一次有人肯定他，讓他覺得未來有希望。

第二個瞬間發生在老家，他和朋友一起玩，朋友向陌生人介紹他時說：「這是我最好的兄弟。」簡單一句話，讓他覺得未來很美好。

3

和幾個朋友寫了幾天的信，我心裡的焦慮和空虛感消失了。人是需要碰撞的，無論是面對面的交流，還是觀點與觀點的碰撞。一個人長期單獨待著，便會有奇怪的真空失重感。與人相見，與不同觀點碰撞，會產生迴響，讓你明確自己在什麼地方，是什麼模樣。

這些天，我常和社區裡的好朋友見面，很刻意地聊起各自對很多事物的看法。大家的觀點常有不同，但我們都會安靜地聽對方說完立場和看法，再一點一點討論。這樣的聊天不是為了爭輸贏，分勝負，而是想讓自己更加客觀理智，完整而不偏執。

也許是人們花了更多時間上網，很多網上新聞都有非常精彩和豐富的評論。面對這些，我和朋友會盡量多看多了解，而不是急於表達觀點。之所以刻意不急於表達，是因為沒人知道網路的另一頭是誰，他們是否會像朋友那樣面對面、客觀理性地和你討論，聊出一些真相。看多了評論，你會發現，一些人之所以發聲，只是為了捍衛自己的觀點，全然不在意別人說了什麼。網路真的讓人離真相更近嗎？這要看你說話的動機，是為了真相，還是為了表達自己。

如果你和我一樣焦慮，有不真實感，我建議你多和朋友聊天，寫信、打電話都行，把時間從手機和電腦上抽走一些，讓情感流動起來，讓觀點碰撞起來。

人的真實建立在與外界的碰撞上。山本耀司說過，「自己」這個東西是看不見的，撞上一些別的什麼反彈回來，才會了解「自己」，跟很強的東西、很可怕的東西、水準很高的東西碰撞，才知道「自己」是什麼，這才是自我。

其實，只要你願意與外界發生碰撞，就已經邁出了讓自己變得更「真實」的那一步。這樣做的最大好處是，如果對方和你一樣焦慮，你也就不必焦慮了，大家都一樣，又不只你一個。

一個人感到焦慮，往往就是覺得自己是那個唯一，唯一一個被甩下的，唯一一個落後的，唯一一個孤獨的……

如果對方不焦慮，你就多問問原因，對方的體驗一定能幫助你減緩焦慮。

4

最近把自己的文字作品改編成劇本，遇到了一些瓶頸。問了出版社的編輯，也問了其他編劇，大家都在各自立場發表觀點，都沒錯，似乎又都不對。我被夾在中間，焦慮了好幾天。

我一直在想該怎麼辦。

一天，洗澡時，我腦子裡突然閃過一個人——一個很厲害的人。他也是創作者，也做過自己作品的編劇，但我和他沒私下見過，也沒那麼熟，貿然提問非常唐突。可是，能解決我問題的只有他了。想著想著，澡都沒洗完，我就立刻擦乾手，發了微信過去，坦承自己遇見的問題，冒昧地想請教一下。

沒過多久，對方回了消息：「好啊。」

就在這一瞬間，我心裡的那個結似乎解開了。

無論你是在家裡辦公，還是在等待開學，抑或者即將畢業不知找不找得到工作，想要解決焦慮，除了多和身邊人交流之外，似乎也沒有更好的辦法。朋友也好，家人也好，對他們說出自己的擔心，讓大家看到真實的你。

停止瞎想，避免抑鬱，給自己建立一個時刻有回應的環境——你不會被拋棄，也不會被忘記，你活在人群之中，過完這段時間，依然可以勇往直前，爭取你想要的一切。

一個人的絮語

我將郵件中的問題整理出來，列在下面。如果你正在焦慮，或者很缺乏安全感，不如認真思考一下。

1、你正在另一個城市工作或學習嗎？為什麼？還記得剛到這裡時的感覺嗎？

2、你覺得有多少存款才能夠鬆一口氣？如果有一大筆錢，你想用它做什麼？

3、你人生中最黑暗的日子是什麼時候？

4、上一次哭是因為什麼？

5、你覺得三年後的自己會做什麼？

6、你是怎麼認識最好的朋友的？

7、你的人生還會有變化嗎？如果沒有，為什麼？如果有，你做了哪些準備？

8、還記得讀書時的夢想嗎？實現了嗎？周圍有實現你的夢想的朋友嗎？

9、你覺得一個人最大的孤獨是什麼？

10、你最大的優點是什麼？

第三章

一個人就一個人

「無法常見面」才是生活的本質。

很多老朋友哪怕很多年不見，

一句話、一個舉動就能消除因時間產生的隔閡，

瞬間回到以前。

當你願意花時間去做自己擅長的工作，

人生離改變就不遠了。

焦慮是一種負面情緒，

但也證明了你對生活的積極。

人最怕的就是沒有盡力，

導致沒有把握住機會，

盡力了也沒有把握住機會，

有什麼可難過的？

三十八歲的我，想跟你聊八個新感受

三十八歲的我和之前的我有什麼不同呢？

可能最大的不同就是我很怕再浪費時間。

我也是三十五歲左右開始對自己真正認同起來——只要我很想做的事情，就一定花時間去完成。

換作十年前，我是不敢這樣說的。

首先，我不敢肯定我要做的事是否正確，我是否適合或擅長，我是否會浪費時間而沒有結果。

從二十多歲到三十多歲，明確了一點：總有一天，當你願意花時間去做自己擅長的工作，人生離改變就不遠了。

這個改變不僅是指物質的回報，更多的是精神上的滿足與自信。

當我明白時間對我的重要性之後，很多事情開始在我心裡有了主次之分。

經過這兩年，我覺得有八點心得對我的生活很有幫助。

依然在生日這天拿出來分享，如果對你有啟發，就很好。

如果你不認同也沒關係，世界上大部分事情因人而異。

1

能用文字說清楚的，絕不用語音。

能發微信的，絕不打電話。

能打電話說清楚的，絕不碰面。

2

與合作者溝通，能溝通一次就彼此了解最好。
如果溝通兩次不行，那就放棄合作，尋找別的更好溝通的。
很多事例告訴我：短時間內要讓兩個幾十年時間才形成的價值觀達成一致，太艱難，盡量尋找更匹配的。

3

今天看朋友肖瑩發的一條動態，大概的意思是：我們都是成年人了，你不用對我撒謊、婉轉，顧左右而言他，我們並不生氣你的欺騙，我們只是生氣你在浪費我的時間。
沒錯，當我意識到這一點之後，我並不生氣那些拒絕我、不給我面子、瞧不上我的人。
比起這些，我更討厭那些把我當傻子的人，他們或許覺得傻子的時間不值錢。
所以一旦我察覺到不直接的溝通方式，要麼追問到底，要麼直接撤退。

4

可以踮著腳尖去搆一些優秀的合作者。
能搆得著，證明你實力和能力都到了。
搆不著，不用糾結，也不必懊惱，這只是證明你們不匹配。
比起去夠最好的資源，找到「最匹配自己」的資源可能更有效。

很多過往經驗告訴我，拚盡全力搆到了我自身能力駕馭不了的東西，未來給自己造成毀滅性後果的可能性更大。

就合作而言：抱團取暖是最差的選擇，抱大腿也不是最厲害的結果，如果你能在芸芸眾生中找到一個與你旗鼓相當、平分秋色、各有千秋的合作者「強強聯手」才是最優的。

你是一桶汽油可以隨時點燃我，不如我倆都是打火石，碰撞在一起有火花更精采，也高效。

5

遇見不喜歡的人、不喜歡的事，能避開就避開。

以前對於很多事，我會說「不喜歡」，現在我只會說「不感興趣」。

「不感興趣」能節約很多時間，包括生氣的時間、憋屈的時間、解釋的時間、憎恨的時間。

「喜歡和愛」可以沖淡絕大多數負能量。

反之，充滿負能量的人一定缺少「自己的喜歡和愛」。

6

給自己多設立一些生活原則。

比如與朋友不發生經濟往來。

早幾年前，因為沒有這樣的原則，所以從發生經濟往來開始，再到過程，再到結束，好人都做成了壞人。

為了保護自己的心情和友情，就定了「絕不和朋友發生經濟往來」的原則。

從此，只要有類似的事情出現，我都會直接告知朋友。朋友也都能理解。

這對於我的生活和心情是一種極大的改善，不會讓自己長時間一直陷入某種糾結裡。

7

二十出頭的時候，到處找機會，什麼都想做，無可厚非，那是一種對自我與世界的試探。

但過了三十歲，應該要分得清什麼是真的機會，什麼在讓你濫竽充數。

有很多爛機會光鮮亮麗，讓你想要付出，實質上它們只是想找一個「更便宜」「更好管理」的人。

你和更多「願意更便宜」「隨便管理」的人一直競爭，最後贏了，做了也毫無成就感，輸了更是令人喪氣。

真正的機會能成就你，假的機會只能讓你成就機會。

8

最後一條關於父母。

很長很長一段時間，我和父母沒法溝通，說什麼都是錯，說什麼都不聽，於是我就躲著，不發生正面衝突。

有一天，我突然想明白了一件事：如果他倆任何一個突然離開了，我會怎麼辦？

一旦我有了這個假定，我爸媽說任何東西，我都不生氣了。

「一旦發生最壞的結果，你會怎麼辦？」

這麼說可能很多人接受不了，但我想明白了：之前我生氣，是因為我一直覺得他們是父母，我是子女，我從起點走過來，習慣了。過了三十歲，我不再是「從起點走來的人」，他們變成了「走向終點的人」。

不願意失去重要的人，是解開心結最好的方式。

做最壞的打算，能讓我不再浪費時間與父母慪氣。

以上就是我想和你們分享的幾點。

今天我三十八歲了，感覺很好啊！

像狗一樣思考，人生估計更美妙

北京的春天陽光明媚，容易讓人誤以為是秋天。

北京的秋天算得上是最好的季節，一切似乎都是透的，人和人的關係微妙又簡單，咖啡館裡的交談歡樂且悅耳，建築物也在各自座標上發著光。就像一夜之間，有人為北京的秋天充了三個月的VIP會員，開啟了藍光原畫模式。

但現在依然是北京的春天，同喜安靜地趴在離我不遠的地方曬著太陽，假裝自己是一隻貓。

我看了一本買了很久的關於切爾諾貝利倖存者的採訪實錄，連著三個故事看得眼淚汪汪的。同喜似乎察覺到什麼，站起來走到我腳邊又躺了下來。我看牠實在是躺得太心安了，索性放下書，也側身躺在牠旁邊。同喜扭頭看了我一眼，眼神裡傳遞出「你又鬧什麼花樣」的意思，繼續養神，彷彿是在為下一刻的自己充電。

躺在一條狗身邊，和牠一起曬太陽，感覺很奇妙。

牠在想什麼，能想什麼？

最近牠也沒交新朋友，但和弟弟二白的關係處得相當不錯，發零食會先讓給弟弟，然後安靜地坐在一旁，心裡大概想：「吵也沒用，跳也沒必要，反正想吃什麼，只要在收納它們的櫃子前搖搖尾巴就好，再不濟嗚嗚兩聲，什麼都有了。」

我養了兩條泰迪，一黑一黃，黑的叫同喜，十一歲，算是大孩子。九歲時，因為我工作太忙，怕牠一個人在家得抑鬱症，就給牠找了一個弟弟——

二白。之前還找過別的，但同喜不喜歡，老躲著，沒眼緣就很要命，直到遇見了三個月的二白，同喜會一直聞牠，繞著二白嗚嗚叫，大概就是願意分一些地盤給這個小孩。

我躺在同喜身邊，饒有興致地揣測著牠的思考。

十一年間，牠搬過很多次家，尿過很多草地，占領過一些地盤，也不知道現在那些地盤都是哪些狗在閒逛，曾經被我怒吼的大狗們現在還好嗎？聽說後來北京五環內都不允許養大狗了，它們被迫和主人一起搬家，或被主人送到了更遠的朋友家。

同喜突然「唉」地嘆了一口氣，大概是想道：「我喜歡的那個白色布偶兔子呢？」上次被二白玩了之後就不見了，也許又被牠甩到哪張沙發底下了吧。

突然，同喜和客廳的二白同時叫了起來，仔細聽能聽見門鈴聲在它倆此起彼伏的叫聲中求生。

我的外賣到了。

中午點了一份海南雞飯。很奇怪，每次不知道要吃什麼時，海南雞飯就會自動跳出來說：「那就吃我吧。」本是備選中最穩妥的選項，一來二去就成了午餐的標配。餐盒裡是熟悉的擺得很整齊的一排海南雞，能看出廚師切塊的手速和姿勢，配了一碗被雞油炒過的米飯，每一粒都裹著黃褐色的光澤，還配了一碗清湯。我在備註裡寫了蘸料只需蔥油，所以就配送了一份量很足的蔥油蒜蓉薑末料。雖然好吃，但我連續點了幾次之後，便從紙袋裡翻出了一張餐廳的菜單。我都能想像得到餐廳的夥計和送餐員說：「這個客人好可憐，每天都要吃海南雞飯。我們店也有別的好吃的，別老吃一種啊。」

什麼東西好吃，我就會囤好多一直吃，直到吃膩了為止。拉麵一次買幾十盒，冰棒一次買好幾箱，果凍一次買二十斤，好處是想吃的時候立刻能吃上，壞處是一想到還有那麼多，就不著急吃了。總體下來還是有好處的，就是讓我養成了克制的好習慣。

有段時間特別喜歡點小肥羊和海底撈的火鍋外賣，後來索性就在網上各買了二十袋火鍋底料。你猜怎麼著，自從買了這些底料後，突然就沒那麼想吃火鍋了。

得不到的，就想立刻得到。想想反正都有了，那緩緩也不遲。以至於此刻我自己都沒想明白這到底是一些惡習的解藥，還是影響人生態度的毒藥。

同喜和二白又開始嗚嗚叫。牠倆站在放狗零食的櫃子前，繞著圈圈。狗就不一樣，喜歡什麼就可以一直吃，吃到天荒地老，不在意別人的看法，也不會覺得因為櫃子裡有很多零食就突然不想吃了。

一直熱愛，一直興奮，讓櫃子裡的零食們也覺得自己很有存在的價值。

因此，吃完海南雞飯的我，又去冰箱裡取了一根冰棒。

我需要把它們都吃完，不然感覺自己連狗都不如。

一個人的絮語

《誰的青春不迷茫》裡寫過一個小故事，一個雜誌的記者採訪我時問我覺得自己像什麼動物，我說特別像一條賤狗，待在角落可以一動不動，你喊我就過來，不喊我也不覺得落寞，不覺得自己了不起，能適應一切環境。

說自己像賤狗時，我還沒養狗。

這些年，我養了兩條狗，黑泰迪叫劉同喜，十一歲了，黃泰迪叫劉二白，兩歲多了。我給同喜開了一個微博，用狗的視角發了很多「狗生」的思考。當然，如果牠真能看懂微博的話，可能會覺得我特別傻，還誤以為牠也特別傻。

養了牠們之後，我發現有一點我和牠們特別像，就是念舊。

同喜有一個籠子，從小牠就生活在裡面，每次牠犯了錯誤，我一大聲批評，牠就會躲進籠子裡。到了現在，只要我回來發現垃圾桶倒了，眼神一瞟，同喜就會帶著二白迅速躲進籠子，大意就是——啦啦啦，我們進籠子啦，你打不到我啦啦啦。

小時候我爸媽打我，我就會鑽到床底下，他們也鑽不進來，拿我一點辦法都沒有。以至於現在我對床底下都有一種奇怪的安全感……超像我家的狗。

杯子、入眠音樂和其他

一、杯子

看了一會兒書，突覺太陽有些大，戶外還只是攝氏五度，透過玻璃卻錯覺夏天快來了，於是就想喝一杯冰水——純淨水裡加冰塊那種。

起身去櫥櫃裡找杯子。

兩年前，我常用的杯子就一個，喝茶、喝水、喝飲料、喝酒都是那個從宜家買的大玻璃杯。

後來，和朋友去日料店，點了一瓶清酒，店員拿來一個很大的托盤，上面放著十幾個清酒杯，顏色各異。杯子呈上來的那一刻，我忽然明白——原來喝東西是要搭配心情的。

目光慢慢撫摩過每一個清酒杯，想像著拿它喝酒的心情。

藍色螺旋紋的，應該和朋友一起，聊聊夏天出行去海邊的計劃。

石灰漸變暗墨色的，應該和合作夥伴一起，聊的是未來幾年的工作目標。

還有個鑲滿碎彩色玻璃的，拿它喝酒第一句話一定是「今晚不醉不歸」。

那晚回家路上，我決定多買一些杯子，各作各用。

現在喝冰水這個，當初買下的目的並非如此單一。

因為朋友們來家裡做客，杯子都一樣，很容易拿錯。

我媽的辦法是貼便利貼，寫上名字。

我的辦法是買一套透明的動物頭像的玻璃杯——每個杯底都燒制了一個動物頭像。我喜歡大白熊，你喜歡可達鴨，有人喜歡恐龍、小狐狸、泰迪……

應有盡有，這樣多好，八隻動物就解決了很多問題。

杯子好看，選杯子時朋友也很開心，但很快我就發現，呃，好像失誤了。杯子是透明的，只要倒入咖啡、紅酒、橙汁、茶等任何帶顏色的液體，立刻就看不清裡面的頭像了！

真是有趣啊！

這個好笑的結果比這個杯子更有趣，不是嗎？

也好，只用它來喝冰水，單是看到這些動物頭像，就很有夏天的感覺。

八個透明的帶動物頭像的玻璃杯擺成一排放在櫃子裡，就好像一個合唱團。每當我和它們目光對視，就感覺它們會一起合唱：這是一個大傻子，買了我們好多個，居然不能喝果汁，沒文化還沒知識……大呆子大白癡……這次只是買杯子……下次……

趕緊轉移視線，不看它們。

唱吧，唱吧，有這樣的背景音樂，生活也格外有聲有色。

二、入眠音樂

前兩天睡前，Apple Music 給我推薦了一張鄭秀文二〇〇四年的粵語專輯，旋律一下就把時間拉回到了讀中學的時候。

那時我都是開著音樂睡覺，後來也不知道是從哪一天、哪一歲、哪一年開始，再也不這麼做了。

躺下，熄燈，戴耳機聽歌。

回味是一件很妙的事，黑暗裡，我似乎又回到了中學時代，舍友們都入睡了，而我在歌詞裡細想著未來。

聽歌睡覺的感覺格外踏實，就像躺在浴缸裡，耳機流淌出來的音樂漸漸填滿浴缸，將整個人包圍，進入夢鄉。

只是沒想到，夢見自己去了迪廳，聒噪的鼓點、刺眼的鐳射燈讓人心神不寧，突然半夜驚醒，原來耳機裡放著一首鄭秀文的電子舞曲。

中學時用的是卡帶機，一面放完就自動停止，電池用完也會自動停止。大學時用的是CD機，聽完整張就自動停止。而過了這麼多年，我竟然忘了，手機裡的音樂會迴圈播放，一直不停，直至天明。

以前的音樂像是朋友，看你入眠了，也就躺下來讓一切安靜。

現在的音樂像是異國他鄉，一覺醒來，不依不饒，音樂對你說：「嗨，你醒了，我們可是玩了一整夜哦。」

三、其他

長大後的生活自然便利了許多，但也常會懷念幼時的那些小習慣、小愚笨或小衝動，那些如果此刻再做就會被人嘲笑為「你傻不傻」的舉止。它們在成長的過程中因為規矩，被我們在與幼稚告別時一一放進了年歲的書架上，積滿塵灰。

踩著梯子隨意探尋每一年的書架清單，真是豐富有趣。

你看這張照片，大概是初中吧，媽媽突然很沉迷於把黃瓜切片敷臉，我總跟著一起。我媽嫌我浪費，我也不閒著，吃完西瓜用西瓜皮給自己抹一臉，聽別人說西瓜敷臉更有效！我媽還信了，跟著我一起敷，還不讓我爸把吃剩的西瓜皮扔掉。

我爸說他是個醫生，怎麼看不懂我媽。

我媽說自己是護士長，不需要他看得懂。

反正那兩年夏天，冰箱裡從來沒有少過西瓜，以及，吃剩的西瓜皮。

還有張照片，是我的雙面名牌衣。關於它的故事在《我在未來等你》一書和電視劇中都有提到，還讓服裝老師專門給我做了一件留下做紀念。

那天拍完一場戲，我穿著衣服美滋滋地回家，正反兩面穿給我媽看，問她：「還記得嗎？」我媽說：「你這是假的吧？怎麼可能一面是耐克一面是這個什麼馬？」

我一愣，反問：「你知道是假的？你知道是假的為什麼小時候還給我買，還騙我是超級大名牌？」

我媽表情很淡然，看著我說：「哪有？不可能。」

難道是我撞鬼了？那這段劇情是從哪裡來的？老天托夢給我的？

「你還寫成劇本了？」我媽問。

「對啊，這是我的真實經歷啊。」

「你不能這樣，這就是敗壞我的名聲，以後大家都說我給你買假的了。」

我媽有點急。

「你剛不是說你不知道嗎？沒有嗎？」

「懶得和你說。」

照片裡記錄的傻事真的挺多。

夏天太熱，想在下午喝冰水，就把瓶裝水放在冰箱裡冷凍，然後永遠都帶著一坨冰去上課，明明渴得要死，瓶子裡卻還是冰。

喜歡一個人，就給對方買吐司麵包，啃成心形送給對方，被嫌棄了一整個學期。

攢了一年的零花錢，只夠買一個世嘉MD遊戲機和一款遊戲，買回來後發現是全日文的……又不能浪費錢，只好把每個選項都選一遍，來回試，浪費了巨多時間，硬是打通關了。同學問：「日文你都懂？」我沉默許久。我知道自己一個字都看不懂，但又總感覺好像什麼都看得懂，但我不能說，不然同學又會嘲笑我。

陪媽媽值班，媽媽說冬天膠帶黏性不大，要稍微溫熱才能貼在皮膚上。我就拿了一塊膠帶放在火上烤，然後貼在自己額頭上，一撕，那塊皮沒了……很長一段時間，我的額頭都有一道膠帶的痕跡，別人問我怎麼了，我說我是另一款哈利．波特。

想起一個朋友，小時候父母不想讓他看電視，就把電視聲音調得很小，他只能偷偷地趴在窗子外面看。久了，他就學會了讀唇語。

很懷念那時的我們，不是因為蠢事有趣，而是因為那時的我們有趣，做了很多奇怪的事，對很多事有奇怪的理解，那些奇怪讓我們的過去格外精采。

犯了錯，吐個舌頭或硬著頭皮，大人們樂呵呵的，小孩們賤兮兮的。

朋友給我發來一個視頻，說特別好笑。

這是一段外國人的脫口秀，在跟外國觀眾介紹新冠肺炎疫情背景下中國老百姓的生活，現場放了很多中國老百姓隔離在家自己拍的視頻。有人隔著一棟樓在落地窗前鬥舞；有人戴著恐龍手套，模仿著一口一口吃掉街道上來往的車輛；有人在家裡設置景點帶孩子逐一參觀；也有人在家裡開小賣部；還有人坐在客廳的魚缸前釣魚……外國人看得哈哈大笑，原來中國人那麼幽默，而我笑著笑著居然有了一種感動——其實很多成年人並沒有丟掉他們童真的一面，有些事並不是不敢做了，而是沒有機會做了。

我給好朋友發了一條短信：「你上次不是喊我一起去跳街舞嗎？等疫情好了就一起唄。」

「你不是嫌自己跳得醜嗎？」

「不怕了。」

「好。」

一個人的絮語

杯子、音樂也好，西瓜皮也罷，文字最好的作用就是可以隨便寫些什麼，讓自己清楚地記得當時的心情，但如果不記錄下來，只是當時開心，事後就會全然忘記了。

我打開手機備忘錄，翻了翻曾經做過的記錄，發現了一些和朋友開的玩笑，一些很棒的句子，看美劇時覺得很精采的編劇技巧，這些都以很短的文字存在備忘錄裡，時刻提醒著我——你看，這裡還有很多你在時間裡打撈上來的東西。

我願意一直記錄下去，無論何種生活、何種境遇。

焦慮是一種負面情緒，但也證明了你對生活的積極

「你很久沒寫點什麼了。」

「沒什麼可寫啊，焦慮。」

「那更值得寫了，別忘了，你二十多歲那些破事都能每天寫進日記裡。」

「也是哦。」

我和我的對話。

1

焦慮，真的是焦慮，最近每天如坐針氈。

兩年前焦慮的是劇本，後來焦慮的是演員，再後來，焦慮拍攝，焦慮剪輯，焦慮定檔。

每天被無數人問：「怎樣了，你那個劇能上了嗎？」

因為沒有最後定，所以什麼都不能說。

有時在公司待久了，怕又被問，乾脆去健身，運動兩小時，暫時忘卻一些焦慮。

2

《哪吒之魔童降世》好看，票房也好，全公司上下都很振奮，很多朋友都對我說：「光線真厲害，恭喜你啊！」

「謝謝，謝謝，會愈來愈好的。」

外人看來，光線真是耐得住寂寞，讓我覺得作為光線人也很自豪。但公司內部來看，這部片子是光線動畫業務板塊彩條屋的作品，彩條屋的頭兒就是年會上我「吐槽」的高標準、嚴要求的易巧，他一九八八年生的。

又焦慮。

想到大家都是來北漂的，都進入光線很多年，他比我小七歲……

唉，又想去健身房揮汗如雨忘記世間的煩惱了。

當然，唯一可能還值得慶幸的是，我還在心裡反思，想看看自己的差距在哪裡。

如果有一天光顧著為別人慶祝，那就真算是徹底放棄了吧？

3

我有一個小老弟，裡則林，一九九〇年生的，我們因文字在網路上相識。

後來，他來了北京，如今我們樓上樓下。

前段時間，他將小說《瘋犬少年的天空》改編成電視劇，所以最近和我見面時，總是逮住一切聊天的空檔，掏出手機對我說：「同哥，你看看我們的片花、我們的宣傳片、我們的花絮、我們的片段……」

我只能被迫看，其實我根本不想看，原因也特別簡單，因為看了之後更焦慮……拍得真的很好，演員也演得好。我只能拿出手機反攻：「那給你看看我們的片花和 MV 吧。」

他看完之後也很焦慮：「好感人啊，你們什麼時候上啊？我很擔心我們撞期。」

「在等呢……」說完，又想去健身房了……

我終於明白為什麼每次朋友 Will 來我家時，我給他看成片，他都拒絕。他不是嫌棄，也不是不上心，是因為每次看完，他都會很由衷地感慨一句「真好」，然後整個人立刻陷入那種「我自己該如何是好」的狀態。

看到他的樣子，就想起了我的樣子，那種恨自己不成鋼的樣子……原來每個想變好的人都會有這種樣子……

所以，為了避免焦慮，他從此拒看所有與我們有關的東西。

真不是人……好歹可以讓我開心一點啊！

4

我問團隊的同事：「為啥在這段時間，在沒有確切消息的日子裡，我做什麼都很焦慮呢？」

沒想到，他們異口同聲：「我們也是……」

沉默了一會兒，我大概明白了如此困境的原因。

「你們不覺得嗎？我們團隊手頭的事太少了，就這麼一件事看起來成形了，所以所有的希望都放在上面，整天風聲鶴唳的……如果我們像彩條屋那樣，同時開展很多專案，哪一個出了小狀況都沒問題，解決就是了，就不會再天天患得患失了。」

大家仔細咀嚼了其中的含義，覺得還真是這樣。

立刻，大家就把各種專案進程表拿了出來，開始盯進度——事實證明，無論是人生還是工作，一旦有了各種明確的計劃，就不會每天跟傻子一樣等著一件事的結果。換句話說，如果一件你看中的事沒有結果，難道你的日子就過不下去了嗎？

當然得照常過。

所以，重點不是這件事的結果如何，而是你對未來的規劃是否足夠明確，不受任何事的影響。唯有做到這樣，才不會像我前段時間那樣整天冒冒失失，只能靠運動去打發時間吧。

5

要說開心事也是有的。

一焦慮就去健身房，一焦慮就去健身房，一焦慮就去健身房，一焦慮就去健身房，一焦慮就去健身房，一焦慮就去健身房，一焦慮就去健身房，一焦慮就去健身房，一焦慮就去健身房，一焦慮就去健身房，一焦慮就去健身房，一焦慮就去健身房……

那麼多、那麼多的焦慮，硬是給擠出了一點腹肌……

腹肌請強行腦補……

強顏歡笑臉。

好朋友，老朋友

碰不到節慶，也沒有煙火遊行。
不常有流星，沒太多的任性。
我會適應這愛情的畢業旅行。
但是都已經都已經來不及，
曾經堅持的約定，現在誰還履行？
錯過的風景以及愛情，
親愛的你。

——《畢業旅行》（黃湘怡唱，李焯雄詞，伍思凱曲）

聽了那麼多年《畢業旅行》，好像從未研究過它講的是什麼。於是認真閱讀起歌詞。

沒仔細看之前，只記得旋律悠揚，嚮往明天，適合做畢業歌曲，學業完滿結束，一個人踏上新的旅程，在途中學著長大。看了歌詞卻愣住，似乎是我誤會了，這是一首愛情歌曲，說的是一個人在愛情裡畢業了。再仔細想想，似乎我的理解也沒錯，愛情結束，告別那個人，獨自踏上新旅程。

腦子裡迅速走了一遍畫面，發現身邊人失戀是常態，比失戀更常態的是一個人穩妥地生活——去常去的餐廳，與相熟的服務員說你好，連功能表都不用看，直接一個微笑，「還是老樣子就好」，一頓飯，一條街，一個7-11，一隻貓，一條狗，關上窗簾是黑夜，打開窗簾是世界。

單看他們，也許會覺得他們曾失去了另一個人，而養成了一個人的固執。

但也許是他們根本不需要另一個人，疾風驟雨，都是自己，抖一抖身上的雨水，就算是解決了所有問題。

沒愛人沒關係，後來連朋友似乎都能戒掉。

早些年，覺得朋友之間的關係應該是一束滿天星，捧在手裡，星星點點，卻也欣欣向榮。

後來發現，不是所有朋友都在同一個節奏上，隨著自己對生活和未來有了新的認知，便選擇了很長一段時間的自我反思與蟄伏。這期間朋友四散，沉的沉，落的落，加班到半夜，抬起頭覺得孤獨，幸而還有幾位分布在星座裡閃著光，自己與他們的距離雖遙遠，但想到大家都在各自的地方努力，也能組成別人眼裡的星座棋盤。

這樣的朋友少見，也難找，大都是少年時期相遇，因為義氣衝撞，發現彼此身上的善良，就成了朋友。跟戀愛一樣，朋友也是要經歷過甜蜜期、冷淡期、信任期，才能在突然聯繫對方時不拘謹，發個資訊說：「很久沒見了，我來你的城市了，見一下？」

朋友H，在長沙。讀大學時，我代表學生會出去拉晚會贊助，他是一家眼鏡店的小老闆，生意不大，但覺得我和同學三番兩次去找他，連夜寫各種方案，只為爭取三千塊的贊助金，就應承了下來，甚至在活動還未開始前，便跟我說：「以後如果拉贊助那麼麻煩，你就來找我，我贊助你們。」因為關係稍微要好了，我很不好意思又直接地說：「哥，其實我們也沒什麼特別大的效果，你的生意也不是那麼好，總坑你我過意不去。」

H哈哈大笑：「我只是覺得你不必浪費時間去拉贊助，然後商家給的錢也不多，意見又多，你們根據他們的意見改來改去，活動都變味了。」

H給我上了一課，第一次讓我知道什麼叫得不償失，但那時自己年紀小，不覺得時間是有價物，整天揮霍，直到他當頭一棒，才明白過來。我們常常會聊天，如果聽說我們要做什麼活動，他就說：「別找別人了，直接給我，隨便把我們放在哪個環節都行。」

我說：「萬一你不滿意，不是坑了你？」

他說：「你自己看著辦，我信你。」

因為有了這種信任，我把以前絞盡腦汁做各種方案給各種商家的時間拿出來仔仔細細為眼鏡店做了一些針對性方案。只要我覺得有趣，H都說好。

大學畢業那年，我說：「謝謝H哥，我要畢業了，要去湖南電視臺工作了。」

H說：「那以後你們電視臺有什麼贊助也可以來找我啊。」

我說：「恐怕你的錢不夠啊。」

H說：「那我就努力啊。」

H是一個很努力的人。

他不像別的老闆那樣，開個眼鏡店等著顧客上門，他每天都在思考如何幫助到更多學生，很多方法放在此刻都令人覺得不可思議。只要是在他那兒配了眼鏡片和眼鏡架，碎了斷了免費換，無論原因。隱形眼鏡當時還是月拋、年拋的，如果掉了一個也可以免費換。

我問：「如果別人騙你呢？」他說：「騙就騙啊，起碼人來了，做生意就是需要人，有人就不愁養不活自己。」就這樣，我看著他的小眼鏡店慢慢地愈來愈火，先是一層小門面，後來把二層也租了下來，再後來又搬遷到一棟小樓，最後獨立起了一棟樓。而他也真的在我工作一年後給我打電話說：「我想贊助你們電視臺的一個活動，你幫幫我唄。」

我和H不是每天在一起的那種朋友，但奇怪的是只要聊到工作，我倆就有很多話可以說，似乎時間從未把我們隔遠。他也會偶爾給我發資訊，說看到我做的節目，挺有意思的，我跟過去一樣，從沒變過。

再後來，我到了北京工作，沒跟他說，我們也很多年沒聯繫了。

有一天，我回母校，去他店裡，他不在，員工說他出去開會了。

我給他打了一個電話，他一聽是我，一定要我等他，一起吃個飯。我說我來不及了，下午就要離開長沙。我在店裡坐了一會兒，走的時候，他非得讓店員給我一個袋子，裡面是禮物。我不收，店員說：「老總說了，你不收，他就要開除我。」

好吧，我收下了，我在計程車上打開袋子，是幾副墨鏡。我給H發信息：「哥，這墨鏡是怎麼回事？」

他回：「每次我看到適合你的墨鏡就會扔一副到櫃子裡，想著哪天咱倆要是見面，就可以給你。」

我笑了起來，被人惦記的感覺很好。

我甚至也不知道下次和他何時會再見，但說起和他的關係，我敢說，我們是老朋友，雖然不常見面。以前想到這些不常見面的朋友，心裡會有一些內疚感，「不常見面」是不是等於「不是朋友」。但現在知道了，「常見面」並不是常態，每個人都有自己的河流，都要在自己的河流裡划著槳逆流而上，所以「無法常見面」才是生活的本質。無論是朋友還是家人，珍惜每一個見面的機會才是正確的。

比如阿Sam，他是我在網路博客時代認識的朋友，十幾年了。我喊他師父，讓他教我攝影。

我們這些年的文章經常提到彼此，但提到最多的還是「不常見面」。

我們見面聊的話題分兩個階段。

前一個階段是他還沒有從雜誌社主編的位置上辭職的時候。

他在上海，我在北京，見面很難，但每次見面他就會說：「我真搞不懂你啊，工作那麼忙，每天還要寫東西，還要出版，你怎麼搞得過來啊？」

我也沒有好的答案，就總說：「我剛好比較喜歡，喜歡所以不覺得累。你也可以啊，你拍照那麼好，那麼會寫遊記，就應該專門做這件事。」

後一個階段是他辭職了，告訴我他想明白了，他要去做這件事，在自己的公眾號[1]「阿 Sam 的午夜場」上專門寫旅遊心得，從一開始每篇幾百的閱讀量到幾千，到現在的大幾萬，從以前一個月自費出去旅行一兩次，到現在一年幾乎每天都被邀請在各種旅途中。

這下換到我問他了：「你每天都在飛機上，在旅途中，還要寫文章拍照，不累嗎？」

他說：「我終於知道你說的那種感覺了，因為這件事是我喜歡做的，所以我一點都不覺得苦惱。」

我和他一起出去旅行過一次，到法國。

一大早，阿 Sam 說：「走，我帶你出去逛逛。」

我就跟著他，從早餐便開始喝酒，走到哪兒喝到哪兒，就這麼喝了一整天。

我們什麼都沒聊，一整天在巴黎各種街區裡一前一後地走著，各自沉浸在酒精的微醺裡，很開心的樣子。

我們很少見面，卻是老朋友，只有老朋友才能在相處時想說可以一直說，不想說便可以什麼都不說，而一切都那麼舒服。

很多老朋友哪怕很多年不見，一句話、一個舉動就能消除因時間產生的隔閡，瞬間回到以前。

老朋友不會莫名消失，不會讓人尷尬，自己有老朋友很好，自己能成為別人的老朋友更好。

想起了W。

大學中文系的學姐，畢業後去新加坡讀書，回來後定居深圳，結婚生子，也是多年未見。

讀大學那會兒，很多人因為我和她是朋友而感到奇怪。

確實，我們完全搭不到一塊。

W比我高一級，討厭和學生會的人來往，學習很厲害，年年都是特等或一等獎學金，要找她就三個地方——教室、圖書館、宿舍，看起來是個書呆子，但參加任何比賽都能獲獎，極有天賦和才華，大家背後都說她是「好看一點的男人婆」。

這樣一個學姐突然有一天拿著校報來找我：「這是你寫的文章？」

我被嚇了一跳，看了一眼，點點頭。

文章簡析了亨利．米勒的《南回歸線》、《北回歸線》。

W說：「那你告訴我意識流寫作是什麼？」

我摸不清她的用意，是找碴兒還是怎樣，總之很害怕，盡量按照自己的理解又重複了一遍：「意識流寫作並不是寫作者意識流動的反映，而是因為各種意識在腦子裡是同時存在的，所以我覺得意識流寫作是寫作者有邏輯、有思辨力，最終落在某一個結論裡的寫作。讀者閱讀時思緒會跟隨寫作者有邏輯的意識流動，最終回過頭會發現，寫作者暗地裡早已拉了一根細微的風箏線。意識是風箏，落點一直在手裡拽著，只是不被讀者發現。」

W聽完，拍拍我的肩膀說：「挺好，看你吊兒郎當的，但感覺你是花過時間的，期待能看到你更多的東西。」

她轉身的時候，我剛鬆了一口氣，她立刻又回過頭對我說：「還有，如果真的要寫文章，就不

——

編註1：開發者或商家在微信公眾平台上申請的應用帳號。

要在署名時寫你是校學生會外聯部副部長什麼的了，讓人覺得很噁心。我都不知道你是為了告訴大家你在學生會任職才寫這篇，還是真的想寫。」

W說話很直，我很喜歡她，因為不用假裝。

後來我們在食堂遇見過兩次，她看我一個人，就招呼我過去和她坐同一桌。桌上常有學長學姐，都是很厲害的那幾個。然後W就會跟他們介紹我：「學弟，腦子挺靈，文筆不錯，但人有點俗，還在混學生會。」其他人會哈哈大笑，她一副冷漠高級幽默表情，我也會立刻說：「我明年就不幹了。」

我們交換過幾次關於人生大事的看法。

我大學畢業是二〇〇三年，那時民營企業並不是大學生的首選求職目標，因為不是鐵飯碗。在電視臺沒有公開招聘前，我考入了美的集團，身邊很多人都反對，但W說：「你看著吧，接下來民營企業會很厲害，尤其是這種基礎好的企業，只要你自己喜歡，就可以。」她這番話給了我很大信心，當我選擇去美的之後，輔導員還在畢業動員會上對我進行表揚，說我敢嘗鮮。現在想起來，對比今天的市場，那時對我的表揚十分魔幻。

W放棄了保研[2]，她想去新加坡留學，說只是想過一種別的生活。我說趁妳還有資格選擇人生時去選擇，總有一天妳連選擇的資格都沒有。她說：「雖然我早就做了決定，但你這句話讓我覺得我是對的。」後來她去了新加坡，我也因為電視臺招聘而放棄了美的，我們好多年沒見。再後來，我突然收到一條短信，她回來了，在深圳，讓我有機會去找她。

有一年公司要在深圳開演唱會，我問她要不要看，她問能不能看到我。我說可以後臺見，她說好。七八年未見，她還是那頭短髮，穿著短款皮衣，看起來酒店集團的管理工作很適合她。

她見到我的第一句話是：「你還是那麼瘦喔，挺好，幹勁十足。」

「哈哈哈，工作太忙，胖不起來。」

她取了票就對我說：「行，你先去忙吧，下次等你有時間我們再聊。」

我說好啊。

同事問我：「你姐啊？」

我說：「算是吧。」

「你倆還真灑脫，常見？」

「七年沒見了。」

他一臉驚訝，我反而覺得很暖。

去年我去深圳出差，多了半天的自由時間，就給W發了條資訊：「我在深圳，下午有半天時間，你呢？」

她說：「好啊，我在萬象城等你。」

沒有問我為什麼來、最近在幹嘛、下午想去哪裡，就跟多年前我在她宿舍底下等她一樣。

聽說我晚上要參加一個交換禮物的聚會，她就帶我去選購禮物。挑著挑著，她說她已經很久沒有逛過街了，自從做了母親，一切日常都被剝奪。我笑著說：「妳現在狀態很好，不像個孩子媽，倒很像單身女青年，難道沒人跟妳搭訕嗎？」

她笑起來：「可能也有吧，每次有單身帥氣的男生和我聊天，我都覺得可能會發生一點什麼。可每當這個時候，我的兒子就會從旁邊跑出來，無論多粉紅的少女心都會被這滅霸響指般的一聲『媽

——

編註2：推薦優秀應屆本科畢業生免試攻讀碩士學位研究生。

媽』打得灰飛煙滅。」

「那你有什麼想和我聊的嗎？」

「我生了小孩之後，覺得自己沒有了人生，我老公就像個被兒子叫『爸爸』的工具人，我也不覺得他像老公，現在我一個人要照顧兩個人。我在想是不是我只照顧一個人會更好？」她笑著看我，「你還記得我出國時你跟我說過什麼嗎？你說趁著我還能做選擇時去選擇，以後沒有機會選擇才可怕。」

「真的假的？我從小就那麼睿智？」

「少來了。你打從娘胎出來就這麼睿智。」

大年三十那天，我和W互發短信說新年快樂，注意身體，不要出去亂走。

她說：「我離婚了，兒子過年跟著我前夫。我爽死了，剛追完最新的《愛的迫降》。」

我看著手機欣慰地笑起來，然後眼淚流了出來。

「你真厲害啊！」

那個爸爸生病，我找朋友幫他爸爸住進當地醫院，他不知道怎麼說謝謝就給我寄了好多家鄉辣椒粉的老朋友。

那個只要我出書就會主動問「同哥要拍宣傳照片嗎」的老朋友，從日本到中國郴州，從中國廈門到北歐，我們就一路拍了過來。

那個只要我父母家有事，我打電話給他，立刻就放下手頭工作幫我父母解決問題的老朋友。

還有那個只要我有朋友去杭州，打電話要他照顧一下，他就會立刻開著車全程招待，把我朋友當成他自己朋友的老朋友。

雖然我們不常見面，但我們都知道我們是好朋友，是老朋友。

當年我們把對方互作原料放進酒缸，有的故事是酒麴子，有的故事是釀酒酵母，經過時間的攤晾、壓榨，現在散發的所有香氣都不過是我們彼此的思念罷了。

一個人的絮語

我把這篇文章給提及的幾位老朋友看：「看！這就是我心目中的我們。」

然後，其中一個朋友回我：「其實判斷是不是老朋友還有一個標誌，我這兩天才發現的。我和別人微信聊天都是你一句我一句，但咱們幾個群聊天都是你突然發好多，不在意我們回不回。我也突然發好多，也不在意你們是否看見。這種完全不在意回饋的聊天，也只有在老朋友面前才敢吧？」

我想了想，好像也是……

很想事不關己，卻總無能為力（幾日小記）

很想事不關己，卻總無能為力。
重情卻被辜負，念舊不得要領。
別成為這樣的人，總活在自我感動裡，結論早已寫在提筆處。

1

心情不怎麼好的時候，就會從歌單裡選一張專輯反覆聽，然後就會恢復平靜，不見得會好，但起碼能靜下來。

我尤愛雨天。

來北京十幾年，幾年前仍有看見喜歡的傘就會買的習慣，直到某天終於下雨，我看著家裡一堆傘，不知該帶哪一把。

終於，選好了一把，拿著到了地庫，開了車，到了公司停車場，看著離公司也不過二十米遠，雨又不大，完全可以跑過去。但我還是很認真地撐開了傘，感受一下雨落在上面的聲音，認真地走進公司。

不到一分鐘的路程，心情突然變得怪好的。

到了北方之後，難有雨天。

有了車代步後，難再用傘。

很多失去，看似無奈，都是自己的選擇。

2

今天看到三段話。

第一段是本山大叔說的：「自己沒能力就說沒能力，怎麼你到哪兒，哪兒的大環境都不好，你是破壞大環境的人啊？」

第二段話大意是：人長大了就不再會抱怨別人的問題，所有的處境都會先從自己身上找原因。

第三段話：

何為油膩中年？就是沒原則卻常有理。無論發生什麼，討論什麼，都能講出一套一套的道理，正著說有理，反著說也有理，反正自己最合理。

每段話你都能從身邊找到對應的人。

不是別人，就是自己。

3

和朋友聊天。

聊到多年前我們認識的一些人。

有些人那時風頭勁不得了，最近幾年毫無動靜。

有些人被寄予厚望，可卡在了某個點上，沒有過去，就永遠成了那個只能被「寄予厚望」的人。

還有些人，你覺得他們恐怕不行了，但他們真的用最笨的方法，花了巨多的時間，突然活過來了，好像變成另一個人似的。

在我個人角度，周圍沒有任何人能一帆風順，都是好一段時間，然後進入焦灼、瓶頸、轉型，無論怎樣的天花板，都可以用「至暗時刻」來形容。

不遇見「至暗時刻」的人，人生就是一種樣子，大家看到你是怎樣就是怎樣，久了，別人也好，你自己也好，這個世界也好，估計對你都不會有任何期待。

遇見「至暗時刻」，熬不過去，掉頭就走的人，久了也會養成掉頭就走的習慣，因為他們先從心裡覺得自己不行，做不到，投降一次之後，就會徹底放棄嘗試。

絕大多數這樣的人，他們選擇事情的標準是找自己覺得舒服的事情做，而不是找一件自己必須突破的、會發生質變的事情做。

「至暗時刻」並不是隨隨便便的一項挑戰，放棄了就放棄了。

所謂的「至暗時刻」一定是你在上升期遇見的阻礙，如果能扛過去，你就能成為一個「愈來愈有自信」的人，而別人也會對你刮目相看。

「早說了，他就是那樣。」「想不到，他還能那樣。」

很簡單，卻截然不同的兩句話，你需要付出很多。

4

正在寫這篇的時候。

有朋友在微信上抱怨起了她的工作。

估計她已經有了結論，所以上來直接說工作受挫，決定去做自己喜歡做的事。

如果她不找我，我也不會多事。

既然被信任了，我就多嘴問了一句：為什麼受挫，能跟我說說妳具體是怎麼做的嗎？

她說：不重要了。

行吧。我決定閉嘴了。

一個成熟的人會對自己的每一個決定負責。

最後我跟她說：工作中我最怕幾件事。

- 明明你不行，你還覺得別人不對。
- 你不行，你也不知道，也不想知道自己哪裡不行。
- 其實你很行，但是你卻被認為不行，你也就相信了。

在我的觀點裡，無論是何種問題，我都會弄清楚原因，是繼續克服，還是徹底放棄，死個明白。沒有什麼反正也不重要的態度，看起來挺有個性的，但愚蠢到炸，但要知道愚蠢到炸這個真相也要等到一個人變聰明了之後才會知道有多炸。

工作並不是一件很難的事情，只是有點複雜。

梳理清每一步的原因，才能邁開下一步。

「算了，懶得想，麻煩，不重要，就這樣吧……」

當你冒出這樣的念頭時，雖然爽了一時，但幾乎可以肯定你未來會在工作上繼續愚笨一兩年。因為真的明白工作是什麼的人，怎麼可能會對自己說出這種話。

5

最後給大家推薦一首歌〈避難所〉。

我跟周深說：「這是電視劇《我在未來等你》女主角王微笑的心情曲，她心情一不好，這首歌就出來了。我想聽聽你唱這首歌是什麼感覺。你放心，我就是自己感受一下，不會給別人聽的。」

然後，他就相信我了。

我逼著他工作完畢之後立刻趕回家去錄，可我又不知道怎麼轉換格式，就東轉西轉地，終於把一段小樣[1]上傳到我的公眾號了，聲音聽起來好奇怪。

湊合聽一下吧，哈哈哈。

編註1：歌曲正式錄音之前的試唱demo。

原來很多道理我們早就知道了

小時候，父母、老師和社會教了我很多道理，但我都沒怎麼當回事。這幾年開始上網看事情，發現原來打撈上來那麼多早就聽過的事，以前不當回事，直到三十八歲這一年才嚴肅意識到：噢，原來是對的。

這是邁入三十九歲第一天，和你們分享的十二個感受。

- 三十八歲這一年才嚴肅意識到：喝了酒，最好不要拉著人聊天，容易說錯話。雖說酒後吐真言，但真言往往伴隨著積壓了很久的情緒，容易讓人聽不見內容，只看得見情緒。如果非要說，那就說一些開心的。感激誰，謝謝誰，喜歡誰，正面的話讓你喝了酒也可愛，負面的話讓你喝了酒變得猙獰。
- 以前給朋友下的定義太多了，什麼不能和自己討厭的人玩啊，放假了要在一起啊，要能互相分享秘密啊。二十出頭的時候覺得都好對，現在可能也沒啥秘密了，就覺得最好的朋友一定要是那種你問對方接下來該怎麼辦，然後大家能為你的問題坐在一起出謀劃策。能不能幫你解決問題不是最重要的，願意安靜下來幫你分析現狀就很難得了。
- 不要輕易表態，當聽見或看見某個會觸怒自己的觀點或言論時，先去蒐集相關事情和人的更多面。現在不是聰明和傻的衝突，而是資訊過量，媒介們各取所需的衝突。盡量了解更多再發言，才能不至於顯得那麼傻。

- 以前找夥伴和搭檔的前提條件是對方有足夠多的優點，資源也好，能力也棒，但這一年才意識到前提條件應該是對方能坐下來和你溝通，你們互相能聽懂對方在說什麼，聽懂了就不再重複，沒聽懂也能一直說到聽懂。聽不懂話而放棄溝通的人，再優秀也沒用，起碼對於你沒用。
- 學會認慫，也要學會立刻站起來別丟了心氣。今年年初和一個老友掰了，只是因為大家都喝了點酒，我犯了吐負面真言的錯誤，而他說：「我就是這樣的人，我就是沒什麼能力，我做不到，沒那個本事。」要是真沒本事，我也不至於生氣，但我很氣一個人拿自己的慫來對抗外界，然後我說別聯繫了。我們就沒聯繫了，所以我寫了第一段喝酒盡量不要拉著人聊天的心得。
- 判斷一個人能不能做好事，不是看他做的事大不大，掙的錢多不多，又大又多肯定有本事，但小事能做得細緻、細心、周全，也很了不起。做事、做人能做得有邏輯，就讓人覺得很佩服。
- 疫情期間和父母一直待在一起，多創造機會和他們聊天，比如陪爸爸喝酒，讓媽媽作陪，能聽到好多自己不知道的事，自己的，他們的。其實我們並沒有那麼了解父母。
- 如果懂得太少，別掩飾太多，最好直接沉默。被人問起，就說我不懂，會顯得可愛很多。
- 別說「我以為……」，直接說「我理解錯了……」，會讓合作夥伴心情好很多。
- 如果一定要和人比較，比成績、比現狀都是暫時的，要比就比誰更能沉得住氣，更能在某件事情上沉下去。這些年來，能沉下去的人，事業都一一上岸了；一直沉不下去的人，事業都逐漸溺亡了。
- 「感興趣」可以在一起一段日子。「配得上」能在一起很長時間。「一起努力」大概就相當於「不離不棄」。

• 看到一句話，「這個世界哪有什麼真正幸福的人，只不過都是想得比較開的人」，想得開很重要。之前寫過一段話：凡事最好能做到想得開。想，就是能思考。得，就是有收穫。開，就是會開心。做到這三個字，很多事就不是事。

我的三十八歲過去了，謝謝大家的祝福。生日都快樂。

多少戀愛都被扼殺在了朋友圈

一不留神，朋友圈全被立住的掃帚占據了。

看了一下緣由，說 NASA（美國航空航天局）宣布今天是地球引力最小的一天，掃帚只能在今天立起來。

在這之前，我被群轟炸是為了慶祝海底撈上市，搶大紅包。我點進去搶到了一百多元，可如果要提現，需要綁定帳號並分享到更多群。我退出來質問朋友：「你有毛病哦，那麼假，一看就是個騙子，你還分享個啥？」朋友說：「對啊，知道是騙子，反正現在也無聊，玩一玩唄，看看自己能被騙多少。」

我上網一搜，原來 NASA 沒說過這句話，這個假消息先騙了一撥美國網友，然後流傳到中國又騙了一撥。掃帚為什麼能立起來呢？新聞說所謂掃帚挑戰，其實只是考驗你尋找重心的能力和耐心，和地心引力是不是最小一點關係都沒有。

我手握闢謠文，打算發在朋友圈掃個興，突然想起朋友的一句話，於是果斷剎車，打算做一個識趣、懂事的人，然後去找了一把掃帚也默默地把它立了起來。

不得不說，在疫情自我隔離這段時間，真的讓很多人發現了自己曾忽略的東西。無論是將一把掃帚豎立的耐心，還是突然對一包麵粉萌發的創造力，單是身邊很多朋友通過視頻雲聚會、雲喝酒，就讓我覺得「原來人一旦努力想做成什麼事就真的可以」。

有人發現了新的世界，有人閒得要死。

有個朋友小P，三十多歲，戀愛談了好多次，沒一次成功，每次喝完酒他都很無辜地問為什麼。我說：「你每一次戀愛，好不容易和人有了感覺，就要試著同居，可同居三天你就覺得人家這不對那不行，也不看看你自己啥樣？」他更無辜了：「那怎麼辦？我是不是要孤獨終老啊？我也不知道為什麼自己會這樣，感覺根本克服不了。」

過年前小P處了一個新物件，正在熱戀期就一起回了趟老家，給對象買了三天後的返程機票。沒想到第二天疫情肆虐，武漢封城，政府呼籲大家不能亂跑。小P爸爸不當回事，總跑出去打麻將，於是小P當機立斷帶著父母回了上海。小P對象是武漢的，沒法回家了，那就大家住一起吧。你猜怎麼著？四個人回了上海住在一起，住了一個月相安無事。小P說如果沒有他物件，他和爸媽待在一起肯定早就瘋了。兩個人相處得特別開心，又是聊天，又是規劃未來，又是一起運動。對象幫著洗碗收拾家務，幫媽媽按摩……他覺得，這一次的戀愛還挺好的。

所以說，哪有人談戀愛天生有缺陷，只不過是之前沒耐心，又不是真需要對方罷了。

一個段子說：現在人人都很寂寞，如果這時都沒人願意撩你，證明你真的毫無吸引力。

我打開手機，嗯……又默默地鎖屏。

什麼叫撩呢？大概是那種很寂寞的時候會想到你，問你在幹嘛，然後就能愉快地聊起來。

沒有人問我在幹嘛。

只有人問我有沒有多餘的口罩。

行吧，別人不主動，自己主動一點也行。頗有好感的人也不是沒有，於是打開微信準備問你在幹嘛。發之前想著找一些話題，就打開對方的朋友圈，看看對方的動態，看著看著就不想發了，默默地進行分組，選擇不再看對方的朋友圈。

每當這時，就分不清微信朋友圈到底是好是壞，因為一個人所有的下意識都能被朋友圈動態出賣。

比如，如果你對一個人很有好感，覺得你們都是那種比較穩重的人，但對方朋友圈幾乎都是自拍，你就會開始困惑——為什麼一個看起來比較穩重的人會天天在朋友圈發自拍呢？是覺得自己長得很不錯嗎？嚴格來說，也沒有好看到每天可以發自拍的程度吧？再仔細看，自拍都被美顏過，眼大了，磨皮了，瘦臉了，這真的是我生活中認識的那個看起來還挺自信的人嗎？

再看留言，每張自拍第一個點贊的都是當事人，第一條回覆也一定是當事人，你也不知道對方是手滑還是故意的，反正留言都類似於：今天經過這裡，覺得環境很好，就拍了一張照片，謝謝你誇我哦。

不出十秒，所有好印象和勇氣都被火化得一乾二淨。

之前和好朋友有過一些爭論，說如果有人特別喜歡在自己的社交媒體上發自拍，一定是因為這個人覺得自己長得不錯，如果長得不好又喜歡發，就證明這個人沒有自知，除了沒有自知，日常對其他東西的判斷也應該不會很好。

我問：「萬一人家並不覺得自己好看，只是熱愛生活，就是想發照片呢？」

朋友說：「那這個人一定非常希望有人發現自己熱愛生活這個特質，於是不停地發照片，釋放荷爾蒙，就像綻放的花朵一樣，我管你是蜜蜂還是蝴蝶，能來我這兒幫我傳傳花粉我都歡迎，所以你要做那群可有可無的蜜蜂中的一隻嗎？」

我被她的話嚇了一跳，頭搖成撥浪鼓，咚咚咚，咚咚咚，每一下都在為自己曾犯下的錯誤、留過的不當言論而懺悔。

朋友接著說：「你繼續再看，如果這個人很喜歡分享高樓美景、酒店、西餐等一切與品質生活相關的朋友圈，你先問自己一個問題，對方是那種靠自己實力就能過這種生活的人嗎？」

我被問到一臉黑。

「如果對方真有這種實力，這個人就一定不會那麼膚淺，總分享這些。唯一的可能就是對方沒這個實力，這些都是別人給的，朋友圈只是在暗示：我的生活水準就是這樣，如果你要追我也行，但你也要給我一樣，甚至更好的生活。」

我一頭汗，朋友未免把每個人都想得太不堪了，雖然我覺得她說得挺有道理的，但還是反駁道：「你別把人都想成是攀龍附鳳的，萬一人家家庭條件好，不是靠別人，就是靠家裡無憂無慮的呢？」

朋友看了我一眼：「這種人看得上你？你長得普通，不是小鮮肉，不算特別有才華，也沒什麼特別厲害的作品，銀行存款只能說是收入，還不能說是家產或財富，唯一的優點就是稍微有點努力……」

「行，你別說了，我把朋友圈關了還不行嗎？」

我很懷念以前沒有微信朋友圈的生活。你喜歡誰，就主動去接近誰，發短信、寫信、通過朋友約出來，近距離感受到那種展現勇氣後的快樂，無論結果好或壞，自己都挺勇敢的。而現在，你決定去靠近一個人之前，早已通過朋友圈、微博把這個人分析得一清二楚，即使有誤解，也不會想要追問。朋友有句話說服我了：「如果一個人在社交媒體讓你誤會，那這個人就是一個會讓人誤會的人。你何必呢？」

每當這時，我總會想起大三那年的除夕，我坐大巴車去另一個城市追求一段自以為的感情，陪對方家人打了通宵麻將，帶去的幾百塊最後輸到只剩一張回程車票錢。雖然什麼都沒得到，但我得到了一個願意付出的自己。

我還想起二十出頭時，喜歡一個人，主動約對方吃飯，快結束時我說：「我約你吃飯是因為我喜歡你，我想和你談戀愛，我一會兒要去公司加班了，如果你覺得可以，就給我發條資訊，我們明天繼續來這家吃飯。如果不行，就發不吃飯了。都沒關係，我就是憋著不太舒服，我想跟你說這些很久了。」

說完，結帳，闖進寒風裡，好像已經完成了所有任務，有沒有答案都對得起自己。

在計程車上，手機響起，進來一條資訊，我沒看，怕影響加班。

淩晨三點，加完班，我拿起手機，閱讀那條短信。

短信寫著：「今天是你請客，明天我來請吧。」

雖然那段戀愛不過兩年就結束了，但想起來真好，一切都是靠人與人的接觸而得出的結論，不似今日僅靠社交媒體就能分析一個人的所有。

當然，可以不信邪，明知可能會有問題，偏向虎山行，但人偏偏都在長大，都在計算失誤，都在承擔生活的其他災難和打擊。於是，本著更愛自己一點、更在意自己一點的原則，便不想把感情輕易交付出去。我，但我可以承擔寂寞；我勇敢，但我更怕自己在你眼裡像個傻子。

如果有一天NASA說，今天是地球磁場最大的一天，每個人的荷爾蒙都是釋放最猛的一天，你今天告白最容易成功，我想大家就會紛紛掏出手機來告白吧。

後來，我在朋友圈發了一條資訊：「我家有三把掃帚都立起來了！」

一個人的絮語

發完後，我喝了一杯水。

手機裡收到了那個通過朋友圈判定別人的朋友發來的一段文字，說：「大家快把在朋友圈發立掃把的那些男孩子刪了吧，窮酸樣，家裡不僅沒有吸塵器，連掃地機器人都沒有，太矬了，還是多關注一下那些說家裡沒有掃把的男孩子吧。」

我回她：「你難道不覺得會發立掃把照片的人很有趣嗎？」

世界上哪有幸福的人，不過是想得開的人罷了

這幾天，整個人非常焦慮。

之前也焦慮，但不如最近明顯。

每當這個時刻，我就很認真地思考——為什麼會這樣？

因為競爭者比我成功？

因為自己沒有達到自己預想的目標？

因為看不到自己的未來？

因為周圍創業的朋友都在跟我抱怨日子過得很難？

還是因為工作夥伴沒有如自己預想中的那麼默契？

除了這些看得見的，還有一些隱隱約約的，類似于朋友都有孩子了，他們會說：「你喜歡小孩嗎？喜歡的話，真的要考慮了哦。」我說我超喜歡小孩，他們就說如果現在還不計劃，等你老了再生的話，你的身體會錯過他最好的青春哦。

然後，我就意識到，二〇二〇年，我三十九歲了。

我爸三十九歲時，我已經九歲，上小學三年級。雖說每次家長會都讓他丟臉，但能擁有一個孩子，丟臉似乎也不是什麼大不了的事，對吧？

但是我覺得這應該不是我真正焦慮的事。

決心去做，就能做的事，不值得焦慮。只有那些看不到頭，也不知道堅持下去的意義是什麼的事才會讓人隱隱擔憂，而這種隱隱的擔憂可能就是焦慮。我安慰自己不必焦慮有一種特別有效的方法，每次使用這一招，確實會心情舒暢很多。我的方式就是列出從小到大讓自己覺得焦慮的那些事。

焦慮是很痛苦的情緒，比什麼不開心、被辜負、很孤獨可怕多了。所以，在排除了不合常規的感受後，我列出了一張人生焦慮清單。

小學、初中、高中、大學，進入社會直到三十三歲，我在一件事上一直自卑——我覺得自己長得難看。這件事情讓我很焦慮，而為了解決這種焦慮，我進行過太多的掙扎和努力。最初去和好看的人一起玩，因為我覺得和好看的人一起玩，自己是不是也會變得好看一些，也會讓別人產生錯覺——好看的人喜歡和你玩，你應該也不差。事實證明，我是個傻子。

我買過好多港台雜誌，根據那些帥氣的男明星的圖片去買類似他們穿的衣服。現在想起來也太愚蠢了，明星的服裝大都是走秀款，我卻拿著圖片去服裝批發大市場到處找，結果常常是沒有一模一樣的款式，沒有就沒有吧，顏色一樣也行。所以我有很長一段時間的穿衣風格跟鬼一樣，這樣的過往不忍回首。

那就在髮型上努力。

我天真地以為剪個兩塊錢的頭，每天起來就能變成郭富城、林志穎、蘇有朋。我氣急敗壞地去問給我剪頭髮的肥姐：「為什麼昨天我的頭髮還能立起來，但是起床就塌了？」她說：「你要用吹風機吹啊，我的孩子。」吹風機怎麼吹，摩絲[1]怎麼抹，髮膠什麼時候噴？髮泥和摩絲的區別在哪裡？

以上這些問題，我到今天都沒弄明白。

因為工作，我接觸過很多造型師，也問過他們，他們也很熱情地幫我輔導，告訴我每一個日本男孩都很會打理自己的頭髮，所以你在日本街頭看到的每一個男孩都很精神俐落對吧？我想了想，還真是這樣。因為髮型認真，所以顯得人很帥。

我就開始學，但第二天就都忘了。什麼要用梳子梳起來再用吹風機，什麼要用電夾板稍微夾起來一點。到今天為止，我衣櫃裡的帽子超過了三十頂。帽子真是好東西，隨便一戴，別人看不出我的髮型了。唯一的缺點是朋友看了總嚇唬我：「你再戴帽子，頭髮就要掉光了。」

這種外貌焦慮直到我三十三歲開始運動了，才有所緩解。

我突然明白一件事——我覺得自己不好看，於是換著法子打扮，讓自己好看，但這都不是我擅長的，反而讓我愈來愈難看，我也無能為力。但自從我運動之後，我覺得自己挺拔了，穿簡單的T恤和運動服也挺陽光的，稍微挺起胸膛，同事還會誇獎，身材很不錯。

噢……原來身材可以挽救自己的不自信。

從那時開始，我對長相的焦慮才得以緩解。

但那麼多年，我遲遲沒有找到解決的辦法，所以浪費了很多時間，花了很多錢，糟蹋了自己的很多心情。

另一個焦慮是父母總告誡我，如果我選了中文系，他們是沒有辦法幫我找到工作的。我的家鄉不大，我見的世面不多，我認為父母說的一定是對的，所以當我選擇讀了中文系後，特別焦慮——我如何才能在大四畢業時找到一份工作，而這個焦慮又在我找到一份電視台工作後變成了另一種焦慮——我如何才能不被領導開除？這份焦慮從大一開始，一直持續到我北漂第二年的某天，那天晚上我做了一個被公司開除的噩夢。

我夢見老闆讓我走人，說我工作不努力。

其實為了保住那份工作，我整整一年每天只睡五個小時，其餘時間都在工作，中午十二點到公

編註1：慕斯。

司，第二天早上六點踩著晨光回家休息。我被夢驚醒，嚇得不行，我挺可憐自己的，那麼努力了，還那麼沒有安全感。那是有史以來我第一次站在自己的角度安慰自己：「如果你真的被開除了也別難過，整個公司找不到第二個和你一樣努力的人，所以你離開一定能找到工作養活自己，但他們不一定能找到和你一樣努力的人了。」

我聽到這句話，想明白了，我盡力了，就沒有遺憾。

人最怕的就是沒有盡力，導致沒有把握住機會，盡力了也沒有把握住機會，有什麼可難過的？從害怕到理解到放下，前後花了七年時間，我覺得值，為解決這個焦慮所有花的時間都成為我在社會上生根立足的養分。

此後，我在光線傳媒工作的十幾年中，也有很多困難。現在想起來，那些算不上人生焦慮，只是每年的挑戰而已。你做到了就是做到了，因為背後有公司，你邁出第一步，只要走完全程，就能到終點，半途不行也會有人來攙扶你。

這麼說起來，能稱得上焦慮的事應該是我三十五歲拍攝完《誰的青春不迷茫》的電影之後。光線的青春電影一直很熱，到了《誰的青春不迷茫》似乎就戛然而止。雖然很多人說從演員到導演都是新人，能有近一億八千萬的票房已經很不錯了。票房不能代表一切，但在一個商業公司我心裡也很清楚，是我能力的不足，導致這個電影只有這樣的表現。每個人都在安慰我，真的挺不錯了。我很想有一個人告訴我：「其實你應該讓它變得更好。」

那段日子，我每日每夜都在想，我三十五歲了，是否已經定型了，我還能變得更好嗎？還有這樣的機會嗎？我的優點是什麼，不足又是什麼？我還能改變自己的不足嗎？光線是一個運轉非常快的公司，快到我連百分之一的疑惑都沒有想明白，老闆就告訴我：「別想了，過去了，趕緊投入新的電影劇組。公司有一個大專案現在很需要你。」我從二十四歲進入光線到三十五歲，十幾年都是這麼過來的。我也不知道哪裡來的勇氣，我對老闆說：「我需要想清楚一些問題，想清楚了我再出發，請給我四個月的假期。」然後我就離開了北京，去美國待了四個月，開始了每天學習英語的日子。

我想過去十幾年算是我職業生涯的第一階段，不停地學習，不斷糾正，好在我的起跑方向沒有出錯。但到了今天，我一定要想明白，未來我能做什麼。電影《誰的青春不迷茫》豆瓣評分6.6，算是國產青春電影中不錯的分數，但公司同事說起話來更直接，他們說：「劇本太平淡、很工整，沒什麼驚喜，只能說你們完成得不錯。」

我只能說：「導演是新人，我們很快建立起了信任，而且公司對於時間的要求很緊急，在有限的時間內，我們已經盡力了。」同事也根本懶得管我的情緒，繼續說：「反正就是不夠精采。如果你對劇本參與更多的話，可能會好一點。」回想起《誰的青春不迷茫》電影的創作，那是我第一次參與完整的電影劇本創作，我才知道寫劇本和寫文章差別居然那麼大。比如我隨意說這個角色的台詞可以這麼說，然後編劇和導演就會告訴我：「如果他這裡這麼說了，那他之前就不能那麼說。」我說那之前也可以改掉。他們就很耐心地告訴我：「如果之前改掉了，那後來他和女主角見面就不會那麼說，情緒也不對。」

我們常常因為我的一個提議停下來討論幾個小時。

慢慢地，我知道了，我並不是在幫助他們，而是在給他們設置障礙，以至於後期我提任何意見都要想很久，把人物線索理得非常清晰了，才敢提意見。因為不專業，所以沒有信服力，自然而然沒有話語權。哪怕你知道有些地方不夠好，但你提不出更好的建議，那也沒用。所以在那幾個月裡，我很清楚，如果自己不彌補掉這個不足，未來我依然會遇見同樣的問題。

休完那一段長假，我回來告訴公司我想寫一本小說，然後把小說改編成電視劇。公司沒有同意，覺得我想多了。我也覺得自己確實想多了。首先，我此刻什麼都沒有，連小說都是打白條2，而且就算小說寫完了，有改編成電視劇的價值和意義嗎？其次，在這個行業裡稍微待過三個月就知道一部小說改編成劇本的難度，再進行拍攝，再找到平台播出，如果在意口碑的話，前後怎麼也需要三五年，這還是建立在每一個步驟都不能出錯的情況下。但公司真正的擔心是這部劇就算做完了，也沒有辦法播出。這個行業每年都積壓了上萬集電視劇無法播出。不僅是我，連公司都從未有過從頭到尾製作電視劇的經驗。

換句話說就是：「你在想什麼呢？」

說是公司沒有同意，其實就是三位創始人老闆沒有同意。

特別清楚地記得我終於休完假回到公司的第一週。我發資訊告訴李總，我回來了，也想了想自己未來的規劃，想和她聊一聊。我在之前的文章裡寫過李總，這十幾年她是看著我慢慢長大的，給我機會的是她，不顧情面當眾羞辱我的也是她。

雖然關係不錯，但畢竟是老闆與員工的關係。先別說她的心情，站在我自己的角度——一個請假四個月，公司還一直發著工資，回來就想和老闆聊聊未來的員工，老闆會怎麼看？如果我是老闆，肯定心裡會罵：「聊聊聊，聊個屁，趕緊夾起尾巴好好工作，就知道聊聊聊。」

我對她的判斷是準確的，她壓根兒就沒有回我。

我挺尷尬地在辦公室等了一整天，同事們都過來看我，問我接下來的計劃，我雙手一攤：「李總根本懶得理我。」

大家笑笑走了：「你活該。」

我又給她發了一條微信：「李總，你理我一下，反正你不理我，我一直在辦公室等你開完會。」

今天沒時間，明天也行，我也沒事做。」

她依然沒有回我。

第二天也沒理我。

第三天我就乾脆堵在她的辦公室門口，直到快下班了，她才從外面開完會回來，周圍都是其他部門的同事，正在聊著工作，然後我硬著頭皮喊了一聲：「李總。」

她看見了我，我也和其他幾位同事打了個招呼。

同事很熱情地說：「同哥，你回來啦。」

我有點尷尬地點點頭。

李總特別冷漠地對我說：「別找我，我沒什麼可和你聊的。」

幸虧我早就做好了被拒絕的心理準備，假裝沒聽到一樣繼續跟她說：「你不用說話，你就聽我說說我對未來的規劃，你只要說好或者不好，贊同還是不贊同就行，你不費事。」

李總繼續說：「你走吧，我沒興趣。」

我覺得周圍的同事都為我尷尬到想要原地爆炸消失了，他們的臉上都寫著一句話：「你怎麼就那麼難……你內心馬上就要崩潰了吧？」

我有一剎那的後悔，我不該當著同事的面來找她，現在進退兩難了。

「李總，你先忙，忙完之後我就在外面的沙發上等你。」沒有更好的辦法，就是死守。她的表情看起來很想罵人，但又忍住了，然後說：「你這個人怎麼那麼煩？能要點臉嗎？」

編註2：欠款人給債權人開立的非正式收據或借款證明，在此語意為「沒把握的事」。

她說出這句話，我鬆了一口氣。我最怕她拒絕溝通，此刻她有了脾氣，就挺好的。

我嘻嘻一笑：「你先開會，一會兒再罵我好了。」

她實在被逼得沒辦法：「你趕緊走，明天下午我找你，還有王總，你看他怎麼收拾你。」

幾個老闆很嚴厲，但如果你努力想去表達自己，他們也聽得進去。這是我在電視事業部最後一年最深的感受。那一年，我明白了很多事，更重要的是我認清了自己，也學到了人生當中最寶貴的一個經驗。那時，我正處於從電視部調崗去影業的階段，算是我最後一次帶著節目團隊給央視提案。我們打算做一檔明星和媽媽的真人秀，提案很好，立刻通過了，但招商遲遲沒有落實，而這邊公司一直在出著節目樣片製作的費用。過了一段時間，公司告訴我：「這個節目不做了，賣不出去。」

但節目嘉賓約好了，也給了我們一個很難得的國外演出跟拍的檔期。

無論是同事還是我，都很想把這件事做完，哪怕就是這一期節目，也想做完，沒準那時贊助商就找到了呢。公司先後批了幾十萬，然後通知財務，這個節目徹底暫停，不允許再花錢。那時我只是一腔熱血，覺得自己做電視那麼多年，這最後一次死也要死得明白，就把自己全部的積蓄五十萬元拿了出來自己帶著團隊拍攝。公司知道了告訴我：「你自己出錢，如果沒有贊助商，也不會給你報銷的。」

我很硬氣地說不報就不報吧。

結果如公司所料。再也沒有人在我面前提過這件事，我也沒有再和人提起過這件事，就當是人生贈予我的一份成長大禮吧。

北漂十年，積蓄一夜清零。我覺得自己好愚蠢，但又不好意思和人說，顯得自己更愚蠢。我勸自己，好歹五十萬元還換來一點點熱血，起碼我知道自己是熱血的。

那句話果真是對的：世上原本就沒有什麼幸福的人，只有想得比較開的人。

後來我在影業工作了一年，工資卡突然收到五十萬元的轉帳，我一懵，不知道是啥，就去查帳，發現是公司轉的，一問財務才知道公司把我墊的錢還給我了。我立刻去問副總裁李老師，李老師臉色很臭地說：「你現在知道自己蠢了嗎？」

拿著多了五十萬元的卡，我怎麼好意思不承認自己蠢呢？

我說：「我是挺蠢的。哈哈哈，以後不會了，謝謝公司囉。」

就算不報銷，我也沒什麼可抱怨的，那是自己做的決定，那就自己承擔。但是報了，我想他們可能比我想像中要善良一些吧。找了幾位老闆很多次，老闆依然不同意，甚至說出了：「你那麼想自己幹一件事情，那就自己出去獨立幹吧。」

我也沒有那麼脆弱，就說：「辭職出去做是最後的選擇，但在這之前，我找你們只是想知道，我在公司那麼多年了，如果我想在公司做完這件事情，你們能幫助我嗎？」

僵持了很久，最後公司還是點頭了，說給我一年時間，如果一年之後沒有任何明確進展，那就別做了。這一次，我很認真地說「好」。後來的事情大致就是我找來了大學同學譚苗，她北京電影學院博士畢業後在中國傳媒大學戲劇影視學院當研究生的編劇老師。我們多年後再見，一個下午推心置腹，決定一起把這個項目做出來。

那一年的時間裡，我晚上寫小說，白天開劇本會，同步進行，間歇把自己寫好的幾萬字發給出版社，拿到一份不錯的合約，然後再拿著出版社合約和寫好的幾集劇本找到播出平台。寫劇本遇見了很多事，找演員遇見了很多事，拍攝遇見了很多事，後期製作遇見了很多事，當我覺得終於可以鬆一口氣的時候，又發生了審查的問題。此後就是這麼一環扣一環，哪一環出了一點問題，這個電視劇都無法播出。

以上的過程，我也寫下了幾個故事，有驚心動魄，也有提心吊膽，算是它送給我的禮物。

終於二〇一九年九月九日，電視劇《我在未來等你》在愛奇藝上線播出，意味著這個孩子終於出生了，意味著二〇一六年九月十三日我計劃的目標終於實現了。

從二〇一六年九月十三日到二〇一九年九月九日，一共一千零九十二天。上線播出的晚上我回到家，自己給自己倒了兩杯酒，一杯碰一杯，恭喜自己。

雖然三年的過程中，我也曾帶著負面情緒跟搭檔抱怨過：「早知道這麼多麻煩，我從一開始就不應該做這件事。」但終於播出的那一刻，你問我如果再給我一次機會的話，我還會做同樣的選擇嗎？我想我還是會堅定地去做的。更幸運的是，在二〇一九年年底很多電視劇榜單的評獎中，《我在未來等你》都有入圍，它的豆瓣評分也從開播的7.7一直漲到了大結局後的8.6，這個評分是二〇一九年大陸劇集的第一名，也因此入選了豆瓣二〇一九年度十大最佳電視劇。

我記得電視劇播出第二天，李總給我打電話問我觀眾什麼回饋，我大概說了說，她聽完之後對我說：「上線了，就代表一切都要靠觀眾了，你的任務已經完成了，不要再沉溺於過去，好的繼續發揮，壞的趕緊克服，下週我們談談你要做的新項目。」

我說：「OK!」

這三年過得日夜顛倒，全撲在一件事裡，劇本裡的每個字都讀過，每個角色的台詞都念過，每段劇情都表演過。當時說《誰的青春不迷茫》劇本平淡的同事做了這個項目的總策劃，她說這個劇本還不錯，有很大空間，但這只是我們認真做的第一個，之後一定會更好。再回頭看三年前在李總辦公室門口等著她的那個我，無知但熱切，願意為自己的許諾付出所有的精力。我問自己，為什麼那時的我還焦慮呢？其實不應該焦慮的，一個能安安心心去做一件事情的人，都不應該焦慮。無所事事，把命運的轉機放到行業、領導、同事、搭檔、老天爺手裡的人才應該焦慮。

當我寫完以上這些，我問自己：「那此刻的我應該焦慮嗎？」

對哦，從小到大，那麼多不值得焦慮的都白焦慮了。

那些值得焦慮的時刻也被自己每天一點一點打磨，很長一段時間後，所謂的焦慮都被磨成了值得展出的雕塑。

為了讓自己的客廳裡有更多的雕塑而放棄焦慮吧，等到八十歲回過頭，客廳裡不僅沒有雕塑，連花花草草都枯死了，才值得焦慮吧。

一個人的絮語

寫這篇文章的前幾天，思考了很久。我給李總發了一條很長的資訊，說了自己這三年的感受，工作中覺得不舒服的地方，以及希望公司能幫我解決的地方。

我提了四個需要公司幫我解決的問題，如果不能解決，大量的內耗會導致我無法全身心投入工作。問題不是突然出現的，只是我一直在回避，如今似乎到了不正面溝通，就只能每天消耗自己情緒的時刻了。

按常理，我是不大想給她發這種資訊的，總覺得在一起工作很多年，這麼聊會破壞我們的平衡。但後來又想，如果她真的在意這種平衡，就應該在我站立時也站起來，這才能讓蹺蹺板不失衡。

問題很多，需要一點一點去溝通。

發完那條信息，我鬆了一口氣。解決焦慮還有個好的方法，就是去想最壞的結果，你能接受最壞的結果，那此後所有的努力、得到的回報，都算是好消息。

友誼旅館

去年，我在老家給自己買了一套小房子，心裡想著反正父母也不會住在這裡，就跟朋友說能不能找一個很有想法的設計師幫我設計，貴一點沒問題，一定要很有風格。

朋友立刻問：「你知道有誼民宿嗎？」

我當然知道，拿了很多設計獎，是湘南最厲害的民宿。

朋友說，有誼民宿的老闆王真行就是這家民宿的設計師，如果我覺得可以，就介紹我們見一面。我連忙說：「別了，我買這小破房的錢可能還不夠他的裝修設計費。」

朋友嘿嘿一笑：「其實王真行特別想認識你。」

「為啥？」輪到我一愣。

「你知道有誼民宿怎麼來的嗎？」

我搖搖頭。

「有誼民宿以前是友誼旅館，王真行小時候就跟媽媽一起住在旅館的雜物間，經歷了很多事，後來王媽媽盤下了友誼旅館，而王真行也將這裡改造成民宿，再後來王媽媽重病離開，王真行便辭職接管了。」

我依然沒明白為什麼王真行想認識我。

朋友說：「他想跟你說說他和媽媽的故事，如果你有興趣，能不能寫成故事，讓大家都知道有誼民宿的來歷。」

從小住在旅館雜物間，後來媽媽承包了旅館，兒子成為設計師，又親自參與改造，現在成為網紅民宿，所有細節都讓我很感興趣。

然後，就有了這個故事。

1

故事從三年前說起。

王真行東南大學建築系畢業後去了上海，選擇進入一家獲得過很多設計大獎的設計公司工作——這裡除了口碑很好，還會幫員工解決上海戶口。可兩年多過去了，他這個助理設計師每天都被資歷和資格壓著，很難呼吸到大上海的新鮮空氣，落戶的事兒當然也還沒輪到他。

公司以往接的都是大單，如連鎖酒店、大型建築、別墅，都是一線城市的大業務，現在情況漸漸變了，愈來愈多業務諮詢來自三四線城市。有一天，總經理在內部會議上提議：「我們要不要成立各省市分公司？每個分公司，人不需要多，但可以第一時間了解當地的變化。以我們的品牌實力，要去三四線城市競爭並非難事。我有個想法，可以先從公司內部委任，東北人回東北，福建人回福建，你們有好的資源、好的人脈，三年為限，先把地基打好，什麼都好說。誰願意回家鄉做分部？」說完，大家面面相覷，一陣竊竊私語——好不容易從家鄉考上大學，從大學來到上海，現在又要把我們流放回家鄉？自己能不能接受還是其次，父老鄉親們怎麼看？

王真行突然舉起了手：「我可以回湖南，我是湖南湘南人。」

就這麼著，他回到了湘南，與另一位同事負責湖南分公司，他從助理設計師變成了總設計師，同事從客戶經理變成了總經理。王真行第一時間找到中學同學阿香，勸他來做專案經理，機會多，提成高，加上阿香活泛[1]的性格，一年整個幾十萬不在話下。

時間就這麼過了兩年半，事實證明總公司的決定是對的，王真行的選擇也是對的，總公司的金字招牌、王真行東南大學建築系的背景再加上阿香的三寸不爛之舌，分公司雖然沒接到什麼大項目，但散客就沒斷過。與王真行合作過的客人都覺得他既聰明又專業，只要自己提出新房子的裝修意見，王真行總能從電腦裡找出類似的設計。這得益於他大學時養成的習慣，每每遇見新的風格、設計師的新作品、新的獲獎專案，都會分門別類儲存下來。最初是為了學習和研究，慢慢就變成了自己接專案的範本。以前他最瞧不起這類設計師，把客人要求的各種元素一拼，調整到客人滿意便直接交給施工隊。他當然努力嘗試過原創，但面對年輕客人還好，年紀稍長些的客人基本都不會選。所以後來每接到一個專案，他都會先做一版原創，再根據客人需求拼貼三版方案。漸漸地，原創作品集愈堆愈高，接的單愈來愈多，兩者間的距離卻愈來愈遠。

三年期限快到了，他想回上海，不僅因為回去可以升職，可以解決戶口，最重要的是可以單獨接項目。這個專案指的是「作品」，而不是「商品」。

他不想讓小文看到現在這樣的自己。

小文是他的初戀女友，畢業那年決定去美國繼續學建築。告別時，王真行說的最後一句話是：「你去開你的飛機，我去開我的拖拉機，五年後見，看看誰比較厲害。」

這之後幾年，兩人除了朋友圈點讚和生日留言外，鮮有互動。分手了嗎？似乎沒有。會重逢嗎？似乎更尷尬……

這天，王真行跟阿香喝酒。

王真行說：「等我回上海，你就做總經理，我給你派幾個厲害的設計師過來。」

編註1：靈活、機靈之意。

阿香也舉起杯：「雖然捨不得你回去，但你是一定要去大城市做大項目拿大獎的……對了，你媽還不知道你回來了吧？」

「嗯，不想說。她有她的生活，我也不想再耽誤她。」

前兩天，媽媽給他打電話，他掛了，回了個「在忙」，媽媽就再沒找過他。等他拿起電話撥過去，響了幾聲沒人接，看看手錶，晚上十二點半，估計已經睡了。這些年，他和媽媽交流很少，打電話也是簡短幾句話了事，似乎打電話不是為了交流，只是為了對幾個暗號，確認「你還是我媽，我還是你兒子」而已。

「兒子在幹嗎？」

「工作。」

「好，照顧好自己。」

「知道。」

「吃飯了嗎？」

「一會兒吃。」

王真行的每句話都像畫了句號，而媽媽使勁把句號變成逗號。

「我上個週末和陳阿姨一起參加了……」

「媽，我在開會，我先掛了，等我閒下來再回給你。」

「噢，好的，你先忙吧。」

王真行並不忙，他看著電話很愧疚，但他不知道怎麼和媽媽聊天。從小到大，他們的溝通就沒有順暢過，一直磕磕絆絆的，他知道自己看起來很不孝順，但孝順也不是在電話裡裝乖就夠了。

後來，他都不想接電話了，直接發短信。

回湘南兩年多，他一直不回家，每月給媽媽寄幾千塊，然後就沒有然後了。

2

王真行成長在單親家庭，媽媽叫王有誼。

他小時候，媽媽是當地導遊，帶各種旅行團吃住行獲取提成，後來生意不好做，就買了輛小巴車做起黑車司機，總之，什麼掙錢就做什麼。

談起王有誼，街坊四鄰的第一印象是這個女人很豁得出去，而他們似有若無的面部表情也透露著另一個資訊：王有誼是頗有姿色的單身媽媽，所以和男性總有點那個……最開始王真行並不明白「那個」是指什麼，後來明白了，大家都說媽媽和男人的關係不清不楚，說媽媽風騷放蕩。王真行為這個和人打過好幾次架，沒一次贏過。後來，他自己也看見媽媽跟很多男司機喝酒，喝開心了就稱兄道弟，勾肩搭背的，沒一點女人的矜持。從此他就躲著媽媽，直到初中畢業他考了個高分，去了省城的高中，人生也終於鬆了一口氣。

王真行漸漸懂事了，也知道媽媽的辛苦，所以大學後再沒問媽媽要過生活費，一邊讀書一邊打工，拿下各種獎學金，參加工作的第一個月就拿出一大半工資寄給媽媽。對他來說，這個舉動就代表了自己的孝順，他在這個世界上擁有的本就不多，但他願意拿出更多給媽媽。除此之外，他和媽媽的互動就暫停了。他想不起媽媽上一次笑是因為什麼，也想不起媽媽和自己是否分享過心事，不知道媽媽現在的愛好是什麼，有沒有閨密，他僅僅知道媽媽用這些年的積蓄買了套屬於自己的房子，七十八平方米，有他一間。但除了每次過年住幾天，他對那個家陌生得很。媽媽也沒閒著，五十好幾了，還開著以前那輛小巴車到處給當地老旅館帶住客。帶一位有二十塊抽成，一天能拉到四五位就算運氣很好。

他和媽媽住在這個小城市的兩頭，互不干涉。

王有誼不知道王真行回來了。

王真行也不想知道媽媽每天在幹嘛。

3

舒緩流淌的河流中突然邁進了一隻腳，濺起的聲響和水花驚醒了水草中休憩的魚蝦。

公司剛開門，總經理就跑過來對王真行說：「你肯定不會相信的，有個旅館的改造指定要你設計。我問了對方，四層樓，二十幾間房，這可是一筆大生意！」王真行也一驚，他這兩年多一直做單間、雙間，最多三室兩廳，突然來了二十多間，絕對是好機會，心心念念想做的大專案終於來了。想到這兒，身體都有點小哆嗦。

阿香立刻湊過來：「你看，你小子命也太好了吧，做完這一單就回上海，光榮返滬。」

王真行搖搖頭：「對方的要求、理念、預算我們都不知道，沒準是個大坑。」

「客戶就在會議室，我先過去，你倆準備準備。」總經理說完風一般地刮向了會議室。

王真行取上電腦，出辦公室前想了想，反身又從櫃子裡取出十幾本原創提案。阿香拍拍他的肩膀：「認真了，認真了，王大設計師認真了。」

兩個人興奮地踏進會議室，立刻呆若木雞。

王有誼燙了個頭，穿了件裹身旗袍，化著淡妝正和總經理談笑風生。總經理誇她穿得有品位，她笑得合不攏嘴。看到王真行，總經理連忙熱情介紹：「這是我們的王總設計師，東南大學建築系第一名的優秀畢業生，上海專門派來的，也是本地小夥子，特別優秀，還有半年就回上海高升。大姐運氣真的是好……」話沒說完，見兩邊臉色不對頭，又追問了一句：「你們認識？」

「不認識，第一次見。」王有誼迅速否認。

王真行手裡捧著十幾本原創集，覺得自己是個傻子，不知道是該轉身出去，還是繼續坐下來聊提案。阿香雖然認識王有誼，但看王真行不動聲色，摸不清套路。王有誼也不含糊，拿出一張照片：「這是友誼旅館，三十多年了，老闆去了美國，我就把它盤下來了。四層樓，每層六間房，我想改造成更年輕、更接地氣的旅館，按你們年輕人的話說就是民宿。」這旅館王真行再熟悉不過，五、六歲開始，他就一直住在二樓頂頭的雜物間。那間狹長沒窗戶的小屋子也就十平方米左右，王真行住裡屋，媽媽住外屋，常年開燈。他滿腦子疑問，為什麼媽媽突然要盤下友誼旅館？花多少錢盤下來的？改建費也很貴，她哪有那麼多錢？她是知道我早就回來了？她是真的想找人設計，又或者只是過來看看我開個玩笑？

他沒說話，阿香也一聲不吭，總經理急了：「王總設計師，人家王姐都介紹清楚了，你有什麼感受？」

「這個項目我不接。」

總經理愣住了。

「媽，你想幹嘛？」

總經理的脾氣剛從腳跟提到小腿處，聽到這聲「媽」，立刻就鑽回了地下。

王有誼比想像中的鎮定：「我來你們這兒，就是客戶，你也別喊我媽。如果有家屬折扣最好，沒有也行，我就是要找人做這個旅館的裝修設計。這是我和旅館老闆簽的合約。你們有能力就接，沒能力我就找別家。」說著還從手提包裡翻出一遝合約，動了真架勢。

「別啊，如果我們都做不了，別的設計公司不可能做得好。」總經理有點迷糊，但絕不想錯過這單大生意，「折扣什麼的都好說，要不，真行你出來一趟，咱們聊聊。」

阿香也趕緊說：「王阿姨，我也出去一趟。」

王真行說了實話：「廖總，我家什麼情況你也知道。我媽沒錢，也不可能拿出那麼多錢裝修，我怕害了公司。」

廖總說：「那就簽階段性合約，先付設計費，再付開工費，一週內錢不到位，專案自動停止，和你沒關係，一切按合約。」

王真行嘆了口氣：「我也不是這個意思。」

阿香說話了：「你先別急，先弄清楚情況。你不能因為一直躲著你媽，所以就把和她相關的事都快刀斬亂麻。王阿姨說得對，在家裡她是你媽，在這裡她是客戶。廖總說得也很有道理，簽個階段性合約，如果阿姨真沒錢，也和你無關。但如果真的能把友誼旅館改好，不也了了你一個心願？沒準小文一回來，立刻就跟你住進去了……」說到這兒，阿香詭笑起來。

「你少說兩句，這都什麼跟什麼？」

在他們的勸說下，王真行妥協了，這家友誼旅館成了他在湘南的最後一個項目。

|4

友誼旅館雖在市郊，但因為湘南是丘陵地貌，它正好傍山而建，獨棟四層，前庭後院，所有房間坐北朝南，一條湘江由東往西。若在下雨天，一切景色就像被高清濾鏡過了一道色，樹也好，草也好，翠到心裡，甚至可以感受到流動的霧氣，彷彿身在畫中。

一晃十幾年過去，襯著朝陽，整棟小樓被描了一道金邊。小時候，王真行便清楚地知道友誼旅館在夕陽下的金邊是厚重的，在清晨的金邊是跳躍的。王真行踏進旅館，鼻腔裡聞著熟悉的空氣味道，皮膚感受著濕氣水分，聽著老木地板的嘎吱聲，踩著斑駁的木制樓梯上到二層，最右邊寫著雜物間的房間就是他度過八年童年時光的地方。

他想推門進去，但門上了鎖，木頭門上歪歪扭扭刻著「請勿打擾」四個字。他也並不想在王有誼面前表現出想念這裡的模樣，於是很快就走出旅館，站在院子裡思考：除卻一層前台，整個旅館沒有任何室內公共空間，室外公共空間也不過就是個院子，擺了些供客人歇息的椅子而已；現有房間都太小，房型也很一致，如果要提高競爭力，或許可以拆除重建，釋放更大空間，造更多房型；房間窗戶也太小，浪費了友誼旅館四周的好風景；如果有足夠大的落地玻璃，冬天看雪，夏天看星空，雨天看雨滴的軌跡也是好的；樓梯倒可以保留，翻修，或許還能成為具備歷史感的標誌。他腦中的構想愈是豐富，臉上的表情愈是凝重。如果真要弄，起碼得花兩百萬元，但媽媽怎麼能有兩百萬元？她接手友誼旅館要花不少租金，這些錢都是從哪兒來的呢？她都五十好幾了，從來就沒有做過跟旅館相關的事，怎麼就突然想起來經營了呢？

眼前的友誼旅館瞬間變成了一個巨大問號。

巨大的問題瞬間又變成了一個巨大黑洞。

王有誼似乎看穿了他的疑惑，突然就走到他身邊說：「你看這個友誼旅館，風景絕好，位置不算偏，湘南這幾年旅遊業發展得很快，無論是外地遊客還是想週末在城郊度假的年輕人都多了起來。剛好顧老闆的女兒在美國生孩子，他本打算把旅館轉給美住連鎖酒店，去美國帶外孫女，我就直接談下來了。我有預感，這個民宿一定會很受歡迎。你相信你媽，我的預感沒錯過。」王真行本想問她的錢從哪兒來的，但同事都在旁邊，又咽了回去。王有誼彷彿又看穿了他在想什麼，接著說：「我不想花太多錢買什麼瓷磚來貼外立面，不如把這棟樓全刷成藍色？遠遠看過來就是一棟小藍樓，多美！我看台灣就有這樣的咖啡館，全部刷成藍色，好多年輕人去合影，特別潮，油漆也便宜。我給你看看照片，特好看。」

她掏出手機，開始在相冊裡翻照片。手機是蘋果六代，還是幾年前王真行換了新手機後給她的。

「不用看了，我懂。我就想問一下預算有多少。」

王有誼看了看旅館，又看了看王真行，反問：「你覺得需要多少？」

「我們都是先看客戶預算再做。」

王有誼反問：「一百萬有一百萬的設計，一千萬有一千萬的花法對吧？」

王真行不置可否地撇了撇嘴角。

「這樣吧，你給我做兩套方案，便宜的和貴的，我看看哪個好。你放心，設計費我照給。」王有誼立刻堵住他的嘴。

回公司的路上，王真行一直沉著臉。

回到公司，阿香問他到底怎麼想。

「我太了解我媽的言下之意，她肯定沒錢，我給她一個設計範本吧。」王真行隨便吃了碗泡面，便埋著頭在辦公室工作了一整天外加一個通宵，只睡了三、四個小時。第二天上午，他讓阿香發短信給王有誼。王有誼很快到了，翻了幾頁方案，就放在桌上。「王真行，你這個方案對付別人還行，對付我可不行。你這不就是把各種各樣的民宿裝修拼到一起了嗎？你把我的錢都花在買材料和裝材料的工時費上，但我需要的是改建，怎樣讓房間更大，走廊更敞亮，住客願意拍照。住客不僅在旅遊季節把這裡當個落腳的地方，還要沒事也想過來住幾天，當成自己的家。明白嗎？」

總經理給王有誼蹺了一個大拇指就出去了，留他們兩個人自己溝通。

沒一會兒，王有誼從會議室出來了：「廖總，王真行這個星期跟我回家住，我盯著他做方案，他就別來公司了。」

廖總經理看著會議室裡一臉絕望的王真行，笑了笑：「王真行您隨便用，反正是您兒子。」

5

一週後，王真行拿出了兩百多頁的裝修設計圖。

從公共空間的改造建議，到裝修材料以當地產的竹材與原木為主；從無人機拍攝的俯瞰景別設計，到每間房的剖面，每間房都增加了正面的落地觀景窗，以木與景相融合……總經理翻了幾頁就說：「以前都說你來公司時是筆試第一名，我還納悶，怎麼也看不出第一。現在我知道了，深藏不露啊！」

王有誼拿到方案後一頁一頁地翻，不住地點頭，不知道是在肯定王真行的設計還是肯定王真行的能力。看完，她提了一個建議：「我們能不能在四層樓頂再種兩棵樹？」

什麼？王真行不敢相信自己的耳朵。

「就是在樓頂種兩棵樹，客人可以躺在樹下喝茶、喝咖啡。遠遠地也能看到咱們樓上有兩棵樹，多美啊！」

「媽，你知道一棵大樹的根要紮多深嗎？你種在樓頂，根會穿透屋頂。而且，你的預算到底有多少？一棵成年香樟市場價得八到十萬元，你能花十幾萬元買兩棵樹？」

王有誼嘴裡嘟嘟囔囔：「不能種屋頂，那種在院子裡也行啊，有沒有便宜點的樹？」

王真行是按預算兩百萬元設計的，其中包括二十萬元服務設計費。

最終，王有誼和公司簽協議，按階段提前付錢，一週不交就停工。交完服務設計費，王有誼也很麻利地把接下來第一筆拆除費二十萬元交了。

改造要開始了。

王有誼對阿香說：「接下來就交給你們了。我還有幾個要求，你跟大家仔細叮囑。一、木樓梯不要拆，顧老闆特意交代的。二、雜物間不要動，裡面還有很多東西沒挪出來。三、202 房間上了鎖，不要裝修，保留原貌就好。」

6

正式開工的第一天早上，王真行剛來到旅館，就看到王有誼帶著幾個工人從一輛大貨車上往下卸兩棵香樟樹。

王真行呆住了，不是說了樓頂不能種樹嗎？就算要買也要和自己商量商量才行啊，種什麼樹都得配合旅館最終成形的景觀來安排啊……他壓抑住情緒，過去問王有誼：「媽，你這是要幹嘛？」

王有誼很得意地說：「你不是說樹很貴嗎？我剛好有朋友承包了一座山種橘子，山上長了很多這種樹，我就挖了兩棵過來。」

王真行瘋了：「這是你在山上挖的樹？」

「嗯，你看，這一下就省了十幾萬元，多划算。老李，謝謝你啊！」王有誼跟大貨車司機打了個招呼。

王真行也認識李老頭，這個人以前跟媽媽跑過黑車。他顧不上打招呼，很認真且著急地說：「媽，聽我的，別惹事，趕緊把樹弄回去，哪兒來的送回哪兒！」

王有誼不樂意了：「我幾個朋友從昨晚弄到今早，好不容易弄來了，為啥要送回去？」

「一、很難養活，需要專門打理。二、現在沒法種，會影響施工。三、山上的樹都是國家財產，你這不是節約，是盜竊。」

話音未落，一輛警車開進了院子。原來，莽山森林公安發現有人在景區挖樹，一路追到這裡。母子兩人都得去一趟派出所。王真行無奈地問了一句：「你這到底幹的都是什麼事啊？」王有誼滿不在乎：「沒事，我又不知道是犯法。我看這些樹長在山上又沒人看，我挖過來種這裡，還實現了它的價值。」

7

王有誼口中那個承包果園的朋友也到了派出所，一頓道歉，說以為山上的樹都是自己的。民警處理過很多挖樹的案件，和這位朋友也打過照面，懶得拆穿他的謊話，說了句「下不為例，把樹埋回去吧」。

「埋埋埋，一定挖一個比之前還深的坑。」

王真行嘆了口氣，媽媽的朋友一個比一個令人糟心，這麼多年了，就沒交過什麼正經朋友。

李老頭在派出所外面等著，一見大家出來了，立刻說：「就這麼點小事，驚動那麼多人花了那麼多時間。走，一起吃個火鍋，慶祝一下。」

慶祝？王真行不敢相信自己的耳朵，開工第一天啥都沒幹，光在派出所折騰，他的臉垮了下來，說不去。李老頭一巴掌拍在他肩膀上：「聽叔叔的，開工第一天就進了派出所，兆頭不好，必須紅火紅火，走！」

王真行去也不是，不去也不是，趁著李老頭和其他人在前面走，他一把拽住了王有誼：「媽，我可跟你說好了，接下來任何設計你都不能插手，你要做任何事都要經過我的同意。如果你再這麼耽誤時間，三個月後完不成項目我會立刻回上海，一刻都不耽誤。」

「行行行，都聽你的，我老了，做不了決定了。」王有誼手一攤，「走，先吃飯去吧，我餓死了。」

友誼旅館裡，王真行保留了木地板，保留了木樓梯，他喜歡踩在上面的嘎吱聲，但重要的是他需要把木板一塊一塊拆開，把底下的木樁墊扎實，壞了的板子也要換掉，光是這一項工作就需要很多時間。

之後，他改變了每一層的房間數，把一層的房都拆了，變成餐吧和熱帶植物長廊，除了承重牆，其他牆面換成玻璃，再把樓梯豎板換為乳白的亞克力玻璃，背後放置光源，讓樓梯亮堂起來。

先拆後建，王真行留了半個月去拆除周邊不用的部分，同時走改建手續報批。

十天後，他讓阿香去城建局問報批回覆。阿香說專家都被派去做一個省級專案的評估，私人專案還要等上一個月才行。再等一個月就相當於報批花了四十幾天，萬一專家組提意見，報告就會打回修改再審批，又要半個月才能通過。這還是好的，萬一出點岔子，三個月內能批下來就算不錯了。

王真行心如刀割，阿香也很清楚，如果三個月後才走完審批手續，那王真行還要在湘南起碼待上大半年，不僅不能趕上回總公司升職，也趕不上回上海辦落戶手續。

王真行讓阿香立刻陪自己去一趟規劃局，找相關部門投訴。怎麼能因為有別的大項目就不管其他老百姓的項目了呢？但阿香勸王真行打消這個念頭，他也跟對方抱怨過，但專家組就這麼幾個人，只能先就重要的項目來，不是說不批，而是得緩一段時間。

王真行倔脾氣上來了，必須去。

阿香也沒辦法，只能陪著。

兩人到了規劃局，正商量著要找哪個部門精准投訴，就看見王有誼拿著一遝報告和一個老頭有說有笑地從一間辦公室出來了。

王有誼看見王真行，立刻叫他過來：「陳工，這就是我兒子，東南大學建築系專業第一，在湘南開公司，以後他的專案你可要多支持。真行，這是規劃局專家組的陳總工程師，大劇院就是他一手設計建造的，當時他們的條件比你們艱苦多了。」

「陳工好，我是王真行，青森設計所的設計師。」

「噢，青森我知道，很有名的設計公司嘛，小夥子有前途。我們那時做大劇院，幾個小夥子都住在友誼旅館，每次很晚回，都是你媽幫我們煮面煎蛋。那時你還很小，應該都不記得了。」

「陳工正在弄省裡的項目，特意抽了時間幫我們把審批報告提前看完了，還誇你的設計方案很好，符合標準也新潮，說等弄好了之後要去住一住。」

「謝謝陳工，我會努力弄好的，到時歡迎您。」王真行給陳工鞠了一躬。

和陳工告別後，王真行問王有誼：「媽，你怎麼來了？」

「我每天問阿香審批報告怎樣了，他上午告訴我說要延期，我就來了。」

「你早就知道我們的報告會送到陳工這兒？」

「嗯。」

「那怎麼不早說你認識？」

「你媽是那種走後門的人嗎？你不是不讓我插手任何事情嗎？我怕我多此一舉，你就甩手不幹了。後來我想你的設計也沒什麼貓膩，堂堂正正，你不是著急回上海嗎？我就來囉。以前我可是給陳工他們煎了不下一百個雞蛋，你看，這一百個雞蛋的人情就被你這麼用沒了。」王有誼把審批報告遞到王真行手上。

王真行第一次笑了起來，雖然這笑只是一閃而過的。

他有些慚愧，印象中媽媽認識的朋友都是橫七豎八沒個正樣，而且住在旅館那幾年，他也因為夜裡總有住客找媽媽幹活兒，於是很生氣地用釘子在木頭門上刻了「請勿打擾」四個字。但這四個字並沒有用，晚上總有人來敲門，媽媽總會消失一陣然後又回來，他恨透了這些客人。他從沒想過媽媽會出去給客人煮面煎蛋，但他又突然想起來，難怪有時候媽媽回來會端著一碗蔥花雞蛋面，把他從睡夢中搖醒。他帶著起床氣和睏意吃完面繼續倒頭就睡……自己好像忘記了很多事。

8

拿到了審批報告，一切按王真行的計劃進行。王有誼也沒閒著，每天在施工現場「監工」，不能抽煙，不能亂扔垃圾，不能磨洋工。阿香很感慨地對王真行說：「以前我覺得你媽一個人把你養大不容易，現在我覺得你被你媽養大才不容易。」

王真行盯著和工人各種溝通的王有誼，有點出神。

時值八月，太陽依舊毒辣，王有誼在家熬了一大鍋綠豆湯放在施工現場，後來發現地上到處是一次性杯子，乾脆拿個板凳坐在大鍋旁監督，哪個是誰的杯子，誰沒有喝完。工人們叫苦不迭，讓王真行趕緊把他媽領走。王有誼便指著工人說：「我走了誰管你們後勤？渴了喝自來水？」

拆牆工人一臉苦笑：「王姐，你還不如讓我們喝自來水，簡單暢快，水龍頭一開一關就行，用杯子太費事。」

王有誼笑了：「那不成，浪費我家自來水。」話還沒落音，她竟突然衝到院子裡，指著挖掘機大喊：「你瘋了嗎？你給我下來！停機器！你給我下來！」原來，挖掘機的搖臂晃了晃，差點打到院子裡的電線杆。王有誼上去把門打開，一把將司機從駕駛室拽下來。聽到咆哮聲，人們都跑出來看發生了什麼。

「你居然睡著了？現在是大白天，才剛剛十點！你怎麼能開挖掘機開到睡著！如果不是我喊你，你就把電線杆挖斷了。停電了，我們還要不要施工，萬一漏電出事故誰來負責？」王有誼劈頭蓋臉一頓罵，司機的魂魄都被嚇沒了。

「你說！是不是你們包工頭又讓你昨晚通宵去那邊美住連鎖幹了？你們從上到下為了掙錢還真是不要命了！」王有誼急得跺腳。司機漸漸緩過神：「沒辦法，司機就我一個人，我不幹，兩邊的活兒就都幹不完。」

「你給我一邊去！一樓106有躺椅，你給我躺著去！睡半個小時！」

「啊？」司機懵了。

「你這樣不休息，等你醒過來我的旅館都被你挖沒了。快去快去，別跟我廢話了！」

司機遠遠看著王真行，投去求助的目光，不知怎麼辦才好。王真行還沒反應過來，就看見王有誼把司機趕到一邊，自己鑽進挖掘機駕駛室，一頓操作猛如虎，點火，左右杆，大臂一升一降，小臂一伸一鉤，嘴裡念叨著，手裡左右搖晃著，轟的一下，圍牆推倒了。眾人皆驚，王有誼居然會開挖掘機？連王真行都被嚇到了，他知道媽媽會縫衣服、開小巴、拍照、砍價、喝酒，但什麼時候學會開挖掘機了？推翻圍牆之後，王有誼用鏟斗把地上的殘磚斷瓦一股腦兒地挖了起來，一個大旋轉，就把垃圾傾倒進渣土堆。這還不夠，她又挖起了旅館前的游泳池，三下五除二，平整地面上就出現了一個十平方米大小、一米多深的坑。

王有誼從挖掘機上走下來，把鑰匙還給挖掘機司機說：「鑰匙拿好，趕緊去睡一覺，一會兒再開工。」

司機原本已經想睡，這下又精神了，咽了好幾口唾沫，半天後才擠一句：「你怎麼還會開挖掘機？」王有誼沒接這茬兒，直接說：「謝師傅，咱們都是老百姓，我也不是暴發戶，我請你幫我幹活兒，你就要對我負責。你在連鎖酒店那邊認真幹活兒，在我這兒就打瞌睡。我們給的都是錢，難不成他們的錢就比我的香？你別說是包工頭逼你。他欺負你，你就欺負我？我一個女的，你一個大老爺們，欺負我有意思嗎？」

謝師傅不停道歉。

「謝師傅，我希望你答應我就不要再騙我。你知道為什麼今天我那麼快就喊你了嗎？我注意到好幾次了，我以為你差不多點就得了。」

「唉，我也去跟工頭商量商量，我確實也是沒辦法。」

王有誼一聽也就不再和他爭論，直接奔向旅館四層包工頭的房間。王真行也跟了上去，擔心他們打起來。顯然，包工頭早已看到剛才發生的一切，王有誼一進門，他就立刻發誓不會再犯同樣錯誤，保證不會出事，否則自己負全責。

「負全責？你怎麼負全責？如果出事了，除了能賠點錢，你能賠時間嗎？我們有那麼多時間和你耗？」

王真行從沒有近距離跟媽媽一起工作過，也不知道媽媽工作起來的性格是這樣的。小時候他總看見媽媽和男人一起喝酒，稱兄道弟，有些男人還動手動腳，媽媽也笑著打回去，他那時很不理解。隨著年紀漸長，看了吳君如和梅豔芳的港片，他問阿香：「你說我媽和那些男人不分你我，是因為她沒有婦道，還是因為她不想讓別人把她當女的？」阿香立刻拍著大腿說：「洪興十三妹！我就覺得你媽特別像洪興十三妹！」

王有誼正在追問包頭工出事了怎麼辦，窗外便傳來了幾聲大叫：「出事了！出事了！」王有誼氣得不行：「你看，你看，真的出事了！」有工人跑上來彙報：「王姐，出事了，你剛才開挖掘機把市政供水管挖爆了！」

維修費、管道費、主管道浪費的水費七七八八加在一起，政府開了一張二十萬元的罰單，不交錢不能開工。

王真行懷疑自己是不是拿錯了人生劇本。他此時寧願運氣差一點，拿個群演角色，第一集被炸死領盒飯，乾乾淨淨，但他又是那種絕不能接受扮演這種一路都力不從心的角色的人。

他和阿香面對面坐在大排檔。

阿香默默給自己滿了一杯酒，喝掉，然後突然笑了。

王真行看著他，一言不發。

阿香問：「你還記得我倆是怎麼成為朋友的嗎？」

王真行沉默了兩秒，點點頭。

阿香說：「那次也一樣吧，你媽好心辦了壞事，然後我們才成了兄弟。」

9

初二那年，王有誼聽說班上有五個男同學一直欺負王真行，就想用自己的辦法幫幫忙。

一次學校組織郊遊，每個班都安排了一輛中巴車接送，王有誼和司機換了班，把其他同學一一送到家門口，偏偏繞過這五個男孩家不停。一開始他們以為司機忘記了，可沒過多久，車上只剩他們五個。王有誼扭過頭跟他們說：「你們好啊，我是王真行的媽媽王阿姨。」五個男孩嚇得尖叫起來，其中就包括阿香。

王有誼並沒有停車，而是朝郊區開去，愈開路愈偏，幾個男孩擠成一團，聲音都喊啞了。王真行的媽媽要把自己帶去哪兒？為什麼要那麼偏僻？一瞬間幾個人腦子裡就出現了各種綁架新聞《媽媽為了兒子尊嚴與一車小孩同歸於盡》、《欺負我兒就是自尋死路》、《小巴車掉下懸崖只因欺負弱小》……愈想愈害怕，以大虎為首的男孩開始大哭求王有誼不要綁架他們，不要殺他們，他們再也不欺負王真行了……待開到杳無人煙的地方，王有誼把車停住，鎖好車門，男孩們全擠到車尾涕淚橫飛。

「怎麼？這就害怕了？那你們欺負王真行的時候，不是很勇敢嗎？大虎，你爺爺是工商局副局長吧，家住北湖路二十二號四單元六樓對吧？阿香，你爸和你媽都是法院的吧，住在人民西路二十四號三棟一單元二樓？王耀興，爸媽都是個體戶，開五金配件店，國慶北路三號。陳大鵬，你媽就是學校語文老師對吧？教小學三年級？最後是謝智，你爸媽不在本地工作，你跟你大姑一起生活，大姑是北湖商場收銀員……我沒說錯吧？」

五個男孩頭點得跟搗蒜似的，沒準都有人被嚇到尿褲子了。

「你們別那麼害怕，阿姨不會對你們怎麼樣，我一會兒會送你們回去，阿姨就是想跟你們說幾句話而已。」

小巴車廂裡，王有誼把五個男孩當作成年人，很認真地跟他們聊起天，把大家說得痛哭流涕，不是害怕，而是覺得自己真的不應該欺負王真行。五個男孩紛紛發誓再也不欺負王真行了，王有誼便坐回司機位，送大家回家。可下坡時剎車突然失靈，怎麼踩都沒用，車速愈來愈快，王有誼頭上全是汗。男孩們本來都安靜下來了，這下覺得不對勁，哭號著讓王有誼停車。眼看著這麼衝下去一定車毀人亡，還會撞到陌生人，王有誼心一橫，讓大家繫好安全帶，自己也繫好安全帶，看準路邊工地的一大堆砂石，按著喇叭就撞了上去。一聲巨響，車停了下來，王有誼的頭重重撞到了玻璃，她根本來不及擦額頭上的血，趕緊解開安全帶跑到車廂後面把五個男孩一一抱出來。好在小孩們都繫了安全帶，只是受了驚嚇而已。

第二天，關於王有誼的流言就甚囂塵上。大家說王有誼為了給兒子王真行報仇，綁架了一車小孩，還打算用車禍的方式毀屍滅跡，製造假現場。理所當然，王真行就成了「殺人犯」的兒子。所有人都躲著他，在他背後指指點點，唯一和他說話的只有同桌小文，以及學校門口的那只白色流浪貓。

更可惡的是，王真行在自己的抽屜裡發現了流浪貓的屍體。

無論多久，他都記得那一天自己的心情，他捧著盒子走到講台上，想哭哭不出來，想憤怒也無從表達。全班人看著他，他低著頭站在講台上，默默地站了幾分鐘。突然阿香從座位上站起來，走到了王真行的身邊。「那天晚上王媽媽要送我們回家，但剎車壞了，她讓我們繫好安全帶，特意找了一個砂石堆撞上去。車停之後，王媽媽頭上流了很多血，但她還是先把我們一個一個抱下車，等一一〇和救護車來。

那是一場意外，如果換作別的司機，可能我們真的沒命了。」阿香頓了頓繼續說，「如果有人真覺得自己厲害，就應該去欺負比自己更厲害的人，欺負弱小算什麼本事？亞軍是要打敗冠軍，而不是去挑釁比自己弱小很多的人，這樣的人一輩子都不可能有出息。還有，以後我是王真行的朋友，如果誰還要欺負他，先找我打一架。」初二的阿香已經一米七了，比一米五二的王真行高一頭，他說完話，全班鴉雀無聲。

「走，找個地方把它埋了。」阿香跟王真行商量。王真行點點頭，小文才知道發生了什麼，也哭了起來。

王真行一路忍著回到家，把作業本拿出來，發現桌上放了一個貓窩。王有誼進來了，見王真行看著貓窩發愣，就說：「你不是要養貓嗎？我給你做了一個，放在院子圍牆邊，那裡剛好有可以遮雨的棚子。」

王真行突然把頭埋進貓窩裡哭了起來。

王有誼嚇了一跳，心想王真行到底是什麼病，不就是給他做了貓窩嗎？至於那麼激動嗎？

10

「喝一杯吧？」阿香舉起杯子。

王真行從回憶中醒過來，也舉起了杯子。

「那次你站在講台上說的那段話，說得真好。」

阿香嘿嘿一笑：「你知道原話是誰說的嗎？」

王真行搖搖頭。

「是你媽媽，那天在車上，她跟我們談心聊天，說到這段話，一下讓我頓悟了。」

「我媽？」

「嗯，她真是個奇女子，如果在香港一定是洪興十三妹，帶著我們衝鋒陷陣。我很佩服你媽的。」

「不要說髒話。」

「我是說我很佩服你媽媽。今天她挖爆水管，我沒覺得有什麼大不了，沒準這又會有一個更好的結果，比如小文回來之後……」

「別提小文，你還嫌我不夠慘？說你吧，上次你說和女朋友鬧矛盾，現在呢？」

「別提了，冷戰一年了。」

「那你要主動發個資訊啊，難怪這一年你怪怪的。冷戰贏了又怎麼著？不過是彼此消耗，虧你還玩《王者榮耀》，冷戰是東皇太一的大招，同歸於盡，看誰血厚……我和我媽其實就是這樣，沒什麼好處。」

「那……」

「發啊！」

阿香掏出手機給女朋友發了一條短信。

資訊剛發過去，馬上就有了回覆，阿香哭了。

他發的是：「你在幹嘛？」

對方回的是：「坐月子。」

11

王有誼把罰款交了，理應交第二筆材料費，但拖了好幾天。

王真行不提，阿香也不提，但他們都知道王有誼拖著沒交，眼看一週限期就要到了。

「真行，你媽沒交材料費。」

「我知道，你問她了？」

「她說下週前一定交。」

「離期限還有兩天。」

王真行也不知道自己強調這個是什麼意思，是告訴自己如果媽媽真違約就不幹了，還是告訴阿香再給媽媽兩天時間。

「不過你放心，你媽有錢。」

「有錢？我媽沒錢。」

「別忘了，你媽當年是我們這兒最早有小巴車的司機，生意好得不得了，所有人都說你媽一天就能掙好幾百塊，二十年前，好幾百塊啊！」

「瞎扯，我怎麼不知道。如果我媽真掙那麼多錢，我至於現在這麼苦？」

「沒準你媽瞞著你，想培養你自力更生呢，突然有一天，你發現自己繼承了億萬家產。不過話說回來，你媽當時小巴車生意那麼好，怎麼突然就不開了？」

「我媽挺苦的。」

「嗯。」

「你知道她被人欺負嗎？」

「那會兒很多大人不是總說你媽壞話嗎？我知道，但我不信。」

「嗯，一開始我也不信。」

初一冬天的一個晚上，王真行放學回到旅館正準備做作業，王有誼剛把木炭火生好，還沒徹底燃起來，她看王真行坐在椅子上打了個寒顫，就讓他陪自己去個地方，有空調的地方。出門前她又特意說：「要走一段路，你可以帶你的隨身聽。」

王真行歡快地跟著王有誼，到了才知道，王有誼是要跟一個小巴車大鬍子胖司機談搭夥的事。大鬍子胖司機負責開車，媽媽負責賣票。他坐在車廂裡，媽媽和大鬍子分別坐在副駕駛座和駕駛座，壓低著聲音在聊天。他隱約聽到大鬍子對媽媽說：「你的建議很好啊，其實我也有一個建議。你看，你單身，我也單身，除了工作上搭個夥，其實生活上也行，我可以好好照顧你。」剛聽到這兒，媽媽就回過頭對王真行說：「你聽會兒歌，我跟這個叔叔聊一會兒。」看王真行戴上耳機，摁了播放鍵，才把頭扭過去繼續聊。王真行眼睛看著窗外，手摁著音量鍵把音量調到最小，假裝聽歌，其實是在聽媽媽和大鬍子的對話。

大鬍子說：「你啥也不會，不就是賣個票，也不是什麼稀罕事。」

王有誼一點都不惱，笑得很歡樂：「我還是懂很多的，你可別小看我。」

大鬍子滿不在乎：「那我可是聽說你和友誼旅館的老闆不也挺默契的嗎？這麼些年了，人家還有個生病的老婆。你跟著我，從那兒搬出來，不也挺好的。」

王有誼一聽笑得更厲害了：「哈哈哈哈，鬍子哥你說笑了，我一個單親媽媽，天天照顧這個死孩子，一把屎一把尿的，人家顧老闆哪瞧得上我。老顧是個好人，做大生意的，給我和王真行提供了個地方住。你這麼說我不要緊，你不是拉低了顧老闆嘛。」

「那我合適，你不高攀我。你考慮考慮，你一個人帶孩子那麼久，應該也挺無聊的吧，看你這雙手，都不像這個年紀的手。」王真行眼角的餘光裡，大鬍子說著就上手想去抓住媽媽的手。王真行想立刻衝過去把那大鬍子推開。媽媽左手捂著嘴，右手啪的一下將大鬍子的手打到一邊：「行了，鬍子哥，我知道你一個人開那麼多年車挺無聊的，我拉扯孩子也不容易，心意我收到了，我想想再回覆你。畢竟孩子也大了，又在這兒，我就不方便再說了。」說著，她又瞄了王真行一眼，王真行眼睛依然盯著窗外，像整個人被包裹在了音樂裡，沒露出一絲破綻。

王有誼從副駕駛座下來，叫王真行一起回家。走的時候，大鬍子摸摸王真行的頭，對王有誼說：「我的車門隨時為你敞開。」

王真行強忍著心裡的不適。

王有誼用手撣了撣大鬍子摸過的王真行的頭髮，笑了笑牽著他回家了。路上，兩人沒有說話，快到旅館了，王真行才突然說：「媽，你別去賣票了。」

王有誼在想些什麼，正在走神，沒聽到王真行說的，立刻反問了一句：「嗯？什麼？」

王真行不想再重複，就推開雜物間的門，木炭已經紅火起來了，他便坐在桌前寫起了作業。

沒過幾天，王真行突然聽見有汽車開進院子的聲音，然後聽見媽媽在院子裡喊自己。他跑出去一看，媽媽正從一輛不算新的小巴車上下來，很得意地對他說：「怎麼樣，我買的，二手，便宜，以後我自己幹，自己賣票自己開車。」

顧老闆也走出來端詳了一陣小巴車：「這車划算。」

「謝謝老顧，等我掙到錢了就把借你的還給你。」王真行這些年還從沒見媽媽笑得那麼燦爛過。阿香提到這些，讓王真行一下就想起媽媽最難過的一段往事。

「你又想起了什麼？」

「你知道我媽後來為什麼不開小巴車了嗎？」

「嗯……為什麼？」

王真行又給自己和阿香倒了一杯酒。

「我媽白天開小巴車沿途接人進景區，按人頭拿提成。遊客從景區出來，我媽就免費送他們去旅店，沒找好住處的，就推薦友誼旅館，每個客人顧老闆給我媽六塊的提成。每天晚上，我媽開著小巴車去市內跑黑車，哪裡公車少就去哪裡，哪裡等公車的人多就去哪裡。我跟我媽跑過幾次，她一兩句話就能把在公車站等車的人弄上自己的車。有零錢的乘客自己投幣，沒零錢的我媽就說下次再給，老人不收錢，還會叫年輕乘客給老人讓個座位。她從不往車廂裡不停塞人，坐滿了人就走。夏天和冬天空調都開足，久了街上等車的人都認識我媽了，有時寧願多等一會兒都想等到她的車。

「可惜，沒多久這事就被其他黑車司機知道了，他們輪流把車堵在我媽的小巴車前面不讓她起步，也會在她開得穩當時突然別一下，其中也包括那個大鬍子。我幾次想跟對方拚命，我媽攔著我，說忍一忍就沒事了。我想就算打不過，總要發洩吧，不讓對方看低，難不成對方會打死我？我媽後來不讓我跟了，可她也沒慫，每天正常出車，很晚回來，坐在雜物間外屋裡數錢，如果我醒著，她就會拿一塊兩塊零花錢給我。我沒見過媽媽心情不好的樣子，好像每天都在發生什麼了不得的事情。

「直到有一天，大家聽說景區即將出台一個禁令，為了方便管理，不再允許私人大巴車載客進景區，遊客只能在規定時間規定路線乘坐規定的大巴車。一石激起千層浪，幾十輛靠景區吃飯的小巴車司機都瘋了，畢竟一個家庭的全部生活來源就靠這一輛車了，所有人都急得不行，私下聯合起來準備抵制反對，我媽也急了好幾天。等景區禁令正式公布，大家才發現，除了景區自有的大巴車，還增設了十輛私人小巴車，用以靈活載客，景區統一發牌，統一管理，而這十輛私人小巴車每月按時交管理費。再看細則，需要私人小巴車司機提交申請，審核材料，只有十張牌照。就在所有小巴車司機都忙著辦各種手續提交材料的時候，第一張牌照已經下來了，屬於我媽。」

「後來大家才知道，我媽聽到這個消息後，主動找了景區領導彙報意見，認為景區統一管理肯定是正確的，也能提高遊客的整體感受，但大巴車有限，小巴車司機那麼多年知道哪裡有散客，也熟悉各種路線。大家都是為景區服務，不如就徵集一些私人小巴車統一管理，上繳管理費，吸納社會力量，事半功倍。領導班子一討論，覺得這個辦法好，就批了十輛試點運行，我媽當仁不讓拿了第一張牌照。」

阿香聽到這兒，嘴裡發出了嘖嘖聲：「真厲害！」

「是挺厲害的，但真正厲害的應該是後來……我媽這麼做一下就捅穿了馬蜂窩，說什麼的都有，說她和景區領導關係曖昧，說她心機太重，說她分裂小巴車司機的團結，也有人說她聰明活泛，難怪做生意有錢賺。除了申請到牌照的九輛小巴車的司機，我媽徹底得罪了其他人。這些小巴車無法繼續在景區運營，也就紛紛流落到市區、市郊轉身成了黑小巴。

「接下來這事我也是後來聽別人說的。有一天，幾個婦女提著幾個竹籃子上了我媽的車，我媽特意問裡面是什麼，那些人說是雞蛋，我媽就讓她們不要把雞蛋放在地上，容易碎。幾個婦女也很感激。車開了沒多久，突然從右邊後視鏡躥出一輛車，我媽趕緊左轉方向盤，但對方依然擦到了小巴車的右側，整個小巴車險些失去平衡，幸虧我媽一腳踩住剎車。乘客被嚇得不行，我媽趕緊確認有沒有人摔倒，再回頭看那輛躥出來的車時，它早已揚長而去。我媽大概知道是怎麼回事，也只能藏在心裡。她回過頭跟大家道歉，那幾個婦女揭開籃子裡的蓋布，說雞蛋全碎了，五、六個籃子，每個籃子裡有五、六十個雞蛋，幾乎都裂了，還有的蛋黃、蛋清碎在了籃子裡。我媽這才知道她們也是來找碴兒的。那幾個婦女質疑我媽的開車技術，說這三百個土雞蛋是特意買給家裡病人的，每一個都很貴，讓我媽賠錢。其他乘客圍上來，看到幾籃子碎雞蛋也覺得很可惜，但也有疑惑，就算剛才有個剎車，也不至於所有雞蛋都碎了吧？幾個婦女不依不饒，我媽只好把車靠邊停住，跟其他乘客道歉，讓大家下車，退了車票，然後跟幾位婦女說她肯定不賠，但可以一起去派出所，員警怎麼說就怎麼做，賠錢也好，坐牢也好，都奉陪。」

「那幾個婦女一看我媽來硬的，嚷著說沒時間，要趕回家看病人。然後，一個婦女直接把籃子裡的破雞蛋掏出來扔在車廂裡，邊扔邊罵，其他婦女也紛紛照做。我媽攔住一個也攔不住其他人，只能看著整個車廂地上、座位上、駕駛室、玻璃上、窗簾上，黃黃白白一大片……她本想抓住其中一兩個，但追了兩步停住了，看著幾個婦女遠去的方向，她擦了一把眼淚，坐回駕駛座把車開走了。」

「後來我幫她洗了三天車，我們把所有椅套拆下來洗乾淨，晾乾後再裝回去，可車廂裡仍殘留著濃濃的雞蛋腥味，根本沒法載人。顧老闆建議說，他愛人病情惡化，自己每天都要去醫院，旅館剛好缺人照料，反正小巴車也沒法開了，不如幫他照料下旅館，每月發工資。我媽堅決不收錢，覺得這些年一直被老闆一家照顧著，但老闆硬要給。我在旁邊看著，心裡當時特別不是滋味。」

「自那之後，我媽就在友誼旅館工作，小巴車停在院子裡一直散味。原本她計劃是做兩、三個月等老闆娘出院，可老闆娘的急性白血病愈來愈嚴重，顧老闆也愈來愈憔悴，我媽就沒再提什麼，再之後，我媽就沒碰過小巴車了。」

12

期限的最後一天，王有誼把五十萬元材料費交了，一副若無其事的樣子，似乎之前那些事都沒有發生過，看見王真行正在辦公室，就說要商量旅館前游泳池的事。

王真行又是一腦門汗：「媽，咱們之前說好的，定完就定完了，不要再搞什麼么蛾子。現在進度一半都沒有，弄不完我真的就不管了。」

「我在想那個游泳池又要挖，又要做什麼防水淨化，有點浪費時間，主要是做完之後都快冬天了，也用不上，要不這個游泳池我們先不挖？」

「你是不是沒錢了？」

「之前游泳池預算是三十萬元，那個水管罰了二十萬元，我琢磨著如果不建游泳池，還能再省出十萬元做別的，不是也挺好的？」

「你是不是沒錢了？現在花了九十萬元，還需要一百一十萬元。」

王有誼把王真行辦公室的門關上，坐下來，也沒含糊：「我前幾天去貸款了，人家說我歲數太大，貸不著……」

「我是絕對不會幫你貸款的，你別打我主意，建這個旅館不是我的人生目標，我也不希望我的人生計劃被這個旅館打亂，如果你沒錢就別幹了！趁早停工，你之前不是說美住連鎖想要收這個旅館嗎？趕緊聯繫他們。」王真行被氣得不行，遇見這樣的媽媽他真的很崩潰，人生就沒有一天是安靜的，永遠都在鬧事，在折騰，在動盪。

「別急別急，我不讓你貸，這是我自己的事，我不會連累你的。我是聽說政府有那種創業貸款，免息的，我覺得我們挺符合這個資質的，但是需要你陪我一起去，你說一下我們旅館的設計理念，記得帶上你學校裡獲獎的那些證書。」說著，王有誼就把地址發給了王真行。

「明天上午十點，這裡啊，記得帶好材料，必須一舉拿下。」

王真行去也不是，不去也不是。昨晚和阿香聊起媽媽，阿香說她就是那種天無絕人之路的性格。

「所謂人有逆天之時，天無絕人之路，說的就是你媽了。」

「但為啥我媽一直要逆天呢？她是哪吒嗎？」王真行十分困惑。

「你沒聽過另一句嗎？天無絕人之路，水有無盡之流。你媽不是逆天，你媽比我們膽子都大。人家退堂鼓打了一百遍，她上來就是擂戰鼓，不然能有你的今天嗎？」

想著自己小時候媽媽遇見的那些事，他是同情的，他也知道媽媽是愛他的。但發生的其他事卻讓他無法理解，甚至今天想起來也不能原諒。也是因為那件事，他徹底和媽媽漸行漸遠。這些年來，他一直想問媽媽關於那件事的所有，但他問不出口，他覺得媽媽也想對自己說，但也說不出口，也許是時機還沒到。人生中確實有這樣的事實存在，時機對了，一切都迎刃而解；時機不對，一切就是火上澆油。

王真行整晚失眠，鬧鐘響起的時候，他從床上爬起來想了想，把材料都準備齊全，出門和媽媽會合。

創業基金的工作人員只是簡單看了一下王真行的裝修設計，點評了一句「確實得花不少錢」，然後問王有誼：「阿姨，這個旅館未來是您負責經營，我看您的資料，以前從未經營過旅館，只是有過幾個月的打工經歷？」

「是的，但是……」

「那我再問問您，現在的入住率是百分之二十，改造後預計全年入住率百分之六十，現在的房間平均一百二十元一晚，二十四間房縮減成了十二間，平均五百元一間，相當於您的客人全部要換一批新客人。整個的裝修設計費二百萬，按您說的毛利率是百分之四十，那您想過多久才能贏利？」

「對，我算了，我寫在上面了，四年半左右贏利。」

「但民宿這個行業淘汰率很高，基本上五年左右翻新重建，而您要四年半才贏利，這個看起來就有問題，而且您這個數字只是個推測吧？」

「我有信心把我們的入住率和毛利率再提高。」王有誼很有自信的樣子。

工作人員繼續翻著王有誼的計劃書：「那我再問問您，您有公眾號、微博、頭條號、抖音、快手之類的社交媒體嗎？」

「噢，我每天都刷抖音的，我自己有個號。」

工作人員笑了笑，搖搖頭：「不是的，阿姨，我是問您有什麼具體的新媒體運營計劃嗎？因為咱們這兒不像廈門、杭州，旅遊是剛需，您啊需要用別的方法去吸引更多新客人才行。」

「新媒體運營我知道，我會拍照，會發照片，會去更新那些東西。」王有誼有些著急。

工作人員無奈地看了王真行一眼，王真行很清楚工作人員的意思。

「阿姨，我覺得這件事情您還沒有想清楚，您把這件事情想得太簡單了。」

「我沒有，我想得很清楚，它也不簡單，你們就幫幫我，我肯定能把錢還上。」

「阿姨，這不是錢的問題。」

「對了，你看看，這是我兒子之前獲過的設計獎項，一等獎學金，他這個設計肯定能得獎，肯定會讓很多年輕人喜歡的，就會成為你們喜歡的網紅旅館。」王有誼從自己的手提袋裡翻出王真行的獲獎證書。王真行一愣，自己並沒有給媽媽這些，她從哪里弄來的？

「阿姨，這也不是設計師的問題……」工作人員很為難。

看著有些語無倫次的媽媽，王真行心裡很難過。媽媽似乎從來就沒有狼狽過，哪怕被人欺負，她都很體面。這個工作人員年齡可能比自己還小兩歲，也是按規章制度辦事，並沒有惡意，但媽媽完全回答不了對方的問題，雖然嘴上不認輸，但眼神裡流露出來的卻是知道自己被社會淘汰的恐慌。

「媽，我們走吧，不好意思。」王真行率先站起來。

王有誼表情也很尷尬，迅速地把東西收好放進手提袋裡，跟工作人員硬擠出一個謝意。出了門，王有誼看王真行沉默不語，反而過來安慰他，大力地拍拍他的肩：「哎呀，沒事，你媽有的是辦法，不會有問題的，這點小事。」

她突然想起什麼，就從包裡拿出一個七彩小藥瓶，又從隨身的包裡掏出一個保溫杯，吃了幾顆藥。

「你吃的是什麼？」王真行問。

「這天天到處跑，老胳膊老腿受不了，朋友給我推薦的，說吃了能參加奧運會。」王有誼盯著那個七彩小藥瓶，好像真的能發揮神奇效用一樣。

「都跟你說了多少次，不要買那些奇奇怪怪的老年保健品，都沒用，全是安慰劑的成分，就是騙錢的。」

「行行行，你先回公司吧。我去趟旅館，有幾個朋友下午要去看看。」

13

王真行在建設方案裡把游泳池去掉了，改成能承辦小型活動的綠地，還能增加盈利，同時去掉了幾個性價比不高的設計。他拿著修改方案去旅館找媽媽，工人說媽媽正在四樓和連鎖酒店的人談事。

連鎖酒店？王真行腦子裡有幾個問號：為什麼她要和連鎖酒店的人談事？難道她接受了自己昨天的建議？沒錢了準備轉手？他把自己改好的方案放進包裡，走了上去。和他想的一樣，王有誼約了美住連鎖的人談接盤的事。除了能把現在已有的花費還給王有誼，每個月還有保底分紅，如果客流量大，還能分到更多。

美住連鎖的經理在勸王有誼：「去年我們就跟顧老闆說了，這是最好的方法，我們一個那麼大的全國連鎖，還有自己的銷售系統，絕對要比單獨小旅館運營得容易。你們也不要那麼操心，坐著收錢就行了。沒想到顧老闆把旅館給你了，說你想自己試試看。我覺得王姐你今天約我們來就是對的，最省事。」

「那我有一個要求，202房間你能給我保留原樣嗎？」王有誼突然問。

不僅美住的經理愣了一下，門外的王真行也愣了。他確實記得之前媽媽的委託裡有這麼一條，他本來想問的，但事情一多也就沒當回事。202一直鎖著，那到底是個什麼房間？

「這個要求有點怪，我可以和總公司確認，但你們的房間不能拆，因為二十四間是我們接盤的底線，給你留那一間不動也行，還有二十三間吧。」美住的經理自言自語，也是說給王有誼聽。

「那個，你剛才說房間不能拆嗎？」王有誼問。

「對，不僅不能拆，裝修都是我們接手。一個是我們要保證房間數量，另一個是我們要保證我們整個品牌裝修風格的統一。」

王有誼之前都覺得還不錯，但一聽這句立馬就說：「那不行，不可以，如果你們要接手這家旅館，就必須按現在設計師的設計，不能改。」

「王姐，你這就是為難我，別的要求我都覺得沒問題，裝修這個肯定不行。」

「那算了，你們走吧，我不談了，這個設計師的設計我是一定要用的，這是我的底線。」王有誼說變臉就變臉。

「要不，你再想想，我們過幾天聯繫你？而且你那個挖爆水管賠的錢，我們也能從保險裡幫你理賠，算是我們的工程失誤，怎樣？」

「你們走吧，也不用聯繫我了。」

走之前，美住經理困惑地問了一句：「王姐，為什麼你非要用這個設計？這個旅館是我們管，也給你留了202，你這？」

「這個設計師是我兒子，就這麼簡單。」

王真行正準備轉身下樓，聽到這句話，他頓時愣住了，各種情緒湧上心頭，然後加緊腳步離開了旅館。剛好阿香在市場上看中了一批一折的木材，讓王真行過去確認是否可以用，如果可以就立刻交訂金，這塊也能省十幾萬元了。王真行趕到後很快確認完畢，阿香覺得撿到了大便宜很高興，但王真行心事重重，阿香就問：「又怎麼了？」

王真行猶豫了半天，對阿香說：「你不是認識銀行的人嗎？我想貸筆款。」

14

此刻，坐在銀行以自己名義為媽媽貸款的王真行，不知道自己這麼做是對是錯。

最初，他只看到了媽媽的折騰，漸漸看到了媽媽的認真，回想起童年的那些往事，似乎媽媽決定做一件事就不會輕易放棄。小時候自己沒能力，無法在媽媽需要自己的時候幫她，現在自己有能力了，還能在關鍵時刻幫到媽媽，難道不應該這麼做嗎？

王真行以自己的名義貸了五十萬元，壓縮壓縮，應該也能把友誼旅館改造得八九不離十，再加上媽媽想點辦法，友誼旅館一定能得到新生。在他的想像裡，當他把貸款合約給媽媽的時候，媽媽會開心、會感動，也會不好意思，這些都是他能想到的。但當他真的把合約放到媽媽面前時，竟然好像一下子掉進了冰窟窿，不，比掉進冰窟窿更可怕，那種感覺簡直就是揭開王真行的頭蓋骨，傾下了一桶雪水來。

王有誼看著那份合約，瞪大了眼睛，無所謂的樣子：「你幹嘛？我不用你管。我已經有錢了，你趕緊跟銀行說一下，不用了，讓他們把流程撤回來吧。你肯定覺得自己特別了不起吧？」每一個字都像新東方烹飪學校師傅手中的刀，將王真行的心嗒嗒嗒剁成了小碎丁。尤其是最後一句話，簡直是把小碎丁一股腦兒地倒進了紅油鍋裡爆炒了起來。

「你如果有錢就不必貸款了，也不必申請創業基金了，你何必硬撐呢？」王真行覺得媽媽一定又在假裝。

「我沒騙你，你看。」王有誼掏出手機來，給他看短信。短信上很明白寫著王有誼收到了五十二萬元的轉帳。

「你錢哪兒來的？可別去借什麼高利貸。」

「你把你媽當什麼人了？我只是有一筆大額定期存款捨不得取，現在提前取出來，損失了一些利息而已。」

王真行更疑惑了，他從來沒有算過媽媽的錢，為什麼媽媽會有那麼多存款？

「你怎麼存到那麼多錢的？」王真行太困惑了。

「你工作這幾年，不是每個月給我寄五千元嗎，我也存了好幾十萬元啊。」

「我說別的！」王真行好心被扔了，又委屈又生氣又著急，整個人失去了平日的嚴肅與冷靜。

「行了，行了，我現在出去見個朋友，你別瞎想了，趕緊去盯一下最後的拆牆，下週就要開始重建了。哦，對，最近穿精神點，天天見不同的人。」王有誼拋下一句沒頭沒腦的話就瀟灑地走了。

王真行從客廳的鏡子裡看了一眼自己，二十七歲的自己彷彿三十七歲了，頭髮淩亂，眼睛裡佈滿了血絲，襯衣還是從洗衣筐裡挑了一件看起來乾淨的……偷樹進派出所，開挖掘機挖爆水管，申請基金被打臉，任何一件事都能擊垮一個人吧，可王有誼就像吃藥一樣，喝口水就能直接咽下去，完全不顧忌王真行的感受和心理承受能力。

「啊——」王真行在空無一人的房子裡大喊。

他真的要瘋了！

這些日子，過往的時光，所有的事情一件一件在腦子裡翻，突然，王真行似乎想到了什麼。友誼旅館，合約，顧老闆，以前他給媽媽錢……難不成這一切都和顧老闆有關？因為他管不了了，所以就交給我媽管？而媽媽為了顧老闆，那麼大歲數了，還要幫他打理旅館？為什麼 202 要保留？那個房間有什麼秘密？又有什麼意義？

王真行停下來冷靜了一會兒，推開媽媽臥室的門，打開她床頭櫃的抽屜，裡面果然有一串鑰匙，每一把鑰匙上面都貼著寫著房號的膠布，有「雜物間」，有「202」……鑰匙旁邊還有一張對折的紙條。王真行不想看，他怕看到讓自己心碎的東西，怕自己立刻會放棄這個項目。他又很想看，他想知道為什麼，他滿腦子都是疑惑。呼了一口氣，王真行打開了紙條。

「有誼：這些年委屈你了，旅館交給你，我也放心。房租我就不收了，我相信你一定會盡你的全力愛護它、保護它，就像我對它的感情一樣。202你可以留著，可以不變，它代表著我們的青春歲月、最好的時光。總有一天，真行會明白你的付出、你的隱忍，還有你為了保護他一直隱藏的秘密。你辛苦了。最後謝謝你，在我最黑暗的日子給了一束光，你是我認識的最好的人。顧長海。」紙條最底下又留了一行小字：「這是我在美國洛杉磯的號碼，有急事可以找我。」

放下紙條，王真行的身體在抖。

原來故事的原因在這裡，原來自己當年的誤會並不是誤會。

王真行拿著鑰匙出了門，他要去友誼旅館，去202拆穿所有的一切。

紙條上的一字一句都讓他恍然大悟，顧老闆，不，關於顧長海的種種回憶本已被王真行埋在了過去，根本不想，也不敢提起。那麼多年過去了，他終於還是要被迫去面對。因為顧長海，王真行和媽媽搬離了友誼旅館。也是因為他，王真行選擇了去外地讀高中，徹底離開這個小城，離開了媽媽的羽翼。

15

某天晚上，王真行寫完作業，王有誼遲遲沒回，他就躺在旅館的天台上等媽媽回家。

沒一會兒，就聽見了院子裡的動靜，媽媽從顧老闆的車上下來，顧老闆扶著她。王有誼似乎在跟顧老闆說些什麼，然後顧老闆摟住媽媽，接著又從身上掏出紙巾幫媽媽擦眼淚。王真行很用力咳嗽了一聲，顧老闆立刻將媽媽扶穩，進了旅館。

王真行一陣風似的衝回雜物間，過了十幾分鐘，有人在外面敲門，顧老闆的聲音響起來：「真行，睡了嗎？你媽今晚喝多了，我把她送回來了。」王真行面無表情地把門打開。王有誼帶著一身酒氣，笑著對顧老闆說：「我沒醉，你別瞎說，今晚我挺開心的，我那一大口白酒是不是把他們都嚇著了？還敢欺負我？」

王真行看見媽媽喝多的樣子就很煩，一句話不說把媽媽扶進雜物間，連謝謝都沒說，砰地把門關了。又過了一會兒，雜物間的門被輕輕敲了兩下，還是顧老闆的聲音：「真行，我做了兩碗麵，你拿進去吧，你媽今晚吐了，吃一點麵比較好。」

王真行沒有搭話，過了一會兒，顧老闆也沒了動靜。

王真行打開門，兩碗面放在門口的凳子上，他回頭看了看媽媽，已經睡著了，又把門關上了，沒有碰那兩碗麵。

第二天一早，王真行上學的時候，那兩碗麵不知道被誰收走了。

沒過幾天，初二升初三重點班的名單放榜，王真行的名字在重點班最後一個。有同學就在榜單底下說，那個王真行最後一名進了重點班，都是他媽跟教導主任喝酒喝來的，聽說他媽一口就幹了一大杯白酒，嚇得教導主任怕出人命，趕緊答應他媽讓王真行進重點班。其他的同學又挖苦又羡慕地說：「如果我有個媽也能這麼喝酒就好了，我也能進重點班。」

王真行本想躲開，但想到那晚媽媽喝醉了酒，想到媽媽在顧老闆身上哭，氣一下就躥了上來，一把將那個同學推開：「你說什麼呢！誰的重點班是媽媽喝酒喝來的？我是考上的！你看到分數沒有？我是考上的！」

那個男同學一下就被推倒在地，被王真行嚇得不行，哇哇直哭：「重點班只招四十個人，你看你的分數就是最後，而且你是四十一名。」王真行仔細看了分數，人家說得沒錯，王真行考了兩百八十三分，全班最後四名都是兩百八十三分，只是他排第四十一名。

王有誼知道這事後氣得不行，她從小就教育王真行做任何事情之前都想想後果，不能動手，不能衝動，不能打架，以和為貴。王真行反問：「我的重點班是你喝酒喝來的嗎？如果是這樣的話，我寧願不去也不要被人瞧不起。」

王有誼更氣了：「如果你認為靠我喝酒能幫你喝出重點班，王真行你就太瞧不起自己了。你讀書用功嗎？你寫作業認真嗎？你的兩百八十三分是你考出來的嗎？重點班的分數線就是兩百八十三分，你要相信你自己的能力，你如果那麼容易就被人打敗，你就不是我兒子。」

重點班的事就這麼不了了之，但讓王真行和媽媽關係徹底破裂的事情卻開始萌芽了。

下午第一節課上課前，王真行還沒到，又有人在座位上說到王真行的媽媽，說她一直單身，跟很多人的關係不清不楚，聽大人說他媽是友誼旅館顧老闆的小三，現在顧老闆的老婆白血病晚期還沒走，他媽就每天等著上位。阿香聽到了，很不高興，直接揍了那人一頓，讓他閉嘴。啥都不知道的王真行到了教室就被叫去辦公室，老師們圍成一圈把事情的來龍去脈了解了一遍，王真行就站在那兒聽同學和老師說著媽媽的傳言，他覺得這些人都很魔幻，他們了解自己的媽媽嗎？他們知道媽媽是個什麼人嗎？想著想著，王真行突然衝了出去，從教室裡取了書包就跑回友誼旅館，這學他不想上了。

天上下著小雨，王真行哭了一路，他也不知道自己在哭什麼，愈哭愈覺得難過。他不是一個喜歡哭的人，每次因為沒有爸爸，王真行都會被欺負到哭，但媽媽告訴他：「男孩不能哭，愈哭愈被人覺得好欺負。老天也會欺負喜歡哭的人。」所以他總把眼淚憋回去，不想在任何人面前流。雨愈下愈大，王真行渾身濕透了，進院子之前，他擦了擦眼淚，覺得應該看不出來了。他跑進旅館的時候，媽媽正坐在一層的水池邊洗衣服。王有誼一看他全身濕透地回來了，連忙站起來拿毛巾給他擦，她問王真行：「怎麼了？」

王真行不想說，然後目光一瞥就看到了媽媽洗衣盆裡的東西。他走過去拿起來，有幾條男人的內褲，都不是自己的，那肯定是顧老闆的。王真行頓感天旋地轉，別人說得都沒錯，媽媽就是在給別人的男人洗內褲。王有誼看王真行都快崩潰了，也有些尷尬，就解釋：「顧老闆老婆現在晚期，隨時都可能走，所以顧老闆每天都在醫院陪著，他所有的衣服都沒有時間洗。我在前台後面的休息間搞衛生的時候看見他放了一臉盆髒衣服，我想著就順手幫他洗了。」

王真行什麼都不想聽，直接衝到二樓住的雜物間，隨便拿了幾件衣服塞進書包就從旅館充了出去。王有誼在後面拚命追他，讓他站住。王真行不管不顧地在前面跑，突然聽到啪的一聲，王有誼摔在了地上。王真行站住了，回過頭看媽媽。

王有誼哭了，但沒有哭出聲音，眼淚混著雨水不停地流下來。

王真行也哭了，一直在喘著粗氣，忍住不發出聲音。

王有誼爬起來，走向王真行，聲音都在顫抖：「王真行，你想幹嘛？你要離家出走嗎？你能去哪兒？」

王真行也在顫抖：「你管我去哪兒？我就是不想再住在這裡了！你知道住在這裡，外面的人都是怎麼說的嗎？」

「你不用說，你也不用聽，我上次不是跟你說過了嗎？如果你那麼容易就被人影響，你怎麼做自己的事？」王有誼在吼。

「好，我不說，我也不聽，那我問你，我爸是誰？叫什麼名字？長什麼樣？多高多重？因為什麼死的？他的墓在哪裡？這些問題我從來沒有問過你，你也從來沒有告訴過我，你知道為什麼嗎？因為我小時候問你爸爸呢，你就說他死了。我一問，你就說他死了。他是怎麼死的？生病嗎？出事嗎？還是怎麼死的？你知道我有多想知道這些嗎？別人都有爸爸，知道爸爸什麼樣子，只有我，我都描繪不出爸爸的樣子。我爸爸是高的還是矮的，是喜歡笑還是很嚴肅？我真的很想問你，可是每次想起你說他的樣子，想起你一個人帶著我已經夠苦了，我就忍住不問了……」

王有誼呆呆地看著王真行，似乎想說些什麼。

王真行又哭著說：「我多希望爸爸是個飛行員，能帶我去天上。我做夢夢到爸爸是個海軍，突然有一天回來告訴我他可以帶我去坐潛艇。可是呢？什麼都沒有，我連知道爸爸是誰的權利和資格都沒有。」

王有誼開口了：「我對不起你，我沒有告訴過你是因為我也不知道你爸爸是誰。那時候我還年輕，但因為懷了你，我就想自己把你養大。」

「原來你真的和別人說的一樣。他們說你勾引人，說你不檢點，說顧老闆的老婆都還沒有死，你就等著上位，說我們之所以住在友誼旅館，顧老闆一直不收錢，就是因為你是他的小三！」

啪！王有誼狠狠地甩了王真行一個耳光，兩個人都懵了。

王有誼從來沒有打過王真行，捏都沒用力捏過，但這一記響亮的耳光似乎把她所有的憤怒都打出來了。王真行的臉立刻通紅，他呆呆地看著打了自己一耳光的王有誼。兩個人就這麼在大雨中面對面站著，好像兩個雕塑，連呼吸都不被允許。

那天後，兩個人便很少再說話。很快，媽媽跟顧老闆辭職，說王真行馬上要中考了，她想帶他住一個更大的房子，這些年謝謝他的照顧。告別的時候，王真行也沒有跟顧老闆說再見，顧老闆大概也知道是什麼原因吧。

很快，王真行就參加了中考，用盡全力，報考了省會的學校，得以實現了自己人生的盛大逃離——從此他再也不必面對這樣的媽媽、這樣的環境了，他得到了第二次人生。

16

王真行打開了202的房門。

裡面的陳列與其他房間沒什麼不同，兩扇木窗對著山，一張床整得很乾淨，一張帶著年歲感的書桌上有各種漬印，白牆偏黃，天花板被新刷了幾道，似乎是為了掩蓋漏水的痕跡，但在王真行看來，整個房間都在隱藏媽媽和顧老闆不堪的祕密。

顧老闆紙條裡的每一個字都扎著他的心。

原來這是他和媽媽背著自己見面的地方，原來媽媽要翻新旅館並非為了掙錢，讓自己設計也是幌子，她只是為了顧老闆，為了他們的青春、他們的回憶。自己在幫媽媽做一件很齷齪的事，在幫她的齷齪歲月刷上粉，讓它不再被人提起……他愈想愈悲憤，走到一層，找了把錘子，折身回到202，關上門，環顧四周，目光落到床上，各種想像噴薄而出，他掄起錘子，重重地砸了下去。沒想到，床上放的是一張棕櫚床墊，錘子重重砸上去，不但一點事都沒有，反而將錘子彈了回來，差點脫手。他踉蹌了兩步，很尷尬。他更氣了，用更大力氣再次砸下去，反彈的力道當然也就更猛。他變得很可笑，明明可以砸床頭，砸床腿，但他偏不，他覺得面前這張床就是在挑釁他，他必須用自己的力量摧毀它。錘子不行，那就把它扔掉，他穿著鞋直接跳上床，不停地跳，用腳踩，嘴裡發出惡狠狠的聲音。

而就在他剛剛用力跳起來準備把床踩塌的時候，門開了。

小文站在門口看著自己，一臉不可思議。

王真行呆住了，不知應該做什麼才好。五年了，再一次相見，自己居然這麼狼狽。他掉落在床墊上，一直晃了五六七八秒，像蹦床比賽的運動員。

「噗！」小文笑了起來，她從沒見過王真行這個樣子。初中時的王真行自卑，不敢大聲說話；大學時的王真行沉默，做事克制冷靜，都跟眼前這個人完全不同。

「你怎麼回來了？」王真行有太多問題想問，但能問出口的只有這句。

「你不是給我的舊手機發資訊說你換號了，知道我會回來，就說你在重建友誼旅館，希望我來提些意見？」

「我……給你舊手機發短信？」王真行一臉錯愕，他根本不知道這事，但很快就意識到是誰發的短信。王有誼中午出門前跟他說過「最近穿精神點」之類的話，她有小文的號碼，當然也可以給小文發資訊。

他想像過一百種跟小文再見面的場景，帶她看自己獲獎的作品，在外灘請她吃一頓好的，一起去參觀設計展，又或者他們都有了各自的另一半，點點頭，握個手，發乎情，止乎禮，但無論如何絕對不是現在這種。他從床上緩緩下來，苦笑著搖搖頭——自己的人生、事業、愛情、親情似乎都被王有誼一股腦兒地放進了粉碎機，只差全部丟進下水道沖走了。

「你走吧。」

「你沒話跟我說？」

「我現在這樣還有什麼好說的。」

「那就說說你現在。」

「現在？別羞辱我了。五年前我說了，你開你的飛機，我開我的拖拉機，現在你也看到了，我的拖拉機壞了，你也不用來關心我了。」

「王真行，你真的很令我失望，怎麼過去五年了，你還是那麼……」小文想說又忍住。

「我怎麼？還是那麼敏感、自卑、妄自菲薄？」王真行冷笑一聲。

「你就不像個男的！」

王真行徹底不想再隱瞞自己的情緒了：「周小文，初一時你幫我把蓋在腦袋上的衣服拿掉，我很感謝你，你讓我覺得不再孤獨。初三畢業，我去長沙讀高中，只有你來火車站送我，那時我就決定和你考同一所大學同一個專業，我做到了。那時所有的一切都是平等的，一個人努力就能靠近另一個人，所以大學我也努力。畢業時你要出國深造，問我要不要一起，我能嗎？就算我拿到全額獎學金，生活費呢？我媽呢？我能不管她嗎？那時我就知道我們本就不是一個世界的人。現在你回來了，高學歷，好背景，好工作，上海戶口，還有獲獎作品，我呢？被困在這個城市，被我媽騙來修破旅館，在這破房間裡跳來跳去。你不需要再來關心我了，你每一個關心對我來說都是負擔，是羞辱，真的。」

「好，這是你說的！你可別後悔！」小文說完，便轉身離開。

腳步聲漸漸消失了，王真行又惡狠狠地踢了木床一腳。

17

阿香不知道該怎麼安慰王真行。

兩人一杯接一杯，喝得爛醉。

王真行決定回家收拾行李，把電腦什麼的都帶上，明天就回上海，友誼旅館和自己不再有任何關係。雖然他很後悔下午對小文說的那番話，但那是實話，不說不代表不這麼想，說了也好，早晚要說的。

外面下起雨，十月的湘南已有涼意。

王真行又乾了一杯。

自己所有的悲傷似乎都和雨有關，他分不清到底是自己的悲傷襯托了雨的意義，還是雨在配合他的悲傷。他沒有叫車，在雨裡走回了家。

王有誼如往常一樣還沒回，他很快把行李收拾好，看了眼臥室書架上陳列的幾個聖鬥士，想了想，把射手座放進了盒子，他再也不想回來了。房間很安靜，只有石英鐘秒針走動的聲音以及窗外的雨聲。上一次逃離是倉促的，這一次做好了準備。他站起來，最後看了看每間屋內的擺設，就當是做個最後的告別。

王有誼買的這套房子有三間臥室，一間她住，一間王真行住，還有一間說是到時給孫子孫女住，她真是想多了。王真行打開給孩子住的房間，裡面堆滿了箱子，他隨意打開一個，原來是從前住在友誼旅館時的雜物，有他小學和初中的試卷，有他小時候的衣服，有玩具槍……他又打開另一個紙箱，全是被單、被套、被芯，泛黃了也沒扔掉。他搖搖頭準備合上，但發現被芯裡似乎裹著一個黑盒子，不知道是什麼。他把被芯從紙箱裡取出來，是一個黑鞋盒，沉甸甸的。打開鞋盒，裡面全是紙，有剪下的報紙，有手寫的信，報紙是關於正當防衛和防衛過當誤判改判刑期一類的新聞，手寫信則是寫給法院和公安局的。王真行沒耐心仔細看信裡的內容，直接把盒子裡所有的東西掏了出來，最底下是一個大信封，落款是衡南縣監獄。打開信封，裡面是一份離婚協議書，王真行渾身起滿了雞皮疙瘩，重重咽了一口唾沫。信上面寫著：

男方：劉成梁，生於一九六三年五月二十五日，現在衡南縣監獄服刑，因過失殺人罪判處無期徒刑……

女方：王有誼，生於一九六六年十月十七日，現居湘南白石莊白石橋三號……

離婚原因：雙方育有一兒名劉真行，由於男方被判無期徒刑，故申請離婚，經組織溝通認可，雙方予以離婚……

落款：一九九二年四月二日

王真行重重地坐在了地上。

劉成梁、過失殺人、無期徒刑、防衛過當、給法院的信……他現在就像一盤磁帶，A面已經放完，這份離婚協議書正是B面的第一曲。

18

深夜十二點，洛杉磯應該是早上九點。

王真行撥通了顧老闆的電話。

「你終於來找我了。」顧老闆有些驚訝，但不無感慨地說。

兩人的對話直接又簡單，跨越一萬公里，白天黑夜，真相終於有了雛形。

多年前的某一天，劉成梁帶著懷孕的王有誼去旅行，歸途中在車上遇見兩名劫匪，為了保護妻子和同車乘客，劉成梁拿出一把水果刀與劫匪起了衝突，他很快制伏了劫匪，但劫匪一直咒罵，並且威脅他從派出所出來就要報復。劉成梁惱怒之下失手砍到兩名劫匪的動脈，以致他們失血過多死亡。雖然所有乘客都能為他做證，但凶器不是劫匪的，加上防衛過當造成兩人死亡，所以王真行的爸爸被判了無期徒刑。

得知被判無期徒刑後，劉成梁不再見王有誼，只是給她回了一封信，希望可以離婚，讓她帶著孩子去另一個城市生活，不要再活在陰影中。王有誼帶著剛出生的王真行到了湘南，因為這裡是劉成梁帶她度蜜月的地方，友誼旅館就是他們當時的住所……

顧老闆說到這兒，笑了起來：「你知道你媽為什麼那麼在意202房間嗎？因為啊，你就是在這個房間被懷上的。」

他的敘述很平淡，王真行這邊卻手捂著電話，眼淚早已模糊了雙眼。

「你媽是個很厲害的人，本來什麼都不會，但為了養活你，就去幹導遊，腦子靈，嘴也甜，總能掙到錢。可她畢竟是單身媽媽，總有人說閒話打主意，再加上她老帶客人來友誼旅館，一開始我還納悶，後來才意識到她每次帶客人來，都能懷念起和你爸爸在一起的日子。後來我就索性讓她帶你住了過來，剛好雜物間閒置也沒什麼用。旅館生意一直平淡，也從未住滿過，所以我都盡量讓 202 一直空著。你也知道，現在經濟發展得快，這種老旅館被衝擊得厲害，剛好有連鎖酒店要收購，價格也不錯，我都打算轉手了，你媽知道後非要接手。我考慮再三才決定讓你媽媽去經營，就像她說的，這個旅館不僅是她和你爸的美好回憶，也是我和愛人的心血，如果給了連鎖酒店，所有的東西都要換掉，但你媽說如果她來接手，一定要保留很多老物件，讓我隨時回來都能看到曾經的樣子。我愛人離世前那段時間，如果不是你媽幫我照看旅館，無論是旅館還是我，肯定都垮了。我愛人走之前跟我說了三句話，其中一句就是感謝你媽媽……」顧老闆說到這裡也哽咽了，「你媽很神奇，哪怕到了前段時間，都一直給我帶客人。我說別帶了，不開了，她連回扣都不要，就想著要讓我經營下去。我想你媽這麼一個人，只要願意去做一件事，沒有做不成的吧！」

王真行已經哭得不成樣子，他一點都不想掩飾自己的難過，對媽媽那麼多年的誤解，媽媽都一個人扛過來了。

「為什麼她不告訴我爸爸的存在？」

「我也問過她這個問題，可能是考慮到你爸坐牢的原因，沒有合適的時機，但我想總有一天她會告訴你，你媽是一個能把所有事扛下來的人。」

掛了電話，時針指向凌晨一點，王有誼還沒有回來。王真行把收拾好的行李放回房間，沉默了許久，可能這就是老天對他的報應，但他又很感激老天，能在還沒有完全失去一切的時候，告訴他要珍惜。

他拿出手機，給媽媽打電話，剛一接通，那邊就接了，但不是王有誼，而是一陣雜亂的聲音：「她兒子打電話來了……我接了接了……你好，這裡是市中心醫院急救中心，王有誼女士兩小時前被人送到我們醫院，她昏迷了，她的手機有密碼，所以我們也聯繫不到你，你趕緊過來吧。」

王真行趕到醫院，媽媽還在昏迷中。醫生告訴他，王有誼是肝癌晚期。王真行迷茫地愣住了，他什麼都不知道……醫院讓他等媽媽醒來好好陪她，她的時間不多了。

19

王有誼一直昏迷到第二天下午才醒來。王真行趴在她腳邊睡著了。她稍微一動彈，王真行立刻醒了。

「媽，你醒了？」那個笑雖然是擠出來的，但也是發自內心的。

「我怎麼進醫院了？」王有誼想了想然後「噢」了一聲。

「真行，旅館我們別做了。媽媽對不起你，你不是和阿香買了一批木材嗎，昨天傍晚到了，我就讓他們放到一樓。誰知晚上下大雨，一樓都沒窗戶，我就趕回去搬，沒想到年紀大了就躺這兒了。木材泡了一晚上也不能用了。你看我，真是老了，幹什麼都不行，老給你添亂。你幫我從包裡拿一下名片，我約一下那個美住連鎖的人。你也別為我繼續受罪了，回上海吧。」王真行讓媽媽一直說著，沒有打斷，等媽媽說完才說：「媽，沒事，都有辦法，就像你說的，這些都是小事。」

「怎麼我昏迷之後，你像變了一個人？是不是醫生把事情都告訴你了？」王有誼很納悶。

「你不是說你吃的藥都是老年保健品嗎？」

「是保健品啊，他們說吃這個藥就可以延長時間。」

「但……醫生說你現在的身體已經很差了。」王真行特別難過。

「我覺得這個藥還是管用的，如果不吃這個藥，可能半年前我就躺醫院了。」王有誼笑起來。

「我……給顧老闆打電話了……」

「噢……他都告訴你了？」

「嗯。」

「他都告訴你什麼了？」

「你怎麼還瞞著我？顧老闆什麼都說了，我也知道爸爸是誰了。但你為什麼從不告訴我，還讓我一直誤解你？」王真行不是抱怨，此刻他是心疼媽媽一個人扛了太多。

「唷，你還怪我，其實我早就想跟你說了，我一個女人要隱瞞那麼多事真的很累的，但你沒給我機會啊！」王有誼雙手一攤，那個勁又上來了。

「你還記得我唯一一次打你的時候吧？就是有天下雨，我和你，像演電視劇一樣，你要離家出走，我追你，然後我摔了一跤，摔得我肝都要出來了。我估計我的肝病就是那時落下的病根，都是你。」

「媽……」王真行很無奈，這時候了，王有誼還在開玩笑。

「那天你問我你爸是誰，我都想好了要告訴你，但是你呢，立刻又說什麼總幻想你爸是飛行員，是海軍，一會兒上天，一會兒下海。我之前不是開小巴車送你同學出了事故嗎？大家都在背後說你是殺人犯的兒子，我就不敢告訴你了，因為你真的是殺人犯的兒子。」王有誼忍不住笑起來，笑著笑著，眼眶就紅了，她仰起頭看著天花板，也很委屈。

「那……你和爸爸就再也沒有聯繫了嗎？」

「當時是他不和我聯繫的，我為什麼要和他聯繫？我帶著你過得好，就夠了。他坐他的牢，和我一點關係都沒有。」

「那你為什麼會收集那麼多防衛過當誤判的新聞，你還一直在給法院寫信求情。」

「你怎麼還有小偷小摸的習慣？王真行，你可真行！」王有誼不說話了。

兩個人在病房裡都沒說話，氣氛很詭異。明明查出來了肝癌晚期，但媽媽的態度卻讓王真行沒那麼難過，媽媽真的是一個很有本事的人啊！

「媽。」

「嗯？」

「對不起。」

「那麼多事，你說的是哪件事？」

「每一件……」

「你想得美！小文去找你了嗎？我給她發的短信。」

「我知道了，她找了。」

「你一定惹她生氣了吧？」

「你怎麼知道？」

「她給我回信息了。喏，我唸給你聽。」王有誼掙扎著把床頭的手機拿過來，翻開信息，一字一句地唸：「阿姨，我知道這是您發的資訊，但我還是去找他了。他太敏感，又要面子，這麼多年一點進步都沒有，如果他有您一半的樣子，我都會開心的。」

原來女人和女人之間的交流是那麼直接和透明，明明這是一條罵自己的短信，但王真行聽完卻覺得沒那麼難受。

「來，你給她回個資訊吧，別再讓你周圍真正對你好的人失望了。」媽媽把手機遞給他。

王真行一字一句編輯起來：「你好，小文，我真的是王真行，此刻我陪媽媽在醫院。她生病了，給我看了你給她發的短信。對不起，是我錯了。如果你還願意見我，請回任何字；如果你不想見我了，就當沒看見吧。」

小文很快回了短信，只有一個字：「滾。」

王有誼笑了。

20

後面的故事就如所有人猜想的那樣。

王真行把小文追了回來，她也幫著王真行一起改建友誼旅館。

木材全泡廢了，阿香就開著車在全市施工隊找多餘的木材。材質不同沒事，紋理不同沒事，顏色不同也沒事，因為王真行和小文打算用不同木板貼滿友誼旅館的不同房間，代表百味人生。

王真行很認真地修復了 202 房間，尤其是那張被自己又踢又踹的床。

開業那天，王真行用輪椅推著王有誼辦理了第一位客人的入住手續。

一週之後，王有誼過世。

十五歲那年，王真行坐火車離開，媽媽在月台上和他揮手再見，拍著窗戶讓他照顧好自己。他別過頭看都沒看，假裝沒聽到，那時他並不知道自己選擇這樣的逃離意味著什麼。他不清楚，而命運也袖手旁觀。十二年後再回到媽媽身邊，他才知道自己當初的選擇並不是勝利大逃亡，而是自由落體般的失去。好在，和媽媽最後相處的幾個月裡，他終於了解了媽媽。

他把友誼旅館的視頻和照片傳給了顧老闆，同時告訴他媽媽的情況。顧老闆沉默了很久很久，對王真行說：「你能幫我一個忙嗎？你幫我把友誼旅館改成你媽媽的名字，有誼旅館好嗎？」

再後來，這個故事被愈來愈多的人知道，有誼旅館也獲得了民宿設計大獎。上海總公司主動要王真行回去任職，王真行考慮再三拒絕了，他希望自己能帶著媽媽的願望好好經營這家民宿。

又過了大半年，王真行正在一層準備修補牆上的細縫，突然，一個六十歲左右的老人從門口走了進來，看著王真行的背影，很拘謹地問：「請問，這裡是友誼旅館嗎？」

王真行一轉身，愣住了。

兩人就這麼互相望著對方。

王真行點點頭：「是的，我等你很久了，跟我來吧。」

他從抽屜裡取出鑰匙，帶著他上了二樓，打開了 202 的房門。

看著屋內的一切，老人哭了出來。

一個人的絮語

說到這兒，友誼旅館的故事結束了。

王真行說：「後來，我從媽媽的遺物裡找到了她的日記本，每一天都有，花的錢，掙的錢，她的心情，發生的事，都記錄了下來。我一篇一篇閱讀，才真正了解了媽媽的人生。」

他輕輕地跟我說著，似乎故事才剛剛開始。

我說：「你剛才說的這些，不僅是段人生，也像是一首歌。我們往往經歷很多事後才能明白媽媽對我們的愛。」

所以，回來之後，我一直在寫這個故事，寫完初稿，一直在情緒裡打轉。我把初稿給了炅翰——電視劇《我在未來等你》中有九首歌都是他完成的，我說：「你看看這個故事，是否有感觸？」因為合作過，他很明白我的意思，沒過幾天就發來一首demo，說：「你聽聽，這是這個故事給我的感受。」我聽著他的曲，用了一週時間，寫好了配得上這個曲也配得上這個故事的歌詞。

這首歌就叫《友誼旅館》，是寫給媽媽的歌。

你也聽聽吧。

《友誼旅館》主題曲

演唱：楊炅翰　作詞：劉同　作曲：楊炅翰

附錄

一個人的心情

有個想法存在心裡很久了，每次收到微信消息難以回覆時，都想很有力地回覆過去。

自己打的文字是不夠的，表情包也要看品質。如果這時手邊有一本書，書上有我想要的心情，那麼就可以拍一張照片秒回給對方，光是想想就覺得爽極了。

所以，這一次我特意向出版社多要了四頁紙，附在書末，印上我日常裡想要回覆的話，希望它們也能讓你的日常變得有趣一點點。

你也可以將這幾頁「心情」拍成一段有趣的原創拆書視頻，發到抖音上，帶上話題#一個人就一個人，如果點贊數過萬的話，請在新浪微博上私信「左右青春官微」，我們會寄給你一份神秘禮物。

希望這幾頁紙能給你帶來一些快樂。

不想再聊了

哦好嗯嗯嗯行好好好 OK 嗯嗯好好可以沒問題哦好嗯嗯嗯行好好好 OK 嗯嗯好好可以沒問題哦好嗯嗯嗯行好好好 OK 嗯嗯好好可以沒問題哦好嗯嗯嗯行好好好 OK 嗯嗯好好可以沒問題哦好嗯嗯嗯行好好好 OK 嗯嗯好好可以沒問題哦好嗯嗯嗯行好好好 OK 嗯嗯好好可以沒問題哦好嗯嗯嗯行好好好 OK 嗯嗯好好可以沒問題哦好嗯嗯嗯行好好好 OK 嗯嗯好好可以沒問題哦好嗯嗯嗯行好好好 OK 嗯嗯好好可以沒問題哦好嗯嗯嗯行好好好 OK 嗯嗯好好可以沒問題哦好嗯嗯嗯行好好好 OK 嗯嗯好好可以沒問題哦好嗯嗯嗯行好好好 OK 嗯嗯好好可以沒問題哦好嗯嗯嗯行好好好 OK 嗯嗯好好可以沒問題哦好嗯嗯嗯行好好好 OK 嗯嗯好好可以沒問題哦好嗯嗯嗯行好好好 OK 嗯嗯好好可以沒問題哦好嗯嗯嗯行好好好 OK 嗯嗯好好可以沒問題哦好嗯嗯嗯行好好好 OK 嗯嗯好好可以沒問題哦好嗯嗯嗯行好好好 OK 嗯嗯好好可以沒問題哦好嗯嗯嗯行好好好 OK 嗯嗯好好

想暫時放空自己

你好我現在有事一會兒也不會和你聯繫你好我現在有

只是想敷衍一下

哈哈哈哈哈哈哈哈哈哈哈哈哈哈哈哈哈哈哈哈哈哈哈哈哈哈哈哈哈哈
哈哈哈哈哈哈哈哈哈哈哈哈哈哈哈哈哈哈哈哈哈哈哈哈哈哈哈哈哈哈
哈哈哈哈哈哈哈哈哈哈哈哈哈哈哈哈哈哈哈哈哈哈哈哈哈哈哈哈哈哈
哈哈哈哈哈哈哈哈哈哈哈哈哈哈哈哈哈哈哈哈哈哈哈哈哈哈哈哈哈哈
哈哈哈哈哈哈哈哈哈哈哈哈哈哈哈哈哈哈哈哈哈哈哈哈哈哈哈哈哈哈
哈哈哈哈哈哈哈哈哈哈哈哈哈哈哈哈哈哈哈哈哈哈哈哈哈哈哈哈哈哈
哈哈哈哈哈哈哈哈哈哈哈哈哈哈哈哈哈哈哈哈哈哈哈哈哈哈哈哈哈哈
哈哈哈哈哈哈哈哈哈哈哈哈哈哈哈哈哈哈哈哈哈哈哈哈哈哈哈哈哈哈
哈哈哈哈哈哈哈哈哈哈哈哈哈哈哈哈哈哈哈哈哈哈哈哈哈哈哈哈哈哈
哈哈哈哈哈哈哈哈哈哈哈哈哈哈哈哈哈哈哈哈哈哈哈哈哈哈哈哈哈哈
哈哈哈哈哈哈哈哈哈哈哈哈哈哈哈哈哈哈哈哈哈哈哈哈哈哈哈哈哈哈
哈哈哈哈哈哈哈哈哈哈哈哈哈哈哈哈哈哈哈哈哈哈哈哈哈哈哈哈哈哈
哈哈哈哈哈哈哈哈哈哈哈哈哈哈哈哈哈哈哈哈哈哈哈哈哈哈哈哈哈哈
哈哈哈哈哈哈哈哈哈哈哈哈哈哈哈哈哈哈哈哈哈哈哈哈哈哈哈哈哈哈
哈哈哈哈哈哈哈哈哈哈哈哈哈哈哈哈哈哈哈哈哈哈哈哈哈哈哈哈哈哈
哈哈哈哈哈哈哈哈哈哈哈哈哈哈哈哈哈哈哈哈哈哈哈哈哈哈哈哈哈哈
哈哈哈哈哈哈哈哈哈哈哈哈哈哈哈哈哈哈哈哈哈哈哈哈哈哈哈哈哈哈
哈哈哈哈哈哈哈哈哈哈哈哈哈哈哈哈哈哈哈哈哈哈哈哈哈哈哈哈哈哈
哈哈哈哈哈哈哈哈哈哈哈哈哈哈哈哈哈哈哈哈哈哈哈哈哈哈哈

找不到更好的方式誇你了

你是真的真的很不錯你真是人美心善哦呦厲害了厲害了實在佩服
發送愛的呵護給你我的小心心啾啵啵啵給你蓋小紅花為你比心給勁兒
你是真的行你是真的真的真的很不錯你真是人美心善哦呦厲害了厲害
了實在佩服發送愛的呵護給你我的小心心啾啵啵啵給你蓋小紅花為你
比心給勁兒你是真的行你**是真的真的真的很不錯**你真是人美心善哦
呦厲害了厲害了實在佩**服發送愛的呵護給你我的小**心心啾啵啵啵給
你蓋小紅花為你比心給**勁兒你是真的行你是真的真**的真的很不錯你
真是人美心善哦呦厲害**了厲害了實在佩服發送愛的**呵護給你我的小
心心啾啵**啵啵給你蓋小紅花為你比心給勁兒你是真**的行你是真的真
的真的**很不錯你真是人美心善哦呦厲害了厲害了實**在佩服發送愛的
呵護給你**我的小心心啾啵啵啵給你蓋小紅花為你比**心給勁兒你是真
的行你是真的真的**真的很不錯你真是人美心善哦呦**厲害了厲害了實
在佩服發送愛的呵護**給你我的小心心啾啵啵啵給**你蓋小紅花為你比
心給勁兒你是真的行你是真**的真的真的很不錯你**真是人美心善哦呦
厲害了厲害了實在佩服發送**愛的呵護給你我的小**心心啾啵啵啵給你
蓋小紅花為你比心給勁兒你是真的行你是真的真的真的很不錯你真是
人美心善哦呦厲害了厲害了實在佩服發送愛的呵護給你我的小心心啾
啵啵啵給你蓋小紅花為你比心給勁兒你是真的行你是真的真的真的很
不錯你真是人美心善哦呦厲害了厲害了

寫給你的一封信

嘿：

該怎麼稱呼你呢？男生還是女生？上班族還是學生？就像你在猜這封信寫的是什麼一樣，我也在猜讀信的你又是誰？當你打開這封信，意味著你看完了《一個人就一個人》。我既期待你能看完書再來讀信，又期待你永遠不會打開它。小時候看完一本書，若是喜歡，我就會想：「結束了？就這樣告別了？下一次相見又是何時呢？」當年讀書的我是這樣的心情，此刻寫作的我其實也一樣。

也許你已經明白為什麼這本書叫做《一個人就一個人》。書裡的故事發生在我身上的，是我的人生選擇所引發的後續；發生在別人身上的，則都是我在聽到關於「一個人如何對抗世界」的精采故事後記錄下的文字。有人會問：「孤獨，不就是一個人嗎？既然寫過《你的孤獨，雖敗猶榮》，為何還要寫這本書？」《你的孤獨，雖敗猶榮》寫的是一個人面對世界時的各種複雜情緒，是我在經歷過很多孤獨的日子後突然明白：原來孤獨能讓我成長，原來孤獨能讓我擁有自己的世界，不再羨慕別人。而《一個人就一個人》寫的則是當我擁有了自己的世界後，開始用這樣的目光去欣賞和探索外界，不再害怕會受傷，不再因為缺乏勇氣而裹足不前。

我也曾有過美好卻有「疾」而終的戀愛，那些「疾」歸根結底似乎都是相同的：戀愛後，我就沒有了自己。在人群中沒有了自己，這個人一定毫無方向感；在二人世界中沒有了自己，這個人一定會成為他人的依附品，進入了別人的人生，成為寄居蟹。

這些年，我寫過很多人的故事，如果你看過，應該還記得他們：九〇後蘇鐵，開麵包店的小五，教我管理團隊的張老頭，分手後還幫女朋友說話的二毛，大學同學娘娘皇，大學時期幫助過我的老蔡夫妻，炸臭豆腐的方老太，表叔福田，同事皮皮……他們的人生很精采，有很多事可以寫，似乎任何一段經歷都能讓人有所感悟。回想起來，他們都活成了自己想要的樣子。而我，在遇見他們後，也漸漸活成了自己想要的樣子。

初中的同桌問我十八歲之後想幹什麼，我說不知道。他問：「你是沒想過，還是想過卻不知道？」我說是後者，他說：「那你比很多同學強，他們連想都沒想過，還嘲笑我假裝成熟。」我很感謝他的這個問題，直到現在我仍常常問自己五年後想幹什麼。

從湖南南部小城郴（chēn）州出發，去長沙讀大學，通過競聘進入湖南電視台，後來又獨自去北京進入光線傳媒工作，一幹就是十幾年。離家一千八百公里的路程，我整整走了二十一年。當年出發時，我背著背包，塞著耳機，提著一個黑色小箱子，那是爸爸年輕時走南闖北用過的。就這麼走啊走啊，走成了大人，換了好多個箱子，還給爸爸媽媽買了一套房子，看著他們此刻對我的放心和理解，想起他們曾經對我的擔心和叮囑，我很開心，我活成了自己想要的樣子。

不知不覺中，我遇見的讀者慢慢多了起來，能見面時你們著急跟我說幾句，不能見面時你們會在網上留言寫下自己的生活。看見你們過得比我好，過的和我一樣好，我會開心；看見你們遭遇人生低谷，我也會留言鼓勵。

人海雖滄桑，但你我都如彼此最初的春光。

我會繼續寫下去，繼續寫「一個人」系列，寫下一個人看到的世界、一個人經歷的精采。畢竟，一個人是所有生活，也是全世界。雖然我們無法時刻見面，但我願意寫下文字，繼續默讀給你聽。

也許今天你是一個人，希望下次見面，你已經是兩個人，但還能保持一個人。

劉同 2020年6月3日 22:47 於北京家中

一個人的旅程

我沒錢，所以邊畫畫邊旅行：帶著一支畫筆，一顆開闊的心，勇闖世界

作者：陳柔安
定價：380元

帶著一支畫筆、一顆開闊的心，勇闖伊索比亞、蘇丹、新疆、北韓等多個國家，每一趟旅程中，遇見的人、經歷的事……讓作者深信，世上的好人比壞人多，一個人其實也能很勇敢！

這些國家，你一定沒去過：融融歷險記387天邦交國之旅

作者：融融歷險記 Ben
定價：360元

你一定沒看過神似酷斯拉的綠鬣蜥、能在火山口築巢的鸚鵡、惡名昭彰的「切蛋魚」……想一探異國精采多元的文化，想一窺遠方好友的神祕樣貌，讓作者融融用387天+1顆熱血的心，帶你繞著地球跑。

三萬英呎高空的生活：一名空姐的流水帳日記

作者：王小凡
定價：320元

機艙內，有同事情誼、也有乘客緣分；機艙外，有旅行趣事、也有職場冷暖。我在三萬英呎的高空上，打卡上班。這是我的空姐日記，也是我珍貴的回憶！

直到最後的最後，我都會堅持下去！：小律師的逃亡日記2

作者：黃昱毓
定價：330元

從海外留學、打工，到進修、就業，在日本生活與紮根的每一步，都是過往所有努力的累積。旅日小律師大方公開夢想實踐的每個步驟，寫給每個還不甘心放下理想、複製樣板人生的你！

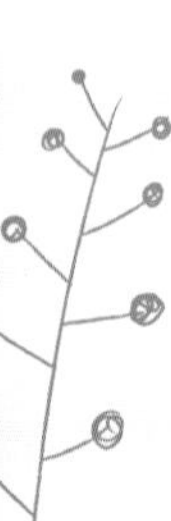

一個人的成長

那些日子，遇見了更好的自己

作者：腋毛人Yemao
定價：350元

是否每每在夜深人靜時，回憶那個單純年少的自己？還有如燈塔般守在原地，等你每次回來的家人？現實生活很艱難，你值得最溫柔的對待，就讓溫暖動人的圖畫與手寫文字，好好療癒你疲憊已久的心。

小資女職場血淚向前衝：生活就是一邊前進，一邊轉彎

作者：帕帕珍（PapaJane）
定價：300元

夢想真的能當飯吃嗎？為什麼別人過著精采生活，自己卻過得一場糊塗？作者用畫筆記錄了從面試、錄取、被老鳥鄙視、被主管狂盯的菜鳥工作血淚，看完肯定讓你又哭又笑、又笑又哭！

社畜生活：慣老闆、豬隊友全不是想像中那樣？

作者：奇可奇卡
定價：280元

職場生活有百態，社會逼你要習慣，為了五斗米，每天被氣得暈頭轉向？老闆好機車？員工愛偷懶？一樣事件、兩種立場，職場上只有知己知彼，辦公室才能更和氣！

有一種愛情：是你，才夠浪漫

作者：粗眉毛
定價：299元

儘管沒有少女漫畫裡的浪漫情節，儘管總是吵吵鬧鬧又互相調侃，但是在你身邊總是能坦然自在做自己；不管日子精采平淡，我們也能互相扶持，一起成為更好的人，成為彼此的依靠。

一個人的生活

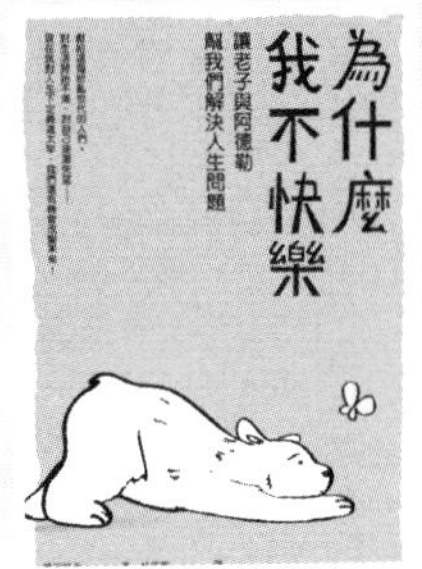

為什麼我不快樂：讓老子與阿德勒幫我們解決人生問題

作者：嶋田將也
譯者：林依璇
定價：260元

獻給這個紛亂世代的人們。對生活開始不滿、對自己逐漸失望……現在就對人生下定義還太早，我們還有機會改變未來！讓阿德勒的被討厭的勇氣，以及老子的無為而治，為我們困頓的人生找到解答！

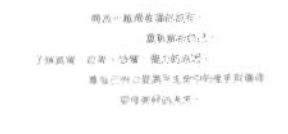

潛意識自癒力：讓催眠心理學帶你創造美好的生活

作者：張義平（幽樹）
定價：350元

開啟一趟潛意識的旅程，重新解析自己，了解孤獨、自卑、恐懼、壓力的原因，靠自己的力量撫平生命中的挫折與傷痛，迎接美好的未來。

你，其實很好：學會重新愛自己

作者：吳宜蓁
定價：300元

是誰讓你自卑？你的人生不該活在別人的期待裡。我們的人生總是不斷被比較，也被自己拿來比較，停止比較吧，要相信不論你是什麼樣子，都值得被愛、值得被好好對待。

睡覺也需要練習：治療失眠從活化心靈開始，24週讓你一夜好眠

作者：劉貞柏（阿柏醫師）
定價：320元

遠離失眠與焦慮的惡性循環！不吃藥也能好好睡。透過不同的互動練習，重新認識自己，活化心靈，用24週的時間帶你擺脫失眠，回歸正常生活。

一個人的幸福

我的貓系生活：有貓的日常，讓我們更懂得愛

作者：露咖佩佩
定價：350元

不論是忙著端出肉泥的奉餐時間，還是揉揉按按討主子歡心的午後，又或是拿起逗貓棒看貓玩瘋的遊戲時刻，一旦家中有了你們，貓系生活的空氣中，就會充盈陽光般的溫暖與幸福。

幸福的重量，跟一隻貓差不多：我們攜手的每一步，都是美好的腳印

作者：帕子媽
定價：320元

原本只是等場電影，卻意外等來了一隻貓從此開啟了有貓的人生。這是一本動人的散文集，更是帕子媽寫給毛孩子的情書，書裡有有愛有情有淚，有遺憾，有美好，每個故事，都留下了美好的腳印。

有愛大聲講：那些貓才會教我的事情

作者：春花媽
繪者：Jozy
定價：350元

輕輕的一聲「喵」，低沈的兩句「汪」，字字都是毛孩們想對我們說的話。但，你懂得毛孩的心嗎？讓動物溝通師春花媽，透過一則則溝通故事，告訴你毛孩子的心裡話，還有最體貼的毛孩養育觀念。

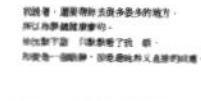

跟著有其甜：米菇，我們還要一起旅行好久好久

作者：賴聖文、米菇
定價：350元

一個19歲的男孩，一隻被人嫌棄的黑狗（米菇），原本不可能有交集的生命，在一個如常的夜裡有了交會。一人一狗，一只背包，一個滑板，出發！因為愛，更因為不想有遺憾，所以必須啟程。

一個人就一個人

作　　者 劉同
編　　輯 吳雅芳
校　　對 吳雅芳
美術設計 陳玟諭

發 行 人 程顯灝
總 編 輯 呂增娣
資深編輯 吳雅芳
編　　輯 藍勻廷、黃子瑜
　　　　 蔡玟俞
美術主編 劉錦堂
美術編輯 陳玟諭、林榆婷
資深行銷 吳孟蓉

發 行 部 侯莉莉
財 務 部 許麗娟、陳美齡
印　　務 許丁財
出 版 者 四塊玉文創有限公司

總 代 理 三友圖書有限公司
地　　址 106台北市安和路2段213號4樓
電　　話 (02) 2377-4155
傳　　真 (02) 2377-4355
E－mail service@sanyau.com.tw
郵政劃撥 05844889 三友圖書有限公司

總 經 銷 大和書報圖書股份有限公司
地　　址 新北市新莊區五工五路2號
電　　話 (02) 8990-2588
傳　　真 (02) 2299-7900

製版印刷 卡樂彩色製版印刷有限公司

初　　版 2021年07月
定　　價 新台幣320元
ＩＳＢＮ 978-986-5510-83-1（平裝）

國家圖書館出版品預行編目(CIP)資料

一個人就一個人/劉同作. -- 初版. -- 臺北市：
四塊玉文創有限公司, 2021.07
　面；　公分
ISBN 978-986-5510-83-1(平裝)

1.自我肯定 2.自我實現

177.2　　　　110009619

地址：　縣/市　鄉/鎮/市/區　路/街

段　巷　弄　號　樓

廣　告　回　函
台北郵局登記證
台北廣字第2780 號

三友圖書有限公司　收

SANYAU PUBLISHING CO., LTD.

106　台北市安和路2段213號4樓

「填妥本回函，寄回本社」，
即可免費獲得好好刊。

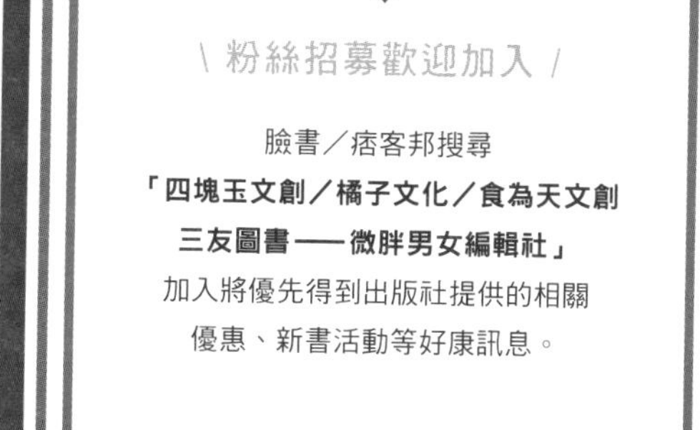

\ 粉絲招募歡迎加入 /
臉書／痞客邦搜尋
「四塊玉文創／橘子文化／食為天文創
三友圖書——微胖男女編輯社」
加入將優先得到出版社提供的相關
優惠、新書活動等好康訊息。

四塊玉文創×橘子文化×食為天文創×旗林文化

http://www.ju-zi.com.tw

https://www.facebook.com/comehomelife

親愛的讀者：
感謝您購買《一個人就一個人》一書，為感謝您對本書的支持與愛護，只要填妥本回函，並寄回本社，即可成為三友圖書會員，將定期提供新書資訊及各種優惠給您。

姓名＿＿＿＿＿＿＿＿ 出生年月日＿＿＿＿＿＿＿＿
電話＿＿＿＿＿＿＿＿ E-mail＿＿＿＿＿＿＿＿
通訊地址＿＿＿＿＿＿＿＿
臉書帳號＿＿＿＿＿＿＿＿
部落格名稱＿＿＿＿＿＿＿＿

1 年齡
□18歲以下 □19歲～25歲 □26歲～35歲 □36歲～45歲 □46歲～55歲
□56歲～65歲 □66歲～75歲 □76歲～85歲 □86歲以上

2 職業
□軍公教 □工 □商 □自由業 □服務業 □農林漁牧業 □家管 □學生
□其他＿＿＿＿＿＿＿＿

3 您從何處購得本書？
□博客來 □金石堂網書 □讀冊 □誠品網書 □其他＿＿＿＿＿＿＿＿
□實體書店＿＿＿＿＿＿＿＿

4 您從何處得知本書？
□博客來 □金石堂網書 □讀冊 □誠品網書 □其他＿＿＿＿＿＿＿＿
□實體書店＿＿＿＿＿＿＿＿ □FB（四塊玉文創／橘子文化／食為天文創 三友圖書——微胖男女編輯社）
□好好刊（雙月刊） □朋友推薦 □廣播媒體

5 您購買本書的因素有哪些？（可複選）
□作者 □內容 □圖片 □版面編排 □其他＿＿＿＿＿＿＿＿

6 您覺得本書的封面設計如何？
□非常滿意 □滿意 □普通 □很差 □其他＿＿＿＿＿＿＿＿

7 非常感謝您購買此書，您還對哪些主題有興趣？（可複選）
□中西食譜 □點心烘焙 □飲品類 □旅遊 □養生保健 □瘦身美妝 □手作 □寵物
□商業理財 □心靈療癒 □小說 □繪本 □其他＿＿＿＿＿＿＿＿

8 您每個月的購書預算為多少金額？
□1,000元以下 □1,001～2,000元 □2,001～3,000元 □3,001～4,000元
□4,001～5,000元 □5,001元以上

9 若出版的書籍搭配贈品活動，您比較喜歡哪一類型的贈品？（可選2種）
□食品調味類 □鍋具類 □家電用品類 □書籍類 □生活用品類 □DIY手作類
□交通票券類 □展演活動票券類 □其他＿＿＿＿＿＿＿＿

10 您認為本書尚需改進之處？以及對我們的意見？

＿＿＿＿＿＿＿＿

感謝您的填寫，
您寶貴的建議是我們進步的動力！

【黏貼處】對折後寄回，謝謝。